조선후기 사족과 유교 상례

조선후기 사족과 유교 상례

김 진 우　지음

경인문화사

예(禮)는 아래로 서인(庶人)에게 미치지 못한다. … 서인이 비천하고 경제적 형편도 다르기 때문에 경전에서는 서인의 예는 말하지 않았다. 옛날에 예를 제정한 것은 모두 사(士)로부터 시작한 것이다.

- 호광, 『예기대전』, 「곡례상」 중 -

책머리에

본 책의 출간을 준비하면서 이 주제에 관한 필자의 관심이 언제부터였을까 생각해보았다. 아마 그것은 대학 시절인 것 같다. 대학 4학년 때 동양사 강의를 들으며 종법이 유교 사회에 핵심이 아닐까 하며 머릿속으로 질문을 되뇌던 필자는 종법을 조선 후기의 시대적 상황들과 연관 지어 보고자 했다. 그리고 이것이 적절한 시점에 종법을 통해 광해군의 혈통적 지위를 살펴보는 졸업 논문으로 이어졌다. 비록 그 궁금증을 두서없이 설명한 대학 졸업 논문이었지만, 이를 통해 대학원에 진학하여 종법을 더 공부하고 싶다는 마음이 필자에게 생기기 시작했다.

대학원에 진학해서도 필자의 관심은 항상 종법과 조선 후기에 있었다. 특히 조선의 정치, 사상, 사회 변화가 두드러지는 17, 18세기에 조선의 사족이 일상에서 어떻게 유교 상례와 종법을 실천했는지, 사족에게 두 가지는 어떠한 의미일지 궁금했었다. 다시 말해 필자는 이 두 가지를 통해 조선 후기 사족 사회를 필자만의 방법으로 읽어보고 싶었던 것이다.

박사학위논문인 '조선후기 사족의 상례 연구(朝鮮後期 士族의 喪禮 研究)'는 그 궁금증을 해결하기 위한 첫 작업이었다. 여기서 필자는 유교 상례와 종법의 연관성을 검토하고, 17, 18세기 사족의 상례 실천 양상을 개인, 집안, 사회의 측면에서 분석했다. 그리고 이 분석 결과를 당시 사족 사회의 성격과 연관 짓고자 했다.

거칠고 부족한 부분이 많은 박사학위논문이었지만 그간 필자가 연구한 내용을 정리하고 향후 연구 방향을 설정하였다는 점에서 내심 부끄럽지만 뿌듯한 작업이었다. 더군다나 이러한 작업을 책으로 출간하여 대중과 학계에 소개할 기회를 얻게 되었으니 정말로 감사한 일이 아닐 수 없다.

첫 책 출간을 준비하면서 감사 인사를 드릴 분들을 고민해보니 한두 분이 아님을 알고 적잖이 당황했다. 그래도 철없는 필자의 궁금증을 해결하게 도와주신 여러 선생님들을 한 분씩 언급해드리는 것이 후학이자 은혜를 입은 사람으로서 예의라고 생각한다.

우선 필자에게 학자의 표상을 보여주고 계신 노대환 선생님과 김용천 선생님께 감사드리고자 한다. 필자의 지도교수이신 노대환 선생님은 제자가 연구를 통해 자신의 궁금증을 해결하는 방법뿐 아니라 연구자로서 성장할 수 있게끔 기본 소양을 일깨워주셨다. 아울러 김용천 선생님은 대학 시절부터 지금까지 종종 찾아가는 필자에게 종법을 연구하는 사람이 가져야 할 문제의식을 몸소 보여주시고 필자의 지침이 되어주셨다.

이봉규 선생님, 장동우 선생님은 유교 상례 관련 원전의 독법과 그것에 내재된 인륜적 가치를 알려주셨고, 최원경 선생님은 초서를 비롯한 조선시대 연구자로서 마땅히 습득해야 할 것들을 대학 시절부터 가르쳐주셨다.

이원석 선생님, 서인범 선생님, 신병주 선생님, 김용태 선생님은 박사학위논문의 심사위원으로 첫 작업에 대한 조언을 아끼지 않으셨다. 뿐만 아니라 김택경 선생님은 종종 이리 치이고 저리 치여 지쳐서 찾아간 필자에게 용기를 북돋아주셨다.

패기만 있던 필자에게 든든한 밥 한 끼 사주시며 대학원 생활에 대해 조언해주셨던 대진대학교 박경자 선생님, 박진태 선생님, 정동준 선생님, 박윤선 선생님과 대학원 수업을 통해 다양한 역사상을 보여주고자 하셨던 동국대학교 정병준 선생님, 양홍석 선생님, 최연식 선생님께도 감사 인사를 드린다.

청명문화재단 태동고전연구소에서 필자에게 유교 경전을 가르쳐주셨던 성태용 선생님, 고 유초하 선생님, 김만일 선생님, 이현식 선생님, 문승용 선생님, 정일균 선생님, 조융희 선생님 등도 감사드릴 분들이다. 필자에게 공부하는 기쁨을 느끼게 해주셨을 뿐 아니라 유교 경전을 자신의 논지로 활용하는 방법을 터득하게 도와주신 선생님들이다. 앞서 언급한 선생님들의 가르침과 응원이 없었으면 지금의 필자는 존재하지 않았을 것이다.

한재훈 선생님, 전성건 선생님, 김윤정 선생님, 정현정 선생님, 박윤미 선생님, 차서연 선생님 등 연세대학교 국학연구원 가례대전팀 소속 선생님들과 김성희 선생님, 이명제 선생님을 비롯한 동국대학교 대학원 조선시대사 전공 선후배 선생님들도 고마운 분들이 아닐 수 없다.

거칠었던 필자를 동기로서 애정으로 이끌어준 청명문화재단 태동고전연구소 37기 이아영 선생님, 이새롬 선생님, 하한솔 선생님, 김한빛 선생님, 이상 선생님, 백인환 선생님, 이준호 선생님에게도 깊이 감사드린다. 이 시절을 되돌아보면 부족한 필자에게는 동기들과 같이 공부하던 시간이 제일 값진 시간이었고, 그 시간이 지금의 필자에게 크나큰 자양분이 되었다고 해도 과언이 아니다.

그 밖에 하나하나 다 언급해드리지 못한 선생님들이 많지만, 이 지면으로 그 분들께도 고마움을 표현하고자 한다. 또한 필자의 부족한 글을 출간하도록 도와주시고, 부끄럽지만 이것을 대중과 학계에 소개하게 해주신 경인문화사 관계자분들께도 지면을 통해 감사 인사를 드리고자 한다.

공부하는 필자를 지원해주신 아버지와 어머니, 이런 사위를 항상 응원하시는 장인어른과 장모님께도 마음 깊이 감사드린다. 그리고 필자의 아내로 늘 옆에서 필자를 응원하고 필자에게 힘을 주고 계신 백주연 선생님께도 고마움을 표현하고자 한다.

마지막으로 꽃향기 가득한 곳에서 편안하게 쉬고 계실, 늘 그리운 증조부와 외조모께 이 글을 바친다.

2025년 9월
김진우

목차

부록·표 목차

제1장

서론

1. 연구 목적 및 동향

1) 연구 목적

전근대 유교권 국가에서 유교 상례[1]는 산 사람이 죽은 사람을 전송하는 절차이면서, 그 과정에서 산 사람 간의 결속력을 다지는 수단이기도 하였다. 이는 유교 상례가 죽음이 사회화된 의례로, 여기에 죽은 사람의 전송과 산 사람 간의 결집이라는 두 가지 층위[2]가 내재되어 있음을 의미한다.

특히 산 사람 간의 결집은 유교 상례의 특징인데, 이 특징은 『예기』「대전」에서 잘 드러난다. 그 구절은 '조상을 존중하기 때문에 종자를 공경하고, 종자를 공경하기 때문에 친족을 거둔다(尊祖故敬宗 敬宗故收族)'라는 것이다.[3] 종자 주위의 친족들이 부계 혈연을 공유하는 조상을 존중하기 때문에 종자를 공경하고, 그들이 종자를 공경하기 때문에 종자는 그 친족들을 거둔다. 이것이 바로 유교 상례의 특징이자, 그것의 2차 층위인 종법의 기능이다.

여기서 종법은 대체로 제사와 조상숭배를 매개로 친족 내부의 관계를 조정하고 적장자의 권위와 세습적인 특권을 유지하려는 규범이다.[4] 관

---

1) 유교 상례는 상례와 제례를 포괄하는 것이다. 계빈(啓殯)을 비롯한 장례를 기점으로 상제(喪祭)가 길제(吉祭) 혹은 제례로 변하기 때문에 상례에는 제례가 내재되어 있는 것이다.

2) 두 가지 층위는 1차와 2차 층위로, 1차 층위는 상례 절차, 2차 층위는 종법이다.

3) 『禮記正義』 卷34, 「大傳」, "尊祖故敬宗 敬宗故收族".

4) 『禮記大全』 卷16, 「大傳」, "親親故尊祖 尊祖故敬宗 敬宗故收族 收族故宗廟嚴 宗廟嚴故重社稷 …【注】 祖之遷者逾遠 宗之繼者無窮 必知尊祖 乃能敬宗收 不離散

혼상제 가운데 이것으로 예를 행하지 않은 것이 없을 정도로,[5] 종법은 유교 의례에 내재되어 있을 뿐 아니라 그것의 핵심이다. 이러한 유교 의례의 설행을 통해 부계 혈연 집단은 그들 집단의 성격을 강화하는데,[6] 종법의 구조와 그 기능이 두드러지는 상례는 사례(四禮) 가운데 가장 중요한 것이라 할 수 있다.[7]

이에 대하여 구체적으로 설명하면 상례를 행하는 과정에서 상주는 죽은 사람을 추모하고 전송하며, 친족들은 그 상주를 위로하고 상갓집을 도우면서 상주를 중심으로 결집한다.[8] 상례 가운데 이를 살펴볼 수 있는 절차가 성복과 조문이다. 전자는 상주와 주변인들 간 혈연적 거리에 따라 상복을 다르게 착용하는 것으로 한 집단 안에서 상주와 주변인들의 위치를 파악할 수 있는 절차이다. 특히 상복, 그 중 삼년복이 종법의 첫 번째 기능인 적장자인 상주의 적통을 확인할 수 있다는 점에서 중요한 것이기 때문에 본 연구는 이를 다루고자 한다.

한편 후자의 경우, 상주는 죽은 사람을 전송할 때 어느 정도의 경제적인 지출을 부담한다. 그 과정에서 종종 상주는 과도하게 재용을 지출하여 자신의 신체와 집안을 망치기도 하였다. 이에 친족과 주변인들은 상례를 치르면서 상주가 자신의 신체를 해치거나 집안을 팔아 집단의 영속성이 끊어짐을 방지하기 위해[9] 물품과 노동력을 제공하여 그를 도왔다.

也 宗道旣尊 故族無離散而祭祀之禮嚴肅".

5) 『家禮』 卷1, 「通禮 祠堂」, "爲四龕以奉先世神主 … 黃氏瑞節曰 … 至於冠昏喪祭莫不以宗法行其間".

6) Timothy Brook, "Funerary Ritual and The Building of Lineages in Late Imperial China", *Harvard Journal of Asiatic Studies,* Vol. 49, No. 2, 1989, p.473.

7) 『家禮會成』 卷1, 「文公家禮會成 序」, "冠昏喪祭 皆禮之大者 而喪爲尤大".

8) Timothy Brook, *ibid,* 1989, p.486.

9) 『讀禮通考』 卷81, 「喪儀節44 通論」, "喪不慮居 毁不危身 喪不慮居 爲無廟也 毁不危身 爲無後也 … 吳澄曰 慮猶言謀度 慮居爲謀欲賣其所居 以給喪費也 危身謂毁瘠過甚 將至危殆其身也 蓋慮其居而賣焉 則無廟以奉祖考之神靈矣 危其身而死焉 則無後以承祖考之祭祀矣 是乃不孝之大也 爲此之故 則治喪雖當辦費 而不可慮其

그 절차가 바로 조문이다.

여기서 물품과 노동력은 상주가 유교 상례를 행할 때 부담해야 할 재용을 친족과 주변인들이 분담하는 것이자, 이를 통해 친족과 주변인들이 상주를 중심으로 결집하게 하는 매개이다. 조문, 즉 상갓집에 제공되는 물품과 노동력으로 종법의 두 번째 기능인 적장자인 상주를 둘러싼 조문객들(친족과 주변인들)의 결집을 볼 수 있다는 점에서 본 연구는 삼년복과 함께 이를 살펴보고자 한다.

이처럼 이들 절차가 적통을 계승한(承重) 적장자인 상주의 지위와 조문객들의 결속을 확인할 수 있는 매개이기 때문에 상례는 관혼상제례 가운데 가장 중요한 것이다. 상주와 그 주변인들이 온전하게 유교식으로 상례를 행한다는 것은 상주의 지위 정립과 그를 중심으로 한 결집이 이루어져 한 집단의 영속성과 결속력이 유지된다는 뜻이자(齊家) 유교식으로의 사회 교화(化鄕)가 이루어진다는 의미이다.[10] 이것이 유교에서 지향하는 사회 기본 구조이다. 본 연구가 유교 상례의 두 가지 층위를 고찰하고자 하는 까닭도 여기에 있다.

특히 본 연구에서 다룰 조선 시대는 초기부터 조정에 의하여 유교의 예를 정착시키고자 한 시대이다. 이 시기 조선 조정은 산 사람의 애통함(哀)을 통해 죽은 사람을 추모하고 전송하는 절차인 상례와 공경함(敬)을 통해 조상을 잊지 않고 기억하는 절차인 제례[11]의 정착을 선결과제로 삼았고, 이는 삼년상 및 가묘 설립 권장 등으로 이어졌다.[12] 조정이

居也 哀毁雖爲愛親 而不可危其身也".

10) 井上徹, 『中國の宗族と國家の禮制 - 宗法主義の視點からの分析 -』, 研文出版, 2000, 37쪽 참조.

11) 『論語注疏』 卷1, 「學而」, "曾子曰 愼終追遠 民德歸厚矣【注】孔曰 愼終者 喪盡其哀 追遠者 祭盡其敬".

12) 이문주, 「『주자가례』의 조선 시행과정과 가례주석서에 대한 연구」, 『儒教文化研究』 16, 2010, 41~42쪽.

이러한 의례에 주목한 이유는 이것이 유교에서 지향하는 사회 기본 구조를 지탱하는 종법과 연관 있기 때문이다.

시기별로 보면 초기에는 조정의 노력이 불교, 외손봉사 등 다양한 습속 때문에 실효를 거두기 힘들었으나, 후기에 이르러서 유교식으로 전환되어 그 실효를 거두었다. 전환을 통한 실제 설행 양상은 17세기와 18세기가 상이한데, 본 연구는 세 가지 이유로 17, 18세기를 주목했다.

❶ 17, 18세기는 조선 예학(禮學)의 전개 과정에서 매우 중요한 시기이다. 조선의 사족들은 16세기에 예의 설행(行禮)에 차원에서 상례, 제례 중심으로 진행했고, 17세기엔 고증에 중점을 두어 관혼상제례를 다루었다. 이와 함께 이들은 각자의 주안점에 따라 영남, 기호학파로 나뉘어 다량의 연구를 축적하고 많은 예서(禮書)를 저술하였다.[13] 18세기에는 17세기 연구를 바탕으로 사족들의 예학 연구가 절정에 이른다.[14] 이렇게 전개된 예학은 예의 설행과 불가분의 관계이다. 특히 예 가운데 핵심인 상례를 사족들이 예학의 전개 과정에서 어떻게 실천했는지 살펴볼 필요가 있다.

❷ 또한 이 시기는 조선 사회에 부계 혈연을 공유하는 친족의 집안 질서, 즉 종법이 정착된 시기이다.[15] 상례를 행하는 데 종법에 관한 사족의 이해와 그것의 시행은 필수이다. 전술하였듯 상례 과정에서 종법의 기능은 삼년복을 통한 종자의 지위 확보뿐 아니라 상주와 그 주변인 간의 부조 및 결집에서 드러난다. 이점을 고려하면 17, 18세기 사족의 유교 상례 실천 및 활용 양상을 면밀하게 파악하기 위해 상례에 내재된 종법 또한 고찰해야 한다.

---

13) 고영진, 『조선중기 예학사상사』, 한길사, 1995, 142~248쪽.

14) 장동우, 「朝鮮時代 家禮 硏究를 위한 새로운 視覺과 方法」, 『한국사상사학』 39, 2011 참조.

15) 최재석, 『韓國家族制度史硏究』, 일지사, 1983 참조.

❸ 해당 시기는 사족지배 체제가 확립 및 와해된 시기이다. 일반적으로 17세기는 사족지배 체제가 확립되는 시기, 18세기는 사족지배 체제가 와해되는 시기로 이해된다.[16] 기존 연구가 사족의 지위 변화와 신분제 와해에 주목하였다면, 본 연구는 이 연구 성과와 상례가 사회 교화의 일환이라는 점을 바탕으로 이러한 조선의 사회 분위기 속에서 사족의 상례 활용 양상과 그 목적, 나아가 사족의 동향을 연관 지어 분석하고자 한다.

본 연구의 대상인 사족은 혈연과 지연을 기반으로 한, 17세기에 이르러 조정과 상민(常民)[17] 사이에서 주체적인 존재로 등장하는 계층이다.[18] 이뿐 아니라 이상에서 언급한 예학 연구, 부계 혈연 집단, 사족지배체제는 대체로 사족과 연관된 것들이다. 그만큼 조선 후기 사족은 해당 시기를 이해하는데 중요한 계층이라 할 수 있다.[19] 물론 국왕과 상민도 사족만큼 중요한 계층이지만, 본 연구는 두 가지 층위를 중심으로 사족의 유교 상례 활용 양상을 다루고자 한다. 구체적으로 17, 18세기 조선에서 발생한 여러 변화 속에서 사족은 상례를 어떻게 실천하였고, 이를 어떻게 활용하였는지 고찰하고자 한다. 아울러 이것을 사회 동향과 연관 지어 설명하여 유교 상례를 통해 본 조선 후기 사족 사회의 특징을 밝히고자 한다.

---

16) 김인걸, 『조선후기 향촌사회 지배구조의 변동』, 경인문화사, 2017 참조.

17) 일반적으로 사족에 대비된 단어는 백성이지만, 이 백성에는 상민과 천인이 모두 포함되므로 본 연구는 상민이라는 단어를 사용하였다.

18) 김성우, 『조선중기 국가와 사족』, 역사비평사, 2001, 425쪽.

19) 김성우, 「조선시대 '사족'의 개념과 기원에 대한 검토」, 『조선후기사 연구의 현황과 과제』, 창작과비평사, 2000, 371쪽.

2) 연구 동향

전술하였듯 상례에는 그 규정에 따라 산 사람이 죽은 사람을 전송하고, 이를 통해 친족을 결집하는 두 가지 층위가 있다. 그간 연구는 이 두 층위를 별개로 다루었다. ❶ 1차 층위(사족의 상례 설행 연구)를 다룬 연구는 대체로 『주자가례』(이하 『가례』)의 준용 여부를 확인하는 방향으로 진행되었다. 이를 위해 유관 연구는 17세기 이후에 종법이 조선 사회에 정착되었음을 바탕으로 일기와 같은 개인 기록물에서 보이는 사족들의 상례 설행 양상을 고찰하였다.

우선 16~17세기 사족이 행한 유교 상례의 특징은 '유교 상례와 다양한 요소들의 병행'이다. 사족은 개인이 처한 정치적 현실과 사정에 따라 유교 상례를 행하였다.[20] 하지만 그 양상은 다양하였는데, 이들은 대체로 『가례』에서 권장하는 유교 상례의 기간과 규정을 준용하지 않았다. 구체적으로 사족은 여전히 불교, 도교, 풍수를 참고하여 유교 상례와 이들을 병행하거나,[21] 여묘를 행하여 장례 이후의 절차를 행하지 않기도 하였다.[22] 심지어 이들은 상례 절차 가운데 일부를 사찰에서 진행하기

---

20) 박미해, 「조선 중기 이문건가의 천장례(遷葬禮) 준비 -『묵재일기』를 중심으로 -」, 『사회와 역사』 68, 2005; 류용환, 「尤庵 宋時烈의 喪葬禮에 관한 硏究 - 「楚山日記」를 중심으로 -」, 한남대학교 사학과 석사학위논문, 2005; 박미해, 「조선중기 천장례에서의 유교적 공순(恭順) - 이문건의 묵재일기를 중심으로 -」, 『사회와 역사』, 2006; 이현진, 「16세기 후반 서인 상례서 『상례비요』」, 『역사문화논총』 5, 2009; 김학수, 「'서계유계(西溪遺戒)'를 통해 본 박세당의 상례(喪禮) 인식과 그 파문」, 『韓國系譜硏究』 1, 2010.

21) 정승모, 「省齋 辛應純의 『內喪記』를 통해 본 17세기초 喪葬禮 풍속」, 『藏書閣』 10, 2003.

22) 김경숙, 「16세기 사대부가의 喪祭禮와 廬墓生活 - 이문건의 默齋日記 를 중심으로 -」, 『國史館論叢』 97, 2001; 송재용, 「『默齋日記』와 『眉巖日記』를 통해 본 16세기의 冠·婚·喪·祭禮」, 『漢文學論集』 30, 2010; 「『慵齋叢話』에 나타난 民俗 硏究」, 『東洋古典硏究』 38, 2010; 김경숙, 「17세기말 향촌 사대부의 생활과 여행 - 海南尹氏 尹爾厚의 『支菴日記』를 중심으로 -」, 『한국문화』 71, 2015; 「17세기말 사대부가의

도 하였고, 유교 상례가 지양하는 불사, 즉 칠칠재를 지내기도 하였다.[23)]

그 결과 16~17세기의 사족은 『가례』에서 권장하는 유교 상례를 이념적으로는 지향하였으나,[24)] 불교, 도교, 풍수, 습속 등의 다양한 요소들로 인해 온전한 유교 상례를 실천하기 어려웠다. 이들은 이와 같은 다양한 요소들을 지양해야 한다고 지적하면서 이러한 요소들을 유교 상례와 병행하였다. 16~17세기 사족의 상례 연구는 이처럼 『가례』에서 권장하는 방식과 실제의 차이에 주목하고, 당시 사족은 유교 상례와 불교 등을 병행하였다고 주장하였다.

한편 18세기 상례 설행의 특징은 '변례(變禮)의 포섭'이다. 해당 시기에 이르러 비로소 16~17세기와 달리 온전하게 유교 상례를 행하려는 사족의 지향과 실제가 일치하기 시작한다. 하지만 이 시기에는 사족이 『가례』에 따라 상례를 행하면서 『가례』의 지침에 명확한 규정이 없거나 당시의 상황 또는 조건이 규정 그대로 실행할 수 없도록 하는 형편에 직면하면, 『가례』에 배치되지 않는 선에서 이를 처리하는 새로운 규정을 제정하거나 기존 규정을 개정하는 문제가 빈번하게 대두되었다. 구체적인 예를 들면, 어떤 사람이 죽음을 맞이할 때 그 사람을 정침으로 옮겨야 하지만 사랑채에 두거나, 발인 하루 전 가묘에서 조상을 뵐 때 영구를 모시지 않고 혼백으로 대신하거나, 습에 해야 할 반함을 소렴으로 미루거나,[25)] 담제 전에 신주를 가묘에서 꺼내 삭망제를 지내는 것 등[26)]이

喪葬禮와 居喪生活 - 尹爾厚의 『支菴日記』를 중심으로 -」, 『韓國史研究』 172, 2016.

23) 박정미, 「조선 명종대 星州 安峯寺의 儒佛儀禮 - 『묵재일기』를 중심으로 -」, 『泰東古典研究』 32, 2014.

24) 박명덕, 「17세기 전반 『朱子家禮』 실행 논의와 그 특성」, 이화여자대학교 사학과 석사학위논문, 2013.

25) 김미영, 「조선후기 상례의 미시적 연구 - 정재 류치명의 『考終錄』을 중심으로 -」, 『실천민속학연구』 12, 2008b.

26) 정진영, 「18세기 대구지역 한 양반가의 일상의례, 喪禮와 祭禮 - 百弗庵 崔興遠의

있다. 이처럼 18세기는 사족이 『가례』를 준용하기도 하였지만, 준용하는 과정에 발생하는 변례를 포섭하여 조선 후기의 상황에 맞게 활용한 시기였다.[27)]

그러나 이상의 1차 층위 관련 연구들에는 몇 가지 미진한 점이 있다. 이것은 ㉠ 자료 활용, ㉡ 타국과 비교이다. ㉠ 자료 활용의 경우에는 기존 연구들은 사족들의 유교 상례 실천 양상을 보기 위해 『가례』에만 주목하였다. 이러한 자료 활용에는 『가례』의 정착 추이를 살펴볼 수 있다는 점에서는 의의가 있지만, 사족이 유교 상례를 어떻게 활용했는지 확인할 수 없다는 한계가 있다.

아울러 일반적으로 유교를 습득한 유식자들은 집안과 친족을 다스리는 데에는 사례(四禮)를, 향촌 사회를 교화하고 유교적 예속으로 전환하는 데에는 향약을 활용하였다.[28)] 유교 상례의 실천이 단지 개인만의 일이 아니라 한 사회의 일임을 고려하면, 『가례』뿐 아니라 향약 등의 자료를 다양하게 활용하여 그 사회의 특징을 고찰하는 작업은 필요하다.

㉡ 타국과 비교의 경우에는 기존 연구들은 조선의 『가례』 정착 추이를 보기 위해 조선의 경우만 고찰하였다. 이는 『가례』 시행에 있어서 조선의 특징을 규명하기에는 좋은 방법이다. 다만 다른 유교권 국가와의 비교를 통해 보다 다각도로 조선의 특징을 드러내는 작업에 있어서는 부족하다. 유교권에 속한 국가라 하더라도 그 나라의 습속 또는 그 나라가 처한 상황에 따라 실천 양상이 상이하다는 점을 고려하면, 다른 유교권

『曆中日記』(1735~1786)를 중심으로 -」, 『민족문화논총』 73, 2019.

27) 김남이, 「18세기 喪·祭禮 실천과 宗統의 이상」, 『東洋古典硏究』 35, 2009; 전성건, 「청대 권상일의 일상과 기억 - 『청대일기』의 관혼상제를 중심으로 -」, 『민족문화논총』 62, 2016; 김경숙, 「18세기말 順菴 安鼎福家의 喪葬禮와 居喪生活」, 『古文書硏究』 50, 2017; 김성우, 「18~19세기 儒教的 喪葬禮의 정치경제적 함의」, 『민족문화논총』 73, 2019.

28) 小島毅 저, 신현승 역, 『사대부의 시대』, 동아시아, 2004, 154~165쪽.

국가, 구체적으로 같은 시기 중국과의 비교는 필수라고 할 수 있다.

한편 ❷ 2차 층위(종법)를 다룬 연구는 대체로 제사 승계, 입후, 상속 방식 등을 중심으로 진행되었다. 이와 관련해 조선 초기를 다룬 연구는 조정에서의 종법 관련 입론 양상과 규례 정비 과정을 고찰하여 종법이 조선에 도입되는 추이를 설명하였다.[29] 또한 몇몇 사족 가문을 대상으로 그들의 종법 활용 등을 분석하기도 하였다.[30] 이에 이들은 종법을 제사 승계와 연관 지어 조선 초기를 종법 정착의 과도기이자 조선 후기 종법 정착을 위한 시발점이라고 보았다.

조선 후기를 다룬 연구는 조선 초기의 입론 및 규례 정비를 바탕으로 실생활에서 사족의 종법 활용 양상을 분석하였다. 유관 연구들은 사족 집안의 입후와 상속 등으로 제사 승계 양상을 고찰하였다.[31] 이들은 사

---

29) 지두환, 「朝鮮前期의 宗法制度 理解過程」, 『泰東古典硏究』 1, 1984; 이순구, 『朝鮮初期 宗法의 수용과 女性地位의 변화』, 한국정신문화연구원 박사학위논문, 1994; 정긍식, 「조선전기 朱子家禮의 수용과 祭祀承繼 관념」, 『역사민속학』 12, 2001; 장동우, 「『經國大典』「禮典」과 『國朝五禮儀』「凶禮」에 반영된 宗法 이해의 특징에 관한 고찰」, 『韓國思想史學』 20, 2003; 김윤정, 「조선중기 가묘제와 여성제례의 변화」, 『국학연구』 14, 2009; 장동우, 「『國朝五禮儀』에 규정된 大夫·士·庶人의 四禮에 관한 고찰」, 『한국학연구』 31, 2013.

30) 박현순, 「16세기 士大夫家의 親族 秩序」, 『韓國史硏究』 107, 1999; 박경, 「16세기 유교적 친족질서 정착 과정에서의 冢婦權 논의」, 『朝鮮時代史學報』 59, 2011; 한재훈, 「퇴계 이황과 고봉 기대승의 예학 논의 : 왕실과 사가의 '종법질서'를 중심으로」, 『한국동양정치사상사연구』 17(2), 2018.

31) 최재석, 「朝鮮中期 家族·親族制의 「再構造化」」, 『韓國의 社會와 文化』 21, 1993; 장동우, 「『의례』(儀禮) 「상복」(喪服) 편에 대한 다산 해석 - 『상례사전』(喪禮四箋) 「상기별」(喪期別)에 나타난 종법(宗法)과 입후(立後)에 대한 해석을 중심으로 -」, 『다산학』 1, 2000; 정지영, 「조선후기 호주승계방식의 변화와 종법질서의 확산: 17·18세기 『단성호적』에 나타난 과부와 그 아들의 지위를 중심으로」, 『한국여성학』 18(2), 2002; 김남이, 「17세기 사대부의 『주자가례』에 대한 인식과 일상에서의 예 실천 - 우암 송시열의 경우를 중심으로 -」, 『정신문화연구』 29(2), 2006; 권기석, 「15~17세기 族譜의 編制 방식과 성격 - 序跋文의 내용 분석을 중심으로 -」, 『奎章閣』 30, 2007; 손병규, 「조선후기 상속과 가족형태의 변화 - 丹城縣에 거주하는 安東權氏 가계의 호적 및 족보 기록으로부터 -」, 『大東文化硏究』 61, 2008;

족이 적장자에게 후손이 없을 때 차자에게 제사를 넘겨주는 기존의 방식보다 후사를 세워 적장자의 계통을 중시하는 방식을 선호하였다고 설명했다. 또한 조선 후기 사족들이 자식들에게 재산을 균분 상속하지 않고 적장자에게 우대 상속하였다는 정황 등을 근거로 들어 17세기 중반 이후 종법의 일반화되었음을 주장하였다. 다시 말해 조선 초기 관련 연구들이 종법 관련 논의의 진행과 유관 규례의 정비를 고찰했다면, 조선 후기 관련 연구들은 입후의 성행과 상속 방식의 변화 등의 실제 활용을 살펴보았다.

2차 층위 관련 연구들에는 다음의 미진한 점이 있다. 그것은 ㉠ 연구 방법에 관한 것인데, 종종 17세기 중반 사례에 종법 일반화와 상이한 것이 등장하고 그간 연구들에서는 제사 승계 등으로만 종법을 고찰하려는 경향이 있다. 종법에 대한 다양한 해석을 위해 유교 상례와 종법을 연관 짓는 작업이 필수적이다.

앞서 설명한 1차, 2차 층위와 관련된 연구들의 미진한 점은 크게 세 가지로 정리된다. 우선 ① 자료 활용의 경우에 이들은 『가례』의 준용

권내현, 「조선후기 입양의 시점과 범위에 대한 분석」, 『大東文化研究』, 62, 2008; 김명자, 「16~17세기 河回 豊山柳氏家의 宗法 수용 과정」, 『大丘史學』 96, 2009; 김언순, 「18세기 종법사회 형성과 사대부의 가정교화 - 가훈서를 중심으로 -」, 『사회와 역사』 83, 2009; 권내현, 「조선후기 입양의 확산 추이와 수용 양상」, 『역사와 현실』 73, 2009; 김현수, 「明齋尹拯의 禮論과 宗法思想 - 『明齋疑禮問答』을 중심으로 -」, 『儒學研究』 23, 2010; 김윤정, 「18세기 京華士族의 禮學 - 近齋 朴胤源의 『近齋禮說』을 중심으로 -」, 『鄉土서울』 82, 2011; 박종천, 「조선 후기 유교적 가족 질서의 확산과 의례적 양상 - 立後와 入養을 중심으로 -」, 『퇴계학보』 132, 2012; 고민정, 「17~18세기 嫡孫承重에 관한 일고찰」, 『朝鮮時代史學報』 67, 2013; 『朝鮮後期 家系繼承 研究 - 立後制를 중심으로 -』, 강원대학교 사학과 박사학위논문, 2014; 한상우, 『朝鮮後期 兩班層의 親族 네트워크』, 성균관대학교 동아시아학과 박사학위논문, 2014; 「조선 후기 양반층의 立後 양상과 전략적 繼子선택 - 安東金氏文正公派, 延安李氏館洞派, 眞城李氏退溪 후손들을 중심으로 -」, 『朝鮮時代史學報』 73, 2015; 권내현, 「17~19세기 조선의 재산 상속 관행 - 종법과 경제력 변동을 중심으로 -」, 『韓國史學報』 70, 2018.

여부만 다루었을 뿐 사족이 유교 상례를 어떻게 실천 혹은 활용하였는지 살펴보지 못하였다. 고금을 막론하고 유교 상례는 단지 개인의 일일 뿐 아니라 한 사회의 일이므로 사회적 측면에서 유교 상례 실천 양상을 볼 수 있는 향약 등을 연구 자료로 반드시 활용해야 한다.

② 타국과 비교의 경우에 기존 연구들은 조선의 사례를 중심으로 분석하였다. 조선의 특성을 보다 다각도로 설명하기 위해 조선과 타국과의 비교는 병행해야 할 작업이다. 특히 조선에 인접한, 대표적 유교권 국가인 중국과의 비교가 선결 과제라 할 수 있다.

마지막으로 ③ 연구 방법 재정립의 경우에는 그간 연구들은 1차 층위(유교 상례 실천 양상), 2차 층위(제사 승계, 입후, 상속 방식)를 별개로 다루었다. 유교 상례에 종법이 내재되어있음을 고려하면, 1차와 2차 층위를 연관 지어 고찰하는 것이 필수적이다.

이상의 미진한 점을 바탕으로 본 연구는 유교 상례의 1차, 2차 층위를 중심으로 조선 후기 사족의 유교 상례 활용 양상과 특징을 살펴보고 이를 통해 조선 후기 사족 사회의 성격을 밝히고자 한다.

2. 연구 구성

1) 연구 개요

본 연구는 세 가지 변화(❶ 예학의 발달, ❷ 종법의 정착, ❸ 사족지배 체제의 변화)가 발생하는 17, 18세기에 주목하였다. 17세기 사족의 유교 상례 변용 양상과 그 의미를 분석하고, 18세기에는 이러한 경향이 어떻게 변화하였는지 검토할 것이다. 이를 통해 본 연구의 목적인 사족의 상례 활용 양상은 물론, 사족 사회의 특징 역시 해명될 것으로 기대한다.

본론 2장은 유교 상례의 사회적 특징을 고찰하는 장이다. 이 사회적 특징 고찰은 유교 상례의 두 가지 층위, 즉 유교 상례와 종법의 관계 설명을 중심으로 한다. 1절은 유교 상례의 두 층위를 설명하는 것이다. 1차 층위인 유교 상례 절차의 경우에는 구체적으로 상(喪)의 어원과 시신 이동에 따른 절차의 세 구분을 확인하는 것이다. 2차 층위인 종법의 경우에는 종법의 구조 및 종류뿐 아니라 조상으로부터 내려오는 적통(경종)과 적장자 중심의 결집(수족)을 고찰한다. 구체적으로 삼년복 관련 원전으로 적장자에서 적장자로 이어지는 적통, 조문 및 부조 관련 원전으로 적장자와 조문객의 결집 등을 살펴보는 것이다. 이를 통해 유교 상례가 죽은 사람을 전송하는 절차일 뿐 아니라 유교에서 지향하는 사회 구조가 내재된 절차임을 밝힌다.

2절은 유교 상례에서의 종법 구현, 구체적으로 조문과 부조를 통한 결집 등을 보는 것이다. 조문과 부조가 상주와 상갓집이 상례를 치르다가 망하는 것을 막고 그들을 중심으로 결집하는 절차임을 설명한다. 이러한 전제를 바탕으로 물품 및 노동력 부조의 종류를 고찰하여 상주와 상갓집에 대한 지원 양상을 살펴본다. 이어서 상주를 중심으로 진행되는 조문객의 예를 분석하여 상주 중심의 결집을 확인한다. 이를 통해 조문과 부조가 유교 상례의 종법 구현을 확인할 수 있는 매개임을 규명한다.

본론 3장은 17세기 조선 사족의 유교 상례 변용(變用) 및 유교 상례를 통한 상민 교화 양상을 분석하는 장이다. 분석은 사족의 거상(1차 층위), 서조모복 논의(2차 층위, 경종), 사족 및 상민 간 상하 부조(2차 층위, 수족)에 관한 검토를 중심으로 한다. 1절은 17세기 사족의 유교 상례 변용 양상을 고찰하는 것이다. 본 연구는 1차 층위의 변용을 보기 위해 사족의 유교 상례 실천(거상) 양상을, 2차 층위 중 경종 관련 변용을 확인하기 위해 서조모복 논의를 분석한다. 거상의 경우에 사족 개인의 상례 실천을 유교 상례의 규정과 비교하는 작업이고, 서조모복 논의의 경우에는 첩 소생 손자인 서손이 첩인 할머니를 위해 입는 상복으로 이에 관한 당시 사족의 상이한 입장을 살펴보는 작업이다. 더불어 본 연구는 이러한 조선의 특징을 두드러지게 하기 위해 같은 시기 명나라의 상례 설행 양상을 비교한다. 이를 통해 17세기 조선 사족은 유교 상례의 1차, 2차 층위를 변용하였음을 밝힌다.

2절은 2차 층위 중 수족의 변용뿐 아니라 이를 통한 사족의 상민 교화 및 통제를 고찰하는 것이다. 본 연구는 이를 위해 상하 부조의 전개를 확인하고자 한다. 종합한 여러 사례들은 사족과 상민 간 상하 부조 방식을 지향하는 것으로, 이것으로 사족은 상민과 함께 외손, 서얼 등으로 부조 대상을 확대하였다고 서술한다. 이어서 조선을 둘러싼 여러 변화로 사족의 경제력이 약화되고 조정이 개입하여 상하 부조가 이완되었음을 설명한다. 이를 통해 본 연구는 이러한 경향이 조선만의 특수한 것으로 유교 상례의 변용임을 입증하고, 사족은 상하 부조가 이완되기 전까지 17세기동안 이를 바탕으로 신분적 우위를 점하고 상민 등을 교화하고 통제하고자 했음을 밝힌다.

본론 4장은 18세기 조선 사족의 유교 상례 준용(遵用)과 내부 결속을 분석하는 장이다. 분석은 본론 3장과 마찬가지로 사족의 거상(1차 층위), 서조모복 논의(2차 층위, 경종), 사족 중심의 상호 부조(2차 층위, 수족)에 관한 검토를 중심으로 한다. 1절은 18세기 사족의 유교 상례 준용 양상을 고찰하는 것이다. 본 연구는 1차 층위의 준용을 보기 위해 사족의 유교 상례 실천(거상)을, 2차 층위 중 경종 관련 준용을 확인하기 위해 서조모복 논의를 분석한다. 거상의 경우에 사족 개인의 상례 실천이 유교 상례의 규정과 비교하는 작업이고, 서조모복 논의의 경우에는 서조모복 논의의 변화 추이를 살펴보는 작업이다. 아울러 본 연구는 18세기 청나라의 상례 설행 양상을 비교해 조선의 특징을 두드러지게 한다. 이를 통해 18세기 조선 사족은 유교 상례의 1차, 2차 층위를 규정에 맞게 준용하였음을 밝힌다.

2절은 2차 층위 중 수족의 준용뿐 아니라 이를 통한 사족의 내부 결속을 고찰하는 것이다. 본 연구는 이를 위해 사족 중심의 상호 부조 및 결집 양상을 확인하고자 한다. 여러 사례들은 사족 중심의 부조 방식을 지향하는 것으로, 이를 활용해 여타 신분에 비해 신분적 우위가 약화된 사족은 사족층 내부의 결속을 강화하였다고 서술한다. 구체적으로 이는 부조 대상의 축소와 다양한 물품의 부조뿐 아니라 사족의 상민 조문 조항 삭제, 사치스러운 상례 시행, 처벌 조항 수록 등에서 확인하였다. 이를 통해 본 연구는 이러한 양상이 유교 상례의 준용 사례임을 설명하고, 사족은 유교 상례로 사족 집단의 결속을 모색하였음을 밝힌다.

이상의 과정으로 본 연구는 기존의 연구 성과들을 토대로 17, 18세기 조선에 유교 상례의 1차, 2차 층위가 정착되어가는 추이뿐 아니라 그것이 사족 개인, 더 나아가 사족 사회에 갖는 의미가 도출될 것이라 본다. 나아가 조선 후기 사족 사회의 특징 또한 조금이나마 설명할 수 있을 것이라 기대한다.

2) 자료 소개

본 연구는 자료의 특징에 따라 ❶ 연대기, ❷ 예서류, ❸ 문집 및 개인 저작물, ❹ 국외 자료, ❺ 기타로 분류하고 이를 활용하였다. 우선 ❶ 연대기의 경우에는 『조선왕조실록』, 『승정원일기』가 있다.[32] 그 가운데 17, 18세기 기록을 참고해 본 연구에서는 조선 조정에서 언급한 사족의 상례 실천에 관한 내용, 서손의 자최삼년복 착용과 관련된 사족들의 상이한 주장 등을 분석하였다.

32) 이는 국사편찬위원회 데이터베이스 참조.

다음 ❷ 예서류 자료의 경우에는 예에 관한 서적을 통칭하는 것이다. 여기에는 『의례』, 『예기』, 『주례』, 『사마씨서의』, 『가례』가 있다. 특히 『의례』, 『예기』, 『주례』[33]는 유교 상례 절차에 관한 분석, 상례 절차의 함의, 삼년복의 의미 등을 분석할 목적으로 참고한 것이다. 그리고 『사마씨서의』와 『가례』[34]는 불사 지양에 관한 내용과 유교 상례의 주요 절차를 파악하기 위해 활용한 것이다.

❸ 문집 및 개인 저작물의 경우에는 대체로 17, 18세기 조선 사족의 문집이다. 이들은 ❶ 연대기, ❷ 예서류 자료에서 드러나지 않은 조선 사족의 상례 실천 양상과 그들의 인식을 구체적으로 검토하기 위해 활용한 것이다.

개인 저작물의 경우에는 김장생(金長生, 1548~1631)의 『의례문해』와 『상례비요』, 신의경(申義慶, 1557~1648)의 『상례통재』, 권이시(權以時, 1631~1708)의 『오례집략』, 이재(李縡, 1680~1746)의 『사례편람』[35] 등을 활용하였다. 불사 지양에 관한 당시 사족의 인식뿐 아니라 서손의 자최삼년복 착용에 관한 이들의 주장, 부조 물품의 용도를 파악하기 위하여 이들을 참고하였다.

또한 이문건(李文楗, 1494~1568)의 『묵재일기』, 장흥효(張興孝, 1564~1633)의 『경당일기』,[36] 이시발(李時發, 1569~1626)의 『기유일록』,[37]

---

33) 이는 2000년 북경대학출판사에서 출판한 『의례주소』, 『예기정의』, 『주례주소』 참조. 『의례』 번역은 2013년과 2014년 세창출판사에서 출간한 『의례 역주』 6·7, 『예기』 번역은 2024년 동과서에서 출판한 『예기역주』 1~5 참조. 원문 각주 중 【鄭注】는 후한대 정현(鄭玄, 127~200)의 주석이다.

34) 『사마씨서의』는 사마광(司馬光, 1019~1086), 『가례』는 주희(朱熹, 1130~1200)의 저작이다. 전자는 1920년(대정 9) 4월에 간행된 조선본을, 후자는 2001년 학민문화사에서 간행한 것 참조. 『가례』 번역은 2018년 학고방에서 출판한 『완역 성리대전』 참조.

35) 이는 2008년 경성대학교에서 출간한 『한국예학총서』 참조.

36) 이는 한국국학진흥원 데이터베이스 참조.

정충신(鄭忠信, 1576~1636)의 『북천일록』,[38] 김령(金坽, 1577~1641)의 『계암일록』, 윤이후(尹爾厚, 1636~1699)의 『지암일기』, 최흥원(崔興遠, 1705~1786)의 『역중일기』, 이상정(李象靖, 1711~1781)의 『대산일기』,[39] 황윤석(黃胤錫, 1729~1791)의 『이재난고』, 유범휴(柳範休, 1744~1823)의 『호계답문』[40] 등의 일기 자료가 있다. 뿐만 아니라 정구(鄭逑, 1543~1620)의 제자들이 엮은 『한강선생언행록』[41]도 참고하였다. 이를 통해 본 연구에서는 조선의 사족이 실천한 상례의 양상, 이들의 상례 습속에 관한 인식을 분석하고자 한다.

조선 후기 사족의 유교 상례 설행 양상과 같은 시기 중국의 그것을 비교하기 위해 ❹ 국외 자료로 명·청대 사료들을 활용하였다. 조선과 명·청대의 자료를 비교 분석하여 조선 후기 유교 상례 설행의 특징이 좀 더 분명하게 드러날 것으로 기대한다. 이에 해당하는 국외 자료[42]는 향약의 상례 관련 조항 분석, 불사에 대한 당시 지배층의 인식, 명·청대의 습속을 고찰할 목적으로 활용되었다. 향약의 상례 관련 조항 분석의 경우, 본 연구는 『남전여씨향약』과 『주자증손여씨향약』을 사례로 들었다.[43] 더불어 불사에 대한 당시 지배층 인식의 경우, 여유기(呂維祺, 1587~1641)의 『사례약언』, 고염무(顧炎武, 1613~1682)의 『일지록』, 만

37) 이는 이시발 저, 최원경 역, 『譯註 己酉日錄』, 진천군청·청주대학교 산학협력단, 2012 참조.

38) 이는 한국국학진흥원 데이터베이스 참조.

39) 이는 한국국학진흥원 데이터베이스 참조.

40) 이는 한국국학진흥원 데이터베이스 참조.

41) 이는 정구 생전의 언행, 그의 제자들의 그에 대한 평가, 제자들의 당시 습속에 대한 언급 등 다양한 기록들이 수록된 것으로, 한국학중앙연구원 장서각 소장 자료 참조.

42) 이는 문연각사고전서(文淵閣四庫全書) 참조.

43) 전자는 1986년 보경문화사에서 출간한 『조선시대 사회사연구사료총서』, 후자는 한국학중앙연구원 장서각 소장 자료 참조.

사동(萬斯同, 1638~1702)의 『군서의변』, 왕복례(王復禮, 1641~1720)의 『가례변정』, 왕당(王棠, 1705~1748)의 『연재염지신록』, 양장거(梁章鉅, 1775~1849)의 『퇴암수필』 등을 사례로 들었다. 명, 청대 습속의 경우, 지방지[44]를 예로 들었다.[45]

❺ 기타 자료는 서얼에 관한 자료인 『규사』, 『통색촬요』[46] 및 『조선시대 사회사연구사료총서』 1~3, 『영남향약자료집성』,[47] 『고문서집성』 등 사회사 관련 고문서 자료를 참조하였다. 이들은 이상의 자료들에서 드러나지 않은 유교 상례 설행 양상을 파악하기 위해 활용된 것이다. 이를 통해 외부의 변화에 따른 사족의 상례 설행과 활용 양상 등을 살펴볼 수 있을 것으로 기대한다.

---

44) 명청대 지방지에 관한 연구는 자료 소개부터 한국 소재 지방지에 대한 분석 등 다양한 방향으로 이루어졌다(오금성, 「(資料紹介) 國內所藏 中國 明淸地方志 目錄補」, 『서울대 동양사학과 논집』 17, 1993). 지방지를 편찬한 사람은 지방 장관인 지현(知縣)과 신사(紳士)인데, 전자는 지방 통치, 후자는 자신과 조상의 이름을 현창하려는 목적으로 이를 만들었다(원정식, 「前近代 中國의 地方志 編纂 - 明淸時代 福建의 縣志 編纂을 中心으로 -」, 『지방사와 지방문화』 4, 2001, 19~26쪽).

45) 이는 『中國地方志民俗資料匯編』 수록 지방지이다. 이 자료집은 17세기부터 20세기까지 중국 각지를 총 여섯 권역으로 나누고 중국의 습속을 집성한 것이다. 동북권(1권), 서남권(2권), 서북권(1권), 중남권(2권), 화동권(3권), 화북권(1권)으로 구성되어 권마다 예의민속(禮儀民俗), 세시민속(歲時民俗), 생활민속(生活民俗), 민간문예(民間文藝), 민간어언(民間語言), 신앙민속(信仰民俗), 기타 등 크게 일곱 종류로 분류되어있다(楊志剛, 「중국 명·청대 『주자가례』의 보급과 정착 과정」, 『국학연구』 16, 2010, 161쪽 각주 35번). 편의상 본 연구는 동북권을 A, 서남권을 B, 서북권을 C, 중남권을 D, 화동권을 E, 화북권을 F로 표기하였다.

46) 이는 1858년 대구 달서정사에서 간행한 것으로 조선시대 서얼 관련 자료 중 하나이다. 이 저서에는 왕대별로 서얼들의 상소 또는 관련 사례들이 수록되어 있다(정윤주, 「『규사』의 편찬과 간행동기」, 한림대학교 사학과 석사학위논문, 1992; 「『규사』(1859)의 편찬과 간행동기」, 『역사학보』 137, 1993). 한편 『통색촬요』는 서울대학교 규장각 한국학연구원 소장 자료이다.

47) 이는 1986년 영남대학교출판부에서 출간한 『영남향약자료집성』 참조.

제2장

유교 상례의 사회적 특징

1. 유교 상례의 두 층위

1) 유교 상례의 세 단계

본 연구가 다룰 유교 상례에서 상(喪)은 없어졌다는 의미이다. 죽었다는 의미의 사(死)가 아닌 상이라고 한 것은 죽은 사람의 자식이 자신의 부모가 차마 죽었다고 말할 수 없었기 때문이다. 그래서 자식은 부모를 죽었다고 말하기보다 사라졌다고 표현한 것이다.[48]

이에 상례는 기본적으로 죽은 사람을 전송하는 상주의 애통한 감정을 바탕에 두고 있다.[49] 이 애통은 산 사람이 죽은 사람을 전송하고 일상으로 돌아오는 과정을 거쳐[50] 공경으로 변한다.[51] 이러한 과정은 유교의 상례, 구체적으로 삼년상을 통해 구현된다.

여기서 삼년상은 대체로 27개월 동안의 복상으로, 왜 3년을 치르는지에 대한 설은 크게 두 가지로 나뉜다.[52] 첫째는 자식이 태어나 3년이 지

---

48) 『儀禮注疏』 卷28, 「喪服」, "不忍言死而言喪 喪者 棄亡之辭 若全存居於彼焉 已亡之耳"; 『白虎通疏證』 卷11, "喪者何謂也 喪者亡也 人死謂之喪何 言其喪亡不可復得見也".

49) 『禮記正義』 卷35, 「少儀」, "喪事主哀".

50) 『禮記正義』 卷58, 「三年問」, "三年之喪 二十五月而畢 哀痛未盡 思慕未忘 然而服以是斷之者 豈不送死有已 復生有節也哉【鄭注】復生 除喪反生者之事也"; 『荀子集解』 卷13, 「禮論」, "喪禮之凡 變而飾 動而遠 久而平 故死之爲道也 不飾則惡 惡則不哀 爾則翫 翫則厭 厭則忘 忘則不敬 一朝而喪其嚴親 而所以送葬之者 不哀不敬則嫌於禽獸矣 君子恥之 故變而飾 所以滅惡也 動而遠 所以遂敬也 久而平 所以優生也 禮者 斷長續短 損有餘 益不足".

51) 『禮記正義』 卷9, 「檀弓 下」, "喪禮 哀戚之至也 節哀 順變也 君子念始之者也"; 김용천, 「旣葬 '受服'의 규정과 예학적 논쟁 - 『儀禮』 「喪服」편의 해석을 중심으로 -」, 『泰東古典研究』 42, 2019, 298쪽.

나서야 부모의 품을 벗어날 수 있다는 말에 근거하여 부모가 돌아가시면, 자식이 다시 그를 위해 삼년상을 지내야 한다는 것이다.[53] 둘째는 본래 삼년상은 1년(13개월)으로 그치는 상이지만, 자식이 부모의 은혜를 더 높이고자 1년(13개월)을 더 하여 3년(27개월)이 되었다는 것이다.[54] 두 가지 설의 공통점은 부모의 은혜에 중점을 둔다는 점이다. 이렇게 부모의 은혜에 중점을 두고 그것을 높이기 위해 지내는 삼년상은 인간의 도리 중 가장 훌륭한 것이자, 상례 중에서도 가장 성대한 것이라 할 수 있다.[55]

한편 이 삼년상의 절차[56]는 시신이 산 사람에게서 멀어짐[57]을 기준으로 크게 세 가지로 구분된다.[58] 우선 ❶ 막 사람이 죽은 초종(初終 혹은 初喪)부터 발인(發引)하기 전에 전(奠)을 올리는 절차인 견전(遣奠)까지가 첫 번째 단계이다. ❷ 다음 시신이 무덤으로 이동하는 발인부터 봉

52) 삼년상에 대한 여러 학설을 정리하거나 『논어』「양화」에서 공자와 재아의 삼년상 인식 차이를 다룬 연구는 何丹, 「"三年之喪"起源諸說考辨」, 『中國史研究』 92, 2014; 류영하, 「공자와 재아의 삼년상 논쟁에 담긴 대립관계 분석 : 상례에 대한 두 가지 관점의 대립과 절충」, 『인문과 예술』 7, 2019 참조.

53) 『論語注疏』 卷17, 「陽貨」, "子曰 予之不仁也 子生三年 然後免於父母之懷 夫三年之喪 天下之通喪也".

54) 『禮記正義』 卷58, 「三年問」, "然則何以三年也【鄭注】言法此變易 可以期 何以乃三年爲 曰 加隆焉爾也 焉使倍之 故再期也【鄭注】言於父母加隆其恩 使倍期也".

55) 『禮記正義』 卷58, 「三年問」, "故三年之喪 人道之至文者也 夫是之謂至隆【鄭注】言三年之喪 喪禮之最盛也".

56) 부록의 '『의례』와 『가례』의 상례 절차 비교' 표 참조. 이는 북경대학교에서 출판한 『의례주소』와 학민문화사에서 출판한 『가례』를 바탕으로 작성된 것이다.

57) 『禮記正義』 卷51, 「坊記」, "子云 賓禮每進以讓 喪禮每加以遠".

58) Mihwa Choi는 다섯 단계로 구분한다. 첫 번째는 초종(Preparation for mourning)이고, 두 번째는 성복까지의 절차(Mourning and condolence period)이다. 세 번째는 하관 전까지의 절차(Preparation for burial)이고, 네 번째는 하관(Burial)이다. 마지막 다섯 번째는 25개월째 지내는 대상제와 27개월째 지내는 담제까지의 절차(Extended mourning period and closure)이다(Mihwa Choi, *Death Rituals and Politics in Northern Song China,* Oxford university press, 2017, pp.105~106).

분을 만드는 성분(成墳)까지가 두 번째 단계이다. ❸ 마지막으로 집으로 돌아와 곡을 하는 반곡(反哭 혹은 返魂)부터 27개월째 지내는 제사인 담제(禫祭)까지가 세 번째 단계이다.

❶ 첫 번째 단계에서 상갓집의 호상 등은 사람이 죽은 당일에 죽은 사람의 영혼이 돌아오도록 복(復)을 하고 친척과 주변인에게 부고한다. 그리고 상주와 호상 등은 목욕과 시신의 얼굴을 가리는 등의 습을 하고 반함을 진행한다.[59] 이틀째 되는 날에 이들은 시신을 감쌀 옷과 이불을 준비하여 소렴을 한다.[60] 다음날인 사흘째 되는 날에 이 사람들은 대렴에 쓸 옷과 이불을 갖추고 빈소를 마련하고서 대렴을 실시한다.[61] 나흘째 되는 날에 비로소 죽은 사람의 친족들이 상복을 입는 성복을 한다.[62] 이 기간에 시신은 빈소에 안치되어 3개월 동안 당 중앙에서 약간 서쪽에 위치한다.[63] 3개월 후 시신을 묻을 땅을 고르고 회격과 상여 등을 만든다.[64] 그리고 그들은 시신을 무덤으로 옮기는 발인 전에 전을 올리는 절차인 견전을 한다.[65]

❷ 다음 두 번째 단계에서 산 사람들은 정해진 날에 발인하고[66] 봉분을 만든다.[67] 이 단계에 시신은 무덤에 묻힌다. ❸ 마지막 세 번째 단계에서 그들은 집으로 돌아와 반곡을 진행한다.[68] 발인한 날 한낮에 우제를 지내는데 이것이 바로 초우이다. 다음 날, 상주는 을·정·기·신·계가

59) 『家禮』 卷4, 「喪禮 初終」.
60) 『家禮』 卷4, 「喪禮 小斂」.
61) 『家禮』 卷4, 「喪禮 大斂」.
62) 『家禮』 卷4, 「喪禮 成服」.
63) 『家禮』 卷4, 「喪禮 大斂」, "擧棺入 置於堂中少西".
64) 『家禮』 卷5, 「喪禮 治葬」.
65) 『家禮』 卷5, 「喪禮 遣奠」.
66) 『家禮』 卷5, 「喪禮 發引」.
67) 『家禮』 卷5, 「喪禮 及墓 下棺 祠后土 題木主 成墳」.
68) 『家禮』 卷5, 「喪禮 反哭」.

들어가는 유일(柔日)에 재우를 지내고 갑·병·무·경·임이 들어가는 강일(剛日)에 삼우를 지낸다.[69] 상주는 삼우를 지낸 뒤 다음 강일에 졸곡을 진행한다.[70] 졸곡을 진행한 다음 날에 바로 상주는 부(祔)를 지낸다.[71] 이후 그는 고인이 죽은 지 13개월째 되는 날에 소상,[72] 25개월째 되는 날에 대상을 하고[73] 27개월째 되는 날에 담을 지내 상례를 마친다.[74] 이 세 가지 단계를 거치면서 산 사람이자 적장자인 상주는 죽은 사람을 전송하고, 그 산 사람의 감정인 슬픔은 우제를 거쳐 공경으로 변하게 된다.[75]

유교 상례의 세 가지 단계 가운데 가장 중요한 절차는 초종·소렴·대렴·성복·발인·우제·졸곡·부·소상·대상·담이라 할 수 있다. 이 절차들이 중요한 이유를 간단히 설명하면, 우선 초종은 사람이 막 죽어 상주와 상갓집 사람들이 주위 사람들에게 부고를 보내는 절차이다. 이 절차에서 상갓집 사람들은 시신을 목욕하고 습과 반함을 진행한다. 해당 절차들은 사람이 막 죽어 겨를이 없는 때에 진행되지만, 이를 통해 상주와 상갓집

---

69) 『家禮』 卷6, 「喪禮 虞祭」.

70) 『家禮』 卷6, 「喪禮 卒哭」.
초우는 장사지내는 날 낮에 지내지만 묘가 멀 경우에는 이 날을 넘기지 않고 지내고 집을 떠나 하루 이상 묵을 경우에는 머무르는 곳에서 행한다. 재우와 삼우는 유일과 강일에 시행하지만 묘가 멀어 돌아오는 길에 유일과 강일을 만나면 재우는 머무는 곳에서, 삼우는 반드시 집에 도착해 실시한다. 졸곡은 삼우 다음 강일, 즉 삼우로부터 이틀 뒤에 한다(김진우, 「17세기 충청 사족 宋浚吉, 宋時烈의 居喪 시행 양상과 특성」, 『역사와 담론』 111, 2024a, 11~12쪽 각주 22번 참조).

71) 『家禮』 卷6, 「喪禮 祔」.

72) 『家禮』 卷6, 「喪禮 小祥」.

73) 『家禮』 卷6, 「喪禮 大祥」.

74) 『家禮』 卷6, 「喪禮 禫」.

75) 『禮記正義』 卷7, 「檀弓 上」, "從者又問諸子游曰 禮與 … 子游曰 飯於牖下 小斂於戶內 大斂於阼 殯於客位 祖於庭 葬於墓 所以卽遠也 故喪事有進而無退"; 『禮記正義』 卷51, 「坊記」, "子云 賓禮每進以讓 喪禮每加以遠 浴於中霤 飯於牖下 小斂於戶內 大斂於阼 殯於客位 祖於庭 葬於墓 所以示遠也 【鄭注】 遠之所以崇敬也".

사람들은 주위 사람들에게 죽음을 알리고 죽은 사람의 시신을 처리한다. 이처럼 초종은 상례의 첫 시작으로, 이들이 죽음을 주위에 알리고 시신을 처리해야 하는 때다. 아울러 이 절차는 상주가 시신을 처리하고 조문객을 맞아 노동력과 물품을 그들에게 받아야 하는 시점이다.

한편 사람이 죽은 지 이틀째, 사흘째 되는 날에 진행되는 소렴과 대렴은 습과 반함을 마친 시신을 옷과 이불 등으로 감싸는 절차이다. 대렴을 하여 입관한 시신은 빈소에 임시로 보관된다.

다음 성복은 사람이 죽은 지 나흘째 되는 날에 진행된다.[76] 이 시기에 죽은 사람과 혈연적 거리에 따라 산 사람들이 상복을 입는데, 이를 통해 적장자인 상주의 지위와 친족 간의 연대감을 확인할 수 있다.

발인은 죽은 지 3개월째 되는 날에 행해진다. 사람들은 빈에 임시로 보관한 시신을 꺼내 매장할 곳으로 옮긴다. 이는 시신의 이동뿐 아니라 상주가 시신을 이동하기 위해 조문객의 노동력을 지원받아야 하는 시점이다.

우제는 방황하는 혼을 위한 것이자, 전술한 슬픔에서 공경으로의 감정 변화, 혼백 매장 등으로 인해 중요하다. 이 시점을 기준으로 산 사람을 위해 올리는 전은 죽은 사람을 위해 올리는 제(祭)로 변한다. 한편 졸곡에서는 무시곡(無時哭)이 아침저녁으로 곡을 하는 조석곡으로 바뀌고, 상제(喪祭)가 길제(吉祭)로 전환된다. 다시 말해 이 시점부터 행해지는 절차는 흉례가 아닌 길례이자 제례이다.

부에서는 상주가 신주를 조상의 신주 곁으로 옮긴다. 우제에서 부까지 절차는 상주가 혼을 달래고 혼백을 매장하며 신주를 사당으로 옮겨

---

76) 3일째 하는 까닭은 죽은 사람이 다시 살아날 것을 기다리거나, 집안 재정과 상복 도구가 갖추어지는 시간을 벌거나, 멀리 사는 친척이 도착하는 시간을 고려하기 때문이다(『禮記正義』 卷56, 「問喪」, "或問曰 死三日而後斂者 何也 … 故曰 三日而後斂者 以俟其生也 … 家室之計 衣服之具 亦可以成矣 親戚之遠者 亦可以至矣 是故聖人爲之斷決, 以三日爲之禮制也").

종자로서 자신의 지위를 확인하는 과정이다.

한편 소상, 대상, 담은 상주가 사람이 죽은 지 13개월, 25개월, 27개월째 행하는 것이다. 이들은 상주가 점차 일상으로 돌아오는 과정을 보여준다는 점에서 주요 절차에 해당된다.

위에서 언급한 유교 상례의 주요 절차는 유교 상례의 1차 층위이다. 상주는 위 절차를 실천하면서 죽은 사람을 전송하고 일상으로 돌아온다. 이 절차는 일반적으로 사(士) 이상의 신분이 행할 수 있고,[77] 그 중심에는 상주인 적장자가 있다.

2) 유교 상례와 종법의 관계

유교 상례의 2차 층위는 종법으로, 여기에는 적통과 결집이 있다. 적통은 상주의 적장자에서 적장자로 이어지는 혈통적 지위를 가리키고, 결집은 그 상주와 상갓집에 친족 등이 부조를 하여 결집하는 것을 의미한다. 이들은 성복, 조문, 부조를 통해 확인할 수 있다.

우선 적통은 적장자에서 적장자로 이어지는 계승 방식(承統)이다. 그 계승은 상주와 그의 친족들이 입는 상복을 통해 구현되는데, 이는 명확한 적서(嫡庶)의 구분에 기반을 둔다. 적서 구분은 종법과 상복 제도의 근간으로 아버지가 아들에게 자신의 지위를 이양하려는 것에서 생겨났다. 적장자인 어떤 사람이 자신의 지위를 서자인 동생에게 이양하지 않고 자신의 적장자인 아들에게 이양하는 까닭은 그렇게 했을 때 지위를 둘러싼 분쟁이 없기 때문이다.[78] 즉 적장자인 자신의 지위와 권위를 다음 적장자에게 순조롭게 이양하기 위해 생겨난 것이 바로 적서의 구분이다.

---

77) 『禮記正義』 卷3, 「曲禮 上」, "禮不下庶人"; 김진우, 「朝鮮時代 非士族 喪禮의 정착 양상과 그 성격」, 『동국사학』 76, 2023a, 46쪽 참조.

78) 王國維, 『觀堂集林』 卷10, 「殷周制度論」, 河北教育出版社, 2003, 232~241쪽.

별자는 조가 되고, 별자를 계승한 사람이 종이 된다.[79]

그 계승 방식은 위의 인용문을 통해 드러난다. 이 구절은 제후의 중자(衆子)인 별자가 조가 되고 그를 계승한 사람이 종이 된다는 『예기』「상복소기」의 문장이다. 이는 앞서 설명한 적장자의 지위가 다음 적장자에게 이양되는 방식을 보여주는 것이다. 여기서 종은 별자를 계승한, 조상의 정체(正體)를 이어받은 사람이다.[80] 이것이 바로 대종이다. 그리고 그 별자의 적장자 이외의 아들인 서자 혹은 중자가 소종이다. 이 경우 적과 서는 대종인 적장자와 소종인 나머지 아들을 가리키는데, 이들은 각기 자신들의 가계 혹은 집단을 형성한다.

별자는 조가 되고, 별자를 계승한 사람이 종이 된다. Ⓐ 아버지를 계승한 사람이 소종이 된다. Ⓑ 백세가 되어도 옮기지 않는 종이 있고, 오세가 되면 옮기는 종이 있다. 백세가 되어도 옮기지 않는 사람이 별자의 후손이다. Ⓒ 별자를 계승한 사람을 종으로 삼는 것은[81] 백세가 되어도 옮기지 않는 경우이다. Ⓓ 고조를 계승한 사람을 종으로 삼는 것이 오대가 되면 옮기는 경우이다. …【정현 주】 별자는 공자와 처음으로 이 나라에 온 자로서 후손들이 조로 삼는 사람을 가리킨다. Ⓔ 별자의 대대로 내려온 적장자는 족인들이 그를 높여 대종이라고 하니, 이 사람이 종자이다. 아버지의 적장자는 형제들이 그를 높여 소종이라 부른다. 천(遷)은 바뀐다는 것과 같다. 별자를 계승한 사람은 별자로부터 대대로 내려온 적장자이다. Ⓕ 고조를 계승한 자도 소종이다. 아버지를 계승한 자를 먼저 말한 것은 별자의 아들과 동생들의 아들에 근거하여 말한 것이다. Ⓖ 고조와 아버지 모두 계승한 사람이 있기 때문에 증조도

79) 『禮記正義』 卷32, 「喪服小記」, “別子爲祖 繼別爲宗”.

80) 『禮記正義』 卷32, 「喪服小記」, “是故祖遷於上 宗易於下 尊祖故敬宗 敬宗所以尊祖禰也【鄭注】 宗者 祖禰之正體”.

81) 해당 경문 가운데 ‘宗其繼別子之所自出者’의 ‘所自出者’는 불필요한 문장으로, 본 연구는 다음의 주장을 참조하여 번역하였다(『儀禮經傳通解』 卷5, 「家禮5 五宗」, “百世不遷者 別子之後也 宗其繼別子之所自出者 百世不遷者也 …【注】… 今按 之所自出四字疑衍 注中亦無其文 至作疏時方誤爾 今不取”).

계승한 사람이 있는 것이니, Ⓗ 소종은 넷이며 대종과 함께 모두 다섯이다.[82]

대종과 소종에 관한 자세한 설명은 위 『예기』「대전」의 문장에서 확인할 수 있다. 대종과 소종의 개념을 설명하면, 우선 Ⓑ 백세가 되어도 옮기지 않는 집단이 있다. 이것이 바로 Ⓔ 대종으로 Ⓒ 백세가 되어도 신주를 체천(遞遷)하지 않는 집단이다. 다음 Ⓐ 아버지를 계승한 사람은 소종이라 하고, Ⓕ 고조를 계승한 사람도 소종에 해당한다. Ⓓ 이 고조를 이은 종은 오대가 되면 체천한다. 고조와 아버지 이외에 Ⓖ 증조를 계승한 사람도 소종에 해당한다.

위 설명을 정리하면 Ⓗ 종자를 중심으로 형성된 가계 혹은 집단은 오종, 즉 대종 하나, 소종 넷의 다섯 가지로 나뉜다. 별자를 계승한 종이 첫 번째로 대종이면서 백세가 되어도 옮기지 않는 종이다. 다음 소종에는 고조부를 계승한 경우, 증조부를 계승한 경우, 조부를 계승한 경우, 아버지를 계승한 경우가 있다.[83]

이 네 가지 소종은 오대가 지나면 신주를 옮기는 경우로, 여기에는 조는 위에서 옮기고 종은 아래에서 바뀌는 특징이 있다.[84] 이 때문에 대종은 친족들을 규합해야 하므로 백세가 되어도 끊어져선 안 되고, 만에

---

82) 『禮記正義』 卷34, 「大傳」, "別子爲祖 繼別爲宗 繼禰者爲小宗 有百世不遷之宗 有五世則遷之宗 百世不遷者 別子之後也 宗其繼別子之所自出者 百世不遷者也 宗其繼高祖者 五世則遷者也 …【鄭注】別子 謂公子若始來在此國者 後世以爲祖也 別子之世適也 族人尊之 謂之大宗 是宗子也 父之適也 兄弟尊之 謂之小宗 遷猶變易也 繼別子 別子之世適也 繼高祖者 亦小宗也 先言繼禰者 據別子子弟之子也 以高祖與禰皆有繼者 則曾祖亦有也 則小宗四 與大宗凡五".

83) 『禮記正義』 卷34, 「大傳」, "別子爲祖 繼別爲宗 …【疏】小宗四與大宗 凡五者 小宗四 謂一是繼禰 與親兄弟爲宗 二是繼祖 與同堂兄弟爲宗 三是繼曾祖 與再從兄弟爲宗 四是繼高祖 與三從兄弟爲宗 是小四 并繼別子之大宗 凡五宗也"; 呂思勉, 『中國制度史』, 上海教育出版社, 1985, 371쪽.

84) 『禮記正義』 卷32, 「喪服小記」, "繼禰者爲小宗 有五世而遷之宗 其繼高祖者也 是故祖遷於上 宗易於下 尊祖故敬宗 敬宗所以尊祖禰也".

하나 후손이 끊겼을 때 소종의 지자(支子)를 후사로 삼을 수 있었다.[85] 즉 오대라는 제한이 있는 소종에 비해 대종은 백세가 되어도 끊어져선 안 되므로 후사를 세울 수 있고(立後) 친족을 규합하는(收族) 권한을 가진다.

전술한 대종과 소종의 중심에는 적장자가 있다. 그는 조상의 정체이자 다섯 종의 적통을 계승한 사람이다.[86] 그의 혈통적 지위는 삼년복 착용에서 확인된다. 여기서 삼년복은 구체적으로 참최삼년복(斬衰三年服)과 자최삼년복(齊衰三年服)으로 나뉜다. 참최삼년복은 일반적으로 적장자를 포함한 자식들이 지존인 돌아가신 아버지를 위해 입는 상복이다.[87] 한편 자최삼년복은 그들이 사친인 돌아가신 어머니를 위해 입는 상복이다.[88] 부모를 위해 입을 수 있는 삼년복은 그들의 자식이라면 모두 입을 수 있는 것이지만, 부모 이외에 대상을 위해 입는 삼년복은 그와 다르다. 그 가운데 아버지가 적장자를 위해 입는 참최삼년복과 어머니가 적장자를 위해 입는 자최삼년복에서 이들 삼년복과 적통이 밀접한 관련이 있음을 확인할 수 있다.

> 전에서는 말한다. "왜 삼년복인가? 위로부터 (조상의) 정체를 계승하고, 또 장차 적통을 전해 주어야 하기 때문이다."[89]

---

85) 『儀禮注疏』 卷30, 「喪服」, "齊衰不杖期 爲人後者爲其父母 報 傳曰 爲人後者孰後 後大宗也 曷爲後大宗 大宗者尊之統也 … 大宗者尊之統也 大宗者收族者也 不可以絶 故族人以支子後大宗也 適子不得後大宗".

86) 『禮記集說』 卷81, 「喪服小記」, "別子爲祖 繼別爲宗 繼禰者爲小宗 有五世而遷之宗 其繼高祖者也 是故祖遷於上 宗易於下 尊祖故敬宗 敬宗所以尊祖禰也【鄭注】… 宗者 祖禰之正體".

87) 『儀禮注疏』 卷29, 「喪服」, "父 傳曰 爲父何以斬衰也 父 至尊也".

88) 『儀禮注疏』 卷30, 「喪服」, "父卒則爲母".

89) 『儀禮注疏』 卷29, 「喪服」, "父爲長子 … 傳曰 何以三年也 正體於上 又乃將所傳重也".

위의 『의례』「상복」 참최삼년복에 관한 인용문에서 참최삼년복과 적통의 연관성을 확인할 수 있는데, 아버지는 그의 적장자를 위해 참최삼년복을 입을 수 있다. 아버지의 적장자는 혈연적으로 조상의 정체를 이어받았고 적장자인 아버지가 돌아가셨을 때 아버지의 적통을 전해 받는다. 이 때문에 적장자인 아버지는 자신의 적장자가 먼저 죽었을 때 그를 위해 참최삼년복을 입는다. 반면 서자인 아버지는 자신의 장자를 위해 삼년복을 입을 수 없는데, 이는 서자인 아버지가 조상의 적통을 계승하지 않았기 때문이다.[90] 참최삼년복과 관련된 앞의 규정은 참최삼년복이 적장자에서 적장자로 이어지는 적통과 관련 있는 상복임을 의미한다. 그래서 적통을 감당하지 못할 만큼의 폐질에 걸린 적장자이거나, 서손이 후사가 되었거나, 서자가 후사가 되었거나, 적손이 후사가 되었다면, 이들을 위해 참최삼년복을 입을 수 없었다.[91]

> 전에서는 말한다. "왜 삼년복인가? 아버지가 낮추지 않기 때문에 어머니도 감히 낮추지 못한다."[92]

한편 자최삼년복과 적통의 연관성은 위 『의례』「상복」 자최삼년복에 관한 인용문에서 확인할 수 있다. 어머니는 그녀의 적장자를 위해 자최삼년복을 입는다. 앞서 참최삼년복에 관한 인용문에서 아버지는 자신의 적장자를 위해 그가 조상의 정체이면서 자신의 뒤를 이어 적통을 이어받을 존재이기 때문에 참최삼년복을 입는다고 하였다. 아버지가 그의 적장

90) 『禮記正義』 卷32, 「喪服小記」, "庶子不爲長子斬 不繼祖與禰故也".

91) 『儀禮注疏』 卷29, 「喪服」, "父爲長子 … 傳曰 何以三年也 正體於上 又乃將所傳重也 庶子不得爲長子三年 不繼祖也 …【疏】若然 雖承重不得三年有四種 一則正體不得傳重 謂適子有廢疾 不堪主宗廟也 二則傳重非正體 庶孫爲後是也 三則體而不正 立庶子爲後是也 四則正而不體 立適孫爲後是也".

92) 『儀禮注疏』 卷30, 「喪服」, "母爲長子 … 傳曰 何以三年也 父之所不降 母亦不敢降也".

자를 위해 한 단계 낮춰서 상복을 입지 않았기 때문에[93] 어머니도 지존인 아버지를 따라 조상의 정체인 자신의 적장자를 위해 상복을 낮추지 못하는 것이다.[94] 이에 자식이 자신을 위해 입어줄 자최삼년복을 죽은 적장자를 위해 입었다.[95] 참최삼년복과 자최삼년복에 관한 규정들을 통하여 유교 상례의 2차 층위인 종법의 이면에 적장자 위주의 혈통적 순수성에 대한 강조가 전제되어 있음을 알 수 있다.

이와 함께 대종과 소종에서는 상이 발생하였을 때 상주에게 조문과 부조가 동반되어야 한다. 조문과 부조는 조문객이 죽은 사람을 전송하는 상주를 돕기 위한 것이다.[96] 이는 일차적으로 상주가 지나치게 슬퍼하거나 과도하게 지출하는 것을 방지하여 한 집단의 영속성을 보존하기 위한 것이자,[97] 이차적으로 상주가 친족 등과 돈독함을 도모하여[98] 그들을 거두어 결집하려는 것이다.[99] 이 때문에 조문객은 상이 발생하면 그들의 물품과 노동력을 동원하여 상주를 반드시 조문해야 한다.[100]

---

93) 『儀禮注疏』 卷30, 「喪服」, "母爲長子 … 傳曰 何以三年也 父之所不降 母亦不敢降也【鄭注】不敢降者 不敢以己尊降祖禰之正體".

94) 『儀禮注疏』 卷30, 「喪服」, "母爲長子 … 傳曰 何以三年也 父之所不降 母亦不敢降也【鄭注】不敢降者 不敢以己尊降祖禰之正體".

95) 『儀禮注疏』 卷30, 「喪服」, "母爲長子【疏】… 但父爲長子在斬章 母爲長子在齊衰 以子爲母服齊衰 母爲之不得過於子爲己 故亦齊衰也".

96) 『禮記正義』 卷42, 「雜記 下」, "弔非從主人也 四十者執綍 鄉人五十者從反哭 四十者待盈坎【鄭注】言弔者必助主人之事 從猶隨也".

97) 『禮記大全』 卷4, 「檀弓 下」, "喪不慮居 毁不危身 喪不慮居 爲無廟也 毁不危身 爲無後也【注】劉氏曰 喪禮 稱家之有無 不可勉爲厚葬 而致有敗家之慮 家廢則宗廟不能以獨存矣 毁不滅性 不可過爲哀毁 而致有亡身之危 以死傷生 則君子謂之無子矣 此二者皆所以防賢者之過禮".

98) 『禮記大全』 卷8, 「文王世子」, "敬弔臨賻賵 睦友之道也【注】族人有喪 君必敬謹其弔臨賻賵之禮者 是皆和睦友愛族人之道也".

99) 『五禮通考』 卷145, 「嘉禮18」, "蕙田案 … 小宗有故 則大宗爲之經紀 大宗有故 則各小宗合爲之襄贊 … 右宗子收族".

100) 『禮記正義』 卷20, 「文王世子」, "族之相爲也 宜弔不弔 宜免不免 有司罰之".

> 조상을 존중하기 때문에 종자를 공경하고, 종자를 공경하기 때문에 친족을 거둔다.[101]

이는 위『예기』「대전」구절에서 확인할 수 있다. 상주인 종자(적장자)는 혈연적 연대감이 있는 친족들의 공경을 받고, 그는 그 친족들을 거두어 규합한다. 이에 친족들은 사람이 죽으면 부고를 보내 상호부조하고 소통하였다.[102] 부고를 받은 사람은 상갓집을 조문하고 상주와 상갓집을 위로하며 그들에게 부조한다. 이를 통해 상주와 친족들은 상례를 진행하는 동안 그들 간 부조를 통해 결집을 도모하였다.[103]

적통과 결집은 유교 상례의 2차 층위를 엿볼 수 있는 것이다. 이처럼 유교 상례는 적장자가 죽은 사람을 전송하는 절차일 뿐 아니라 적장자가 삼년복으로 자신의 적통을 확인하고, 조문과 부조로 자신을 중심으로 한 집단의 결속을 확인하는 매개이다.

---

101)『禮記正義』卷34,「大傳」, "尊祖故敬宗 敬宗故收族 收族故宗廟嚴".

102)『禮記集說』卷85,「大傳」, "別子爲祖 繼別爲宗 … 長樂陳氏曰 人生而莫不有孝弟之心親睦之道 先王因其有是道 而爲之節文 故立爲五宗 以糾序族人 而使之親疏有以相附 赴告有以相通 然後恩義不失 而人倫歸厚 此周官所謂宗以族得民也 … 又禮書曰 百夫無長 不散則亂 一族無宗 不離則疏 先王因族以立宗 敬宗以尊祖 故吉凶有以相及 有無得以相通 尊卑有分而不亂 親疏有別而不貳 貴賤有繫而不間 然後一宗如出乎一族 一族如出乎一家 一家如出乎一人 此禮俗所以刑 而人倫所以厚也".

103) 佐々木愛,「宋代における宗法論をめぐって」,『宋-明宗族の研究』, 汲古書院, 2005, 149~150쪽; 馮爾康 외 저,『中國宗族史』, 上海人民出版社, 2009, 21~28쪽.

2. 조문과 부조를 통한 종법의 구현

1) 물품과 노동력의 부조

조문과 부조는 일차적으로 상주가 지나치게 슬퍼하거나 과도하게 지출하는 것을 방지하여 한 집단의 영속성을 보존하는 것이고, 이차적으로는 상주가 친족 등과 돈독함을 도모하여 결집하는 것이다. 여기서 일차적인 것은 부조와 연관 있다.

본래 유교 상례(『의례』·『가례』)의 부조에서는 물품 부조에 관한 조항이 있지만, 노동력에 관한 것은 없다. 조문객이 지참하는 물품은 원래 부(賻)·봉(賵)·함(含)·수(襚)·증(贈)이다. 부는 재화, 봉은 수레와 말, 함은 옥과 구슬, 수는 죽은 사람이 입을 옷, 증은 진귀한 물건을 보내주는 것 혹은 부·봉·함·수를 통칭하는 것이다.[104]

〈표 1〉『의례』와 『가례』의 조문·부조

<table>
<tr><th colspan="5">의례</th><th colspan="5">가례</th></tr>
<tr><th colspan="3">시기</th><th>부조</th><th>조문</th><th colspan="3">시기</th><th>부조</th><th>조문</th></tr>
<tr><td colspan="2" rowspan="2">소렴</td><td>전</td><td>수</td><td>제후
대공 이상 친족, 여러 형제, 붕우</td><td colspan="2" rowspan="2">성복</td><td rowspan="2">후</td><td rowspan="2">전, 부</td><td rowspan="2">조문객</td></tr>
<tr><td>후</td><td>수</td><td>조문객</td></tr>
<tr><td rowspan="3">장례</td><td rowspan="2">계빈</td><td rowspan="2">후</td><td>봉</td><td>제후, 경, 대부, 사
형제, 지인</td><td rowspan="3">장례</td><td rowspan="3">발인</td><td rowspan="3">전</td><td rowspan="3">부</td><td rowspan="3">친족, 빈객</td></tr>
<tr><td>전, 부</td><td>경, 대부, 사</td></tr>
<tr><td>하관</td><td>전</td><td>증</td><td>제후</td></tr>
</table>

104) 『荀子集解』 卷19, 「大略」, "貨財曰賻 輿馬曰賵 衣服曰襚 玩好曰贈 玉貝曰唅"; 『禮記集說』 卷53, 「文王世子」, "族之相爲也 宜弔不弔 宜免不免 有司罰之 至于賵賻承含 皆有正焉【集說】賵以車馬 賻以貨財 含以珠玉 襚以衣服 四者總謂之贈".

위 표[105]를 참조하면, 『의례』에서는 부조가 다섯 번 등장한다. ❶ 소렴 전에 하는 수, ❷ 소렴 후에 하는 수, ❸ 계빈 후 제후가 보내는 봉, ❹ 경 이하의 빈객이 보내는 부의, ❺ 관이 광중에 도착하기 전 제후가 죽은 사람에게 보내는 증이 그것이다.

❶ 소렴 전에 하는 수는 주로 옷을 부의로 보내는 것인데, 제후,[106] 대공 이상의 친족,[107] 서형제,[108] 붕우[109] 순으로 상주에게 부의를 보낸다. 상주는 부의로 받은 옷을 소렴에 쓰거나 대렴에 쓰기도 하는데, 주로 제후가 보낸 것을 대렴에 쓰고[110] 나머지를 소렴에 쓴다.[111] ❷ 소렴 후에 하는 수는 주로 소렴을 한 후에 수의를 보낼 사람이 있을 때 하는 것이다.[112] ❸ 봉은 계빈을 한 후 제후[113]와 그 이하 계급인 빈,[114] 상복을 입는 형제,[115] 아는 사람[116]이 장례를 돕기 위하여 상주에게 보내

105) 이는 『의례』, 『가례』에 수록된 조문과 부조 조항을 정리한 것으로, 김진우, 「17세기 충청지역 유교식 상장(喪葬) 부조의 양상과 특성」, 『석당논총』 90, 2024b, 116쪽의 표를 수정한 것이다.

106) 『儀禮注疏』 卷35, 「士喪禮」, "君使人襚 徹帷 主人如初 襚者左執領 右執要 入升致命【鄭注】襚之言遺也 衣被曰襚 致命曰 君使某襚".

107) 『儀禮注疏』 卷35, 「士喪禮」, "親者襚 不將命以卽陳【鄭注】大功以上 有同財之義也 不將命 不使人將之致於主人也 卽陳 陳在房中".

108) 『儀禮注疏』 卷35, 「士喪禮」, "庶兄弟襚 使人以將命于室 主人拜于位 委衣于尸東牀上".

109) 『儀禮注疏』 卷35, 「士喪禮」, "朋友襚 親以進 主人拜 委衣如初 退哭不踊".

110) 『儀禮注疏』 卷35, 「士喪禮」, "君使人襚 徹帷 主人如初 襚者左執領 右執要 入 升致命【疏】此君襚雖在襲前 主人襲與小斂俱不得用君襚 大斂乃用之".

111) 『儀禮注疏』 卷35, 「士喪禮」, "庶襚繼陳 不用【疏】親者襚 庶兄弟襚 朋友襚皆是故云庶襚. … 庶襚 至小斂則陳而用之 唯君襚至大斂乃用也".

112) 『儀禮注疏』 卷36, 「士喪禮」, "有襚者 則將命 擯者出請 入告 主人待于位".

113) 『儀禮注疏』 卷39, 「旣夕禮」, "公賵 玄纁束 馬兩".

114) 『儀禮注疏』 卷39, 「旣夕禮」, "賓賵者將命【鄭注】賓 卿大夫士也".

115) 『儀禮注疏』 卷39, 「旣夕禮」, "兄弟 賵奠可也【鄭注】兄弟 有服親者".

116) 『儀禮注疏』 卷39, 「旣夕禮」, "所知則賵而不奠【鄭注】所知 通問相知也 降於兄弟奠 施於死者爲多 故不奠".

는 말과 수레이다.[117] ❹ 부의는 빈이 말과 수레 이외에 보내는 전(奠)[118]과 부(賻)[119]이다. ❺ 증은 관이 광중에 도착하기 전에 제후가 재부(宰夫)를 시켜 죽은 사람에게 보내는 것으로[120] 주로 진귀한 물품이다. 『의례』에서 부조는 성복 전 소렴, 성복 후 장례 때 상주를 돕기 위해 조문객이 지참하는 것이다. 여기서 규정하는 것은 물품 부조로 옷·말·수레·진귀한 물품 등이다.

『가례』에서는 부조가 두 번 등장한다. ① 성복 후에 하는 전과 부, ② 발인 전 영구를 청사에 옮겨 놓고 하는 부의가 바로 그것이다. ① 전과 부는 조문객이 조문 갈 때 돈, 비단(이상 부), 향, 차, 초, 술, 과일(이상 전)을 지참하는 것이다.[121] ② 부의는 발인 전 청사에 영구가 옮겨진 후 친족과 빈이 부조하는 것으로, 대체로 돈·비단, 전으로 올릴 향·차·초·술·과일이다.[122] ①·②의 경우 조문객이 상주에게 조문하며 물품을 부조한다는 규정이 있지만, 성복 전에 도착하는 조문객과 반곡 이후 조문객의 부의에 관한 규정은 없다. 『가례』에서 규정하는 것은 물품 부조로 돈·비단·향·차·초·술·과일이다. 『의례』와 『가례』에서는 공통적으로 물품 부조를 규정하고 있으나, 『의례』보다 『가례』의 부조 물품이 더 간소하다.

> 『시경』「곡풍」에서 "대개 상민들에게 상이 있으면, 기어가서라도 돕는다"라고 하였기 때문에 Ⓐ 옛날에는 함·수·봉·부의 예가 있었다. 구슬과 옥은

---

117) 『儀禮注疏』 卷39, 「旣夕禮」, "公賵 玄纁束 馬兩【鄭注】… 賵 所以助主人送葬也".

118) 『儀禮注疏』 卷39, 「旣夕禮」, "若奠".

119) 『儀禮注疏』 卷39, 「旣夕禮」, "若賻【鄭注】賻之言 補也 助也 貨財曰賻".

120) 『儀禮注疏』 卷39, 「旣夕禮」, "至於邦門 公使宰夫贈玄纁束【鄭注】邦門城門也 贈送也".

121) 『家禮』 卷4, 「喪禮 弔奠賻」, "奠用香茶燭酒果 … 賻用錢帛".

122) 『家禮』 卷5, 「喪禮 遷柩」, "親賓致奠賻【注】如初喪儀".

함, 옷과 이불은 수, 수레와 말은 봉, 돈은 부라고 하는데, 모두 상갓집을 가엾게 여겨 염과 장례를 도우려는 것이다. Ⓑ 요즘 사람들은 모두 지전(紙錢)을 보내 불태워 재를 만드니 상갓집에 무슨 이득이겠는가? 부와 수의 예로 돌아가는 것이 더 낫다. Ⓒ 이미 구슬과 옥을 쓰지 않으니, 함의 예는 없애도 괜찮다. 그리고 Ⓓ 요즘 사람들도 수레와 말로 상갓집을 돕지 않으니, 봉의 예도 있을 필요가 없다.123)

사마광은 『사마씨서의』에서 부·수만 남은 까닭에 대하여 위와 같이 설명한다. 그는 Ⓐ 옛날에는 부, 봉, 함, 수의 부의가 있었지만, Ⓑ 요즘에는 지전만 쓰고 봉, 함이 없어졌다고 주장한다. 그 없어진 이유에 대하여 사마광은 Ⓒ 구슬과 옥을 쓰지 않고 Ⓓ 수레와 말을 사용하지 않기 때문이라고 하였다. 다시 말해 물품을 사용하지 않는다는 이유로 부와 수를 제외한 나머지 물품은 없어진 것이다. 『의례』, 『가례』에서 규정한 조문과 부조는 향약을 통해 구체화된다. 여기서 향약은 『남전여씨향약』과 『주자증손여씨향약』이다.

(여대림이) 또 말하였다. Ⓐ "종자법이 오랫동안 행해지지 않아 요즘에는 설령 사대부라 하더라도 친족을 규합하는 법이 없어서 소종법으로 (친족들을) 묶고 사대부 집안에서 행해지길 바란다. Ⓑ 거주지를 달리하며 재산을 공유할 때 (재산이) 남으면 (종자에게) 돌려주고 부족하면 (종자에게서) 가져오는 것과 관혼상제 때 반드시 알려야 하는 것은 모두 요즘에 행할 만한 것이다. Ⓒ 이 때문에 옛 법과 유사하도록 조항을 자세하게 세워 그것을 준행하게 하고 종자를 도탑게 하는 방법으로 삼도록 해야 하니, 이 또한 요즘 법에 해될 것이 없다."124)

---

123) 『司馬氏書儀』 卷5, 「弔酹賻襚」, "詩云 凡民有喪 匍匐救之 故古有含襚賵賻之禮 珠玉曰含 衣衾曰襚 車馬曰賵 貨財曰賻 皆所以矜恤喪家 助其斂葬也 今人皆送紙錢 焚爲灰燼 何益喪家 不若復賻襚之禮 旣不用珠玉 則含禮可廢 又今人亦無以車馬助喪者 則賵禮亦不必存也".

124) 『禮記集說』 卷85, 「大傳」, "別子爲祖繼別爲宗繼禰者爲小宗 …【注】… 藍田呂氏曰 … 又曰 宗子法久不行 今雖士大夫 亦無收族之法 欲約小宗之法 且許士大夫家

친족을 규합하는 권한을 지닌 대종이 사라진[125] 이후에 조문과 부조의 기능이 강조되는데,[126] 『남전여씨향약』의 저자 중 한 명인 여대림(呂大臨, 1046~1092)은 위 인용문처럼 당시 현실과 이에 대한 개선책을 제시하였다.

그는 Ⓐ 종법이 없어진지 오래지만 당시 사대부들이 소종의 법으로 친족들을 규합하기를 바란다고 하였다. 이에 여대림은 예전 제도 가운데 Ⓑ 거주지를 달리하는 소종이 대종의 재산을 공유하는 것[127]과 관혼상제에 대종에 알리는 것을 다시 행할만하다고 생각하여 Ⓒ 이와 관련된 조항을 자세하게 만들어 종자를 도탑게 하는 방법으로 삼게 하였다.

이렇게 유교 의례의 실천으로 종법을 재건하려는 기조는 소식(蘇軾, 1036~1101)에게서도 볼 수 있다. 그는 백성들을 화합하고 친애하게 하는 것은 종족으로부터 시작해야 한다고 주장한다. 소식은 관혼상제에 서로 알리는 것은 어려운 일이 아니나 이들에게 종자가 없는 까닭에 형편상 친애하고 화합하지 못한다고 판단하였다. 이에 천하의 백성들을 쉽게

行之 其異宮同財 有餘則歸 不足則取 及昏冠喪祭必告 皆今可行 仍似古法 詳立條制 使之遵行 以爲睦宗之道 亦無所害於今法"; 『東萊別集』 卷1, 「宗法」.

125) 김용천, 「兩晉시대 '爲人後者'의 服制 담론」, 『泰東古典硏究』 33, 2014 참조.

126) 『二程遺書』 卷1, "凡人家法 須令每有族人遠來 則爲一會以合族 雖無事 亦當每月一爲之 古人有花樹韋家宗會法 可取也 然族人每有吉凶嫁娶之類 更須相與爲禮 使骨肉之意常相通 骨肉日踈者 只爲不相見 情不相接爾"; 『二程遺書』 卷17, "收族之義 止爲相與爲服 祭祀相及"; 『東萊別集』 卷1, 「宗法」, "敬宗故收族 收族 如窮困者收而養之 不知學者收而教之 收族故宗廟嚴"; 『家禮』 卷5, 「喪禮 及墓 下棺 祠后土 題木主 成墳」, "高氏曰 … 蓋古人重宗如此 自宗子之法壞 而人不知所自來 以至流轉四方 往往親未絶 而有不相識者 是豈教人尊祖收族之道哉"; 『遜志齋集』 卷1, 「宗儀九首 睦族」, "故爲睦族之法 祠祭之餘 復置田 多者數百畝 寡者百餘畝 儲其入 俾族之長與族之廉者掌之 歲量視族人所乏 而補助之 其贏則以爲棺槨衣衾 以濟不能葬者產子者娶嫁者喪者疾病者 皆以私財相贈遺 立典禮一人 以有文者爲之 俾相族人吉凶之禮 立典事一人 以敦睦而才者爲之 以相族人之凡".

127) 『儀禮注疏』 卷30, 「喪服」, "世父母 叔父母 傳曰 … 故有東宮 有西宮 有南宮 有北宮 異居而同財 有餘則歸之宗 不足則資之宗".

다스리고자 하면 소종을 세우는 것부터 시작해야한다고 보았다.[128] 다시 말해 유교 의례의 온전한 실행과 종법의 재건은 친족 집단의 내부 결속(齊家)뿐 아니라 향촌 및 백성들의 풍속을 교화(化鄕)하는 방법[129]인 것이다.

이러한 인식은 의례의 시행 공간을 집안에서 향촌으로 확대시키는 방향으로 이어졌고 여대림 형제들의 저작에도 영향을 주었다. 이들은 향촌에서 지킬 규약으로 『남전여씨향약』이라는 향약을 만들어 향촌의 풍속을 종법이 내재된 유교 의례로 전환하고 향약의 구성원들을 상호부조하고 상호결집하게 하였다.[130]

향약에서는 대체로 『남전여씨향약』의 네 가지 큰 틀인 덕업을 서로 권면하고(德業相勸) 과실을 서로 바로잡고(過失相規) 예속으로 서로 교유하며(禮俗相交) 어려울 때 서로 돕는다는(患難相恤) 조항을 큰 줄기로 삼아 구성원을 서로 권면하고 규합하게 한다. 여기에 주희가 『남전여씨향약』을 보완하여 『주자증손여씨향약』을 만들었고,[131] 이것이 조선에 전래되어 조선 향약의 준거가 되었다.

향약의 네 규정 가운데 상례와 관련된 것은 예속상교와 환난상휼이다. 우선 『주자증손여씨향약』에 따르면 예속상교는 크게 네 가지 내용으로 구성되어 있다. 그 중에서도 물품에 관한 조항은 마지막 조항인 경조사에 물품을 보내는 것(慶弔贈遺)에 수록되어 있다.[132] 이에 대하여

128) 『蘇軾集』 卷47, 「策別8」, "其二曰勸親睦 … 今欲敎民和親 則其道必始於宗族 … 冠婚必告 喪葬必赴 此非有所難行也 今夫良民之家 士大夫之族 亦未必無孝弟相親之心 而族無宗子 莫爲之糾率 其勢不得相親 是以世之人 有親未盡而不相往來 冠婚不相告 死不相赴 而無知之民 遂至於父子異居 而兄弟相訟 然則王道何從而興乎 … 天下之民 欲其忠厚和柔而易治 其必曰自小宗始矣".

129) 井上徹, 앞의 책, 2000, 37쪽.

130) Peter Kees Bol 저, 김영민 역, 『역사 속의 성리학』, 예문서원, 2010, 397~398쪽.

131) Peter Kees Bol 저, 김영민 역, 위의 책, 2010, 397~398쪽.

132) 『朱子增損呂氏鄕約』, 「禮俗相交」, "禮俗之交 一曰尊幼輩行 二曰造請拜揖 三曰請

『남전여씨향약』에서는 편지로 축하하고 조문한다고만 규정한다.133) 이 예속상교에 주희는 네 가지를 추가한다. 첫 번째가 길한 일에 축하하고 흉한 일에 조문한다는 것,134) 두 번째가 축하하는 예와 조문하는 예에 관한 것,135) 세 번째가 상갓집에서는 술과 음식을 갖춰선 안 된다는 것,136) 네 번째가 아는 사람이 부고를 들었을 때 하는 것이다.137)

> 부의하는 예는 돈과 비단을 사용하는데, 사람들이 그 수량을 의논하되 축하하는 예처럼 한다.138)

위 예시는 예속상교 중 두 번째(축하하는 예와 조문하는 예)에 속하는 것으로, 부조 물품의 종류와 그 수량에 관한 규정이다. 향약의 구성원들은 『가례』의 규정에 따라 돈·비단을 부조 물품으로 사용하고 같은 향약의 구성원들과 의논하여 부조할 물품의 수량을 정하였다.

> Ⓐ 장례 때 또한 서로 이끌어 수레를 보내고, 발인을 하면 흰 옷을 입고 (죽은 사람을) 전송한다.【Ⓑ 봉은 부의하는 예처럼 하되, 간혹 술과 음식으로 역군을 위로하고 그를 위해 일을 담당한다.】139)

召送迎 四曰慶弔贈遺".

133) 『藍田呂氏鄕約』, 「禮俗相交」, "謂婚姻喪葬祭祀之禮 往還書問慶弔之節".

134) 『朱子增損呂氏鄕約』, 「禮俗相交」, "四曰 慶弔贈遺 凡四條 曰凡同約有吉事則慶之 … 有凶事則弔之".

135) 『朱子增損呂氏鄕約』, 「禮俗相交」, "曰凡慶禮如常儀有贈物".

136) 『朱子增損呂氏鄕約』, 「禮俗相交」, "曰凡喪家不可具酒食衣服".

137) 『朱子增損呂氏鄕約』, 「禮俗相交」, "曰凡聞所知之喪".

138) 『朱子增損呂氏鄕約』, 「禮俗相交」, "具酒果食物而往奠之【 … 賻禮用錢帛 衆議其數 如慶禮】".

139) 『朱子增損呂氏鄕約』, 「禮俗相交」, "及葬 又相率致賵 俟發引則素服而送之【賵如賻禮 或以酒食 犒其役夫 及爲之幹事】".

위에서 조문객인 향약의 구성원들은 상갓집에 Ⓐ 장례 지낼 때 수레(대여, 요여)를 보내고, 발인할 때에는 흰 옷을 입고 상갓집 사람들과 같이 죽은 사람을 전송한다. Ⓑ 수레를 보내는 것은 앞서 돈과 비단을 보내는 부의의 예처럼 하는데, 술과 음식으로 상여꾼을 위로하거나 역군 위해 일을 담당하기도 한다. 여기서 장례 시 물품과 노동력 부조가 진행됨이 확인된다.

또한 사마광이 사라졌다고 언급한 물품 가운데 하나인 수레가 향약에 재등장한다. 이는 향약이 집안보다 넓은 공간인 향촌을 대상으로 하기 때문에 부조 물품에 『의례』에서 사라진 수레가 추가된 것이다.

두 인용문을 정리하면 조문객이 상갓집에 제공할 부조 물품은 돈·비단·수레·술·음식이고, 상갓집에 노동력을 동원할 시점은 장례를 지낼 때이다.

> 환난상휼의 일은 일곱 가지인데, … 네 번째는 사망하였을 때이다. 일손이 부족하면 그 일을 도와주고, 재물이 부족하면 부의를 보내거나 빌려준다.【일을 돕거나 재물을 부의한다.】[140)]

한편 환난상휼의 일은 총 일곱 가지이다. 위 예시는 그 중 네 번째에 해당하는, 사람이 사망하였을 때이다. 향약의 구성원들은 상갓집에 일손이 부족하면 일을 도와주고, 상갓집에 재물이 부족하면 부의를 상갓집에 보내거나 빌려준다.

---

140) 『朱子增損呂氏鄉約』, 「患難相恤」, "患難之事七 … 四曰死喪 闕人則助其幹辦 乏財則賻贈借貸【供其役事 賻其財物】".

〈표 2〉 향약의 조문·부조

향약			
시기	부조		조문
초상	물품	부	조문객
장례	물품	봉, 술, 음식	
	노동력	역군	

위 표[141]로 전술한 『의례』·『가례』·향약의 조문과 부조에 대하여 정리하면, 『의례』에서는 소렴 전후, 장례 전후에 조문을 가서 부조를 한다. 조문객들은 부조로 옷·말·수레·진귀한 물건 등의 물품을 상갓집에 보낸다.

『가례』에서는 성복 후, 장례 전에 조문을 가는데, 여기서 부조 또한 물품으로 돈·비단·향·차·초·술·과일이다. 『의례』와 『가례』에서는 물품을 부조한다는 공통점이 있지만, 『의례』보다 『가례』의 물품이 더 간소하다.

향약에서는 초상, 장례에 조문할 것을 권장한다. 여기서는 물품과 노동력을 부조한다. 물품에는 돈·비단·수레·술·음식이 있고, 노동력에는 역군이 있다. 『의례』·『가례』에 비해 부조 물품이 더 간소해지고, 노동력 부조가 생긴 것이 향약의 특징이라 할 수 있다.

이상의 과정을 통해 유교식 상례의 조문과 부조는 일차적으로 친족을 비롯한 조문객들이 상주와 상갓집이 상례를 치르다가 죽거나 망하는 것을 방지하는 절차이자, 유교 상례의 2차 층위인 종법이 집안에서 향촌으로 점진적으로 구현됨을 볼 수 있는 매개임을 알 수 있다.

141) 이는 향약에 수록된 조문과 부조 조항을 정리한 것으로, 김진우, 앞의 논문, 2024b, 118쪽의 표를 수정한 것이다.

2) 상주와 조문객의 결집

조문과 부조의 이차적인 기능, 즉 상주가 친족 등과 돈독함을 도모하여 결집하는 것은 조문과 연관 있다. 이는 구체적으로 ❶ 조문객 종류와 ❷ 그들이 상갓집에서 하는 예에서 나타난다. ❶ 조문객 종류의 경우에는 친족·지인 등으로 구분된다. 상례 절차 가운데 이들의 조문과 관련된 내용은 다음과 같다.

㉠『예기』에서는 조문객이 친족인 경우, 시마복을 입는 친족이라도 반드시 조문 가야 한다.[142] 조문객이 친족이 아닌 지인인 경우, 그 조문객이 상주와 이름만 알고 지내는 사이(相趨)라면 관을 계빈할 때 돌아가고, 서로 인사를 나눈 사이(相揖)라면 관이 애차(哀次)에 이른 뒤에 돌아가며, 서로 음식을 보내주는 사이(相問)라면 하관하고 분봉을 만든 후에 돌아간다. 그리고 예물을 갖추어 방문하여 직접 인사를 나눈 사이(相見)라면 상주가 반곡을 한 후에 돌아가고, 친구인 조문객은 상주가 우제와 부제를 한 후에 물러난다.[143]

㉡『의례』에서는 사람이 죽은 이후 상갓집의 호상 등이 부고하고 국군(國君)이 사람을 보내 조문을 하는 것이 첫 번째 조문이다. 이때 그 사람은 상주와 지위가 동등한 사인데,[144] 그는 국군이 보내준 수의를 대신 부의한다.[145] 다음 대공복 이상의 친족[146]과 서형제, 친구들이 수의

142) 『禮記正義』 卷8, 「檀弓 上」, “有殯 聞遠兄弟之喪 雖緦必往”.

143) 『禮記正義』 卷42, 「雜記 下」, “相趨也 出宮而退 相揖也 哀次而退 相問也 旣封而退 相見也 反哭而退 朋友 虞附而退”.

144) 『儀禮注疏』 卷35, 「士喪禮」, “君使人弔 徹帷 主人迎于寢門外 見賓不哭 先入門右北面 【鄭注】 使人 士也 禮使人必以其爵”.

145) 『儀禮注疏』 卷35, 「士喪禮」, “君使人襚 徹帷 主人如初 襚者左執領 右執要 入升致命”.

146) 소공과 시마의 친족은 이 과정에서 전을 올리는 예에는 참여할 수 없다(『禮記正義』 卷42, 「雜記 下」, “小功緦 執事 不與於禮 【鄭注】 禮 饋奠也”).

를 부의한다. 대공 이상의 친족과 친구는 국군과 달리 사람을 보내지 않고 직접 와서 수의를 부의한다.[147] 한편 동성을 비롯한 서형제는 사람을 시켜 수의를 보낸다.[148] 두 번째 조문은 소렴 이후에 하는 것이다. 이는 먼 지방에서 온 사람의 조문인데,[149] 이때도 소렴 이전 조문과 유사하게 수의를 기증한다.[150] 세 번째 조문은 대렴에 대부가 하는 조문이다.[151] 네 번째 조문은 장례를 지낸 후 반곡할 때 하는 것이다. 이 시기에 조문하러 온 빈객 중 우두머리가 당에 올라가 조문하는데, 주인은 이마가 땅에 닿도록 배례한다.[152] 『예기』와 달리 『의례』의 조문객에 관한 규정에서는 조문객에 국군이 보낸 사람, 동성을 포함한 서형제가 보낸 사람, 대공복 이상의 친족이 있다.

ⓒ『가례』에서는 사람이 죽었을 때 상갓집에서 호상과 사서(司書)를 통해서 친척과 동료, 친구에게 부고한다.[153] 반함을 하기 전에 상주와 상주 이외의 사람들은 자리를 정하고 곡을 한다. 상주가 시신을 눕힌 침

147) 『儀禮注疏』 卷35, 「士喪禮」, "親者襚 不將命以即陳"; 『儀禮注疏』 卷35, 「士喪禮」, "朋友襚 親以進 主人拜 委衣如初 退哭不踊".
대공 이상의 친족인 경우, 실 안에 있기 때문에 사람을 보내지 않는다(『儀禮注疏』 卷35, 「士喪禮」, "親者在室"). 친구인 경우, 친구 간의 은의(恩誼) 때문에 사람을 보내지 않는다(『儀禮注疏』 卷35, 「士喪禮」, "朋友襚 親以進 …【鄭注】親以進 親之恩也").

148) 『儀禮注疏』 卷35, 「士喪禮」, "庶兄弟襚 使人以將命于室 主人拜于位 委衣于尸東牀上【鄭注】庶兄弟 即衆兄弟也 變衆言庶 容同姓耳."

149) 『儀禮正義』 卷27, 「士喪禮」, "有襚者 …【疏】正義曰 … 言小斂後致襚之儀 遠者或至小斂後乃襚".

150) 『儀禮注疏』 卷36, 「士喪禮」, "賓入中庭 北面致命 主人拜稽桑 賓升自西階 出于足西面 委衣 如於室禮 降出 主人出 拜送 朋友親襚 如初儀 西階東北面哭踊三降 主人不踊".

151) 『儀禮注疏』 卷37, 「士喪禮」, "有大夫則告".

152) 『儀禮注疏』 卷40, 「既夕禮」, "賓弔者升自西階 曰如之何 主人拜稽顙".

153) 『家禮』 卷4, 「喪禮 初終」, "訃告于親戚僚友【注】護喪司書爲之發書 若無則主人自訃親戚 不訃僚友 自餘書問悉停 以書來弔者 並須卒哭後答之".

상의 동쪽에 앉고, 기년복·대공복·소공복 이하를 입는 사람들이 그 뒤에 앉는다.[154] 그 이후 첫 번째 조문은 명정을 세운 후에 친구와 친분이 두터웠던 사람이 들어와서 곡을 하는 것이다.[155] 두 번째 조문부터는 조문할 때 흰옷을 입는다.[156] 여기서 조문 온 사람은 향·차·초·술·과일을 전으로 올리고 돈과 비단을 부의한다. 세 번째 조문은 반곡을 한 이후에 상갓집에 오는 조문이다. 이 조문은 친구 가운데 친밀한 사람이 장례를 지내고 다시 오는 것이다.[157] 『가례』에서는 조문객에 국군이 보낸 사람, 동성을 포함한 서형제가 보낸 사람은 빠지고, 친족과 친구만 등장한다.

대체로 조문객은 초종 때 상갓집으로부터 부고를 받은 후 부의를 지참하여 상갓집에 조문 간다. 조문객 가운데 친족은 혈연의 친소에 따라 자리를 달리하고, 조문객 가운데 친구는 친분의 정도에 따라 조문 갔다 각자 물러날 때를 달리하여 돌아온다. 이러한 친족, 지인의 조문은 바로 죽은 사람의 친족을 가까이하는 것이자,[158] 죽은 사람과의 옛정을 이루는 것이다.[159] 이를 통해 친족과 지인 등의 조문객은 상주와 관련된 일, 즉 상례를 돕고 그를 중심으로 결집하며[160] 적장자인 상주와 돈독을 다졌다.[161]

---

154) 『家禮』 卷4, 「喪禮 初終」, "主人坐於牀東奠北 衆男應服三年者坐其下 皆藉以稾 同姓期功以下各以服次坐於其後 皆西向南上 尊行以長幼坐於牀東北壁下 南向西上 藉以席薦".

155) 『家禮』 卷4, 「喪禮 靈座 魂帛 銘旌」, "執友親厚之人 至是入哭可也".

156) 『家禮』 卷4, 「喪禮 弔奠賻」, "凡弔皆素服".

157) 『家禮』 卷4, 「喪禮 反哭」, "有弔者拜之如初【注】謂賓客之親密者旣歸 待反哭而復弔".

158) 『禮記正義』 卷8, 「檀弓 上」, "有殯 聞遠兄弟之喪 雖緦必往 …【鄭注】親骨肉也".

159) 『禮記正義』 卷8, 「檀弓 上」, "所識 其兄弟不同居者皆弔【鄭注】就其家弔之 成恩舊也".

160) 『禮記正義』 卷42, 「雜記 下」, "弔非從主人也 四十者執綍 鄕人五十者從反哭 四十者待盈坎【鄭注】言弔者必助主人之事".

161) 『禮記正義』 卷20, 「文王世子」, "敬弔臨賻賵 睦友之道也".

흉사가 있으면 조문한다. … Ⓐ 대개 조문하는 예는 그의 초상을 듣고 아직 상복으로 바꾸지 않았으면, 동약의 사람들을 이끌어 심의를 입고 가서 곡하고 조문한다.【Ⓑ 무릇 존자를 조문할 경우에는 가장 나이가 많은 사람이 말을 전하고 함께 배례한다. Ⓒ 적자 이하일 경우에는 배례하지 않고 주인이 배례하면 그에게 답배한다. Ⓓ 소자 이하일 경우에는 가서 반배(扶)한다. Ⓔ 산 사람을 모르면 조문하지 않고, Ⓕ 죽은 사람을 모르면 곡하지 않는다.】[162)]

❷ 조문객이 상갓집에서 하는 예는 향약의 예속상교에서 구체적으로 드러난다. 위 구절은 주희의 보완 중 첫 번째인 길한 일에 축하하고 흉한 일에 조문한다는 내용에 속하는 것이다. 여기서 조문객의 예는 세 가지로 나뉘어 구체화되었다.

㉠ 첫 번째는 상주를 중심으로 달라지는 조문객의 복장이다. Ⓐ 사람이 죽었다는 소식을 들었는데 상주가 성복하지 않았으면, 조문객들은 평상복인 심의를 입고 가서 조문한다. 이들은 졸곡제·소상제·대상제 이후에도 심의로 조문한다.[163)] 성복 전에 조문 가는 복장은『가례』의 규정과 같다.[164)] 하지만 졸곡제·소상제·대상제 이후 조문객이 평상복으로 조문 가는 것은『가례』에 없는 것이다.

㉡ 두 번째는 상주와 죽은 사람에 대한 조문의 방식이다. 일반적으로 조문객이 Ⓔ 상주를 모른다면 조문하지 않고 Ⓕ 죽은 사람을 모른다면 가서 곡하지 않는다. 이는『예기』「곡례 상」의 구절과 같다. 즉 조문객이 상주를 알고 죽은 사람을 모르면 조문하되 애도(傷)를 하지 않고, 죽은 사람을 알고 상주를 모르면 애도를 하되 조문하지 않는 것이다.[165)]

---

162)『朱子增損呂氏鄕約』,「禮俗相交」, "有凶事則弔之 … 凡弔禮 聞其初喪 未易服 則率同約者 深衣而往 哭弔之【凡弔尊者 則爲首者 致辭而旅拜 敵以下則不拜 主人拜則答之 少者以下則扶之 不識生者則不弔 不識死者則不哭】".

163)『朱子增損呂氏鄕約』,「禮俗相交」, "及卒哭及小祥及大祥 皆常服弔之".

164)『家禮』卷4,「喪禮 靈座 魂帛 銘旌」, "執友親厚之人 至是入哭可也【注】主人未成服 而來哭者當服深衣".

165)『禮記正義』卷3,「曲禮 上」, "知生者弔 知死者傷 知生而不知死 弔而不傷 知死而

이 구절에서 조문은 예의상 겉으로 근심하는 것이고, 애도는 인정상 마음으로 애통해하는 것이다.166) 이 때문에 조문객이 상주를 모르는데 조문하면 아첨하는 것이고 죽은 사람을 모르는데 애도하면 위선에 가깝다 하는 것이다.167)

㉢ 세 번째는 상주에 대한 조문객의 예이다. 위 인용문에서 조문객은 상주와 조문객의 나이 차이에 따라 그들의 예에 차등을 두었는데, 그것을 설명한 것이 바로 Ⓑ~Ⓓ의 내용이다. 조문객이 Ⓑ 자신보다 나이가 20세 이상 많은 존자168)를 조문할 경우, 조문객 중 가장 나이가 많은 사람이 위로의 말을 자식인 산 사람에게 전하고 다 같이 배례한다. Ⓒ 자신보다 나이가 위아래로 10세 차이가 나는 적자를 조문할 경우, 조문객은 배례하지 않았다가 상주가 그들에게 배례하면 그 상주에게 답배를 한다. Ⓓ 자신보다 나이가 10세 아래인 소자를 조문할 경우, 조문객은 가서 완전히 배례하지 않고 몸을 반만 숙여 배례한다. 간혹 부고를 들었지만 거리가 멀거나 부고를 들은 지 1년이 지나서 조문하는 사람은 조문객들과 같이 가지 않고 사람을 보낸다. 아울러 이들은 조문할 때 곡을 하지 않는데, 정이 두터우면 무덤에서 곡을 대신하기도 하였다.169)

Ⓑ~Ⓓ의 내용을 살펴보면 상주가 나이 많은 존귀한 존재일수록 그에

不知生 傷而不弔".

166) 『禮記大全』 卷1, 「曲禮 上」, "知生者弔 …【注】應氏曰 弔者 禮之恤乎外 傷者 情之痛於中".

167) 『禮記大全』 卷1, 「曲禮 上」, "知生者弔 …【注】方氏曰 不知生而弔之 則其弔也近於諂 不知死而傷之 則其傷也近於僞".

168) 『주자증손여씨향약』에서는 자신보다 나이가 20세 위인 사람을 존자, 자신보다 나이가 10세 위인 사람을 장자, 자신과 나이 차이가 위아래로 10세 미만인 사람을 적자, 자신보다 나이가 10세 아래인 사람을 소자, 자신보다 나이가 20세 아래인 사람을 유자라고 하였다.

169) 『朱子增損呂氏鄕約』, 「禮俗相交」, "曰凡所聞所知之喪 或遠不能往 則遣使致奠 就外次衣弔服 再拜 哭而送之【唯至親篤友爲然】過期年則不哭 情重則哭其墓(過期年而聞其喪)".

게 행하는 예의 절차도 구체적이다. 반면 상주가 나이가 적을수록 그에게 행하는 예도 간단하다. 이는 조문객의 결집이 상주를 중심으로 이루어진다는 방증으로, 『가례』를 비롯한 다른 곳에는 수록되지 않은 세부 조항이다.

> Ⓐ (조문객은) 술, 과일, 밥을 갖춰 가서 전을 올린다.【Ⓑ 죽은 사람이 적자 이상일 경우 배례하고 전을 올리지만, Ⓒ (적자) 이하일 경우 전을 올리되 배례하지 않는다. Ⓓ 주인이 아직 상복으로 바꿔 입지 않았다면 이들도 의복을 바꿔 입지 않는다. 주인이 곡을 하지 않으면 이들도 곡을 하지 않는다. Ⓔ 정이 두텁다면 설령 주인이 상복을 바꿔 입지 않고 곡하지 않았더라도 (조문객은) 의복을 바꿔 입고 곡한다(죽은 사람과의 정을 중시하는 것이다).】[170)]

위 예시는 주희의 보완 중 두 번째인 축하하는 예와 조문하는 예에 속하는 것이다. 여기서도 두 가지를 살펴볼 수 있다. ㉠ 첫 번째는 죽은 사람에 대한 조문객의 예이다. Ⓐ 조문객은 상갓집에 갈 때 술과 과일, 밥을 갖춰 가서 전을 올린다. 그리고 조문객은 Ⓑ 죽은 사람이 존자와 적자라면 전을 올리고 배례를 하지만, Ⓒ 존자와 적자가 아닌 소자 이하라면 전을 올리지만 배례하지 않는다. 즉 두 가지 경우는 조문객이 상갓집에 『가례』에서 규정한 것보다 간소한 물품을 들고 가서 전을 올리지만, 죽은 사람의 나이에 따라 배례의 유무에 차이를 두었다는 내용이다. 이들 Ⓐ~Ⓒ는 앞서 상주와 조문객의 나이 차이에 따라 차등을 둔 것과 달리 전을 올릴 대상이 죽은 사람이기 때문에 죽은 사람의 나이를 기준으로 조문객이 전을 올리는 예를 달리한 것이다.

㉡ 두 번째는 상주를 중심으로 달라지는 조문객의 복장이다. Ⓓ 상주가 아직 성복을 하지 않았다면 조문객도 그에 따라 흰 옷으로 바꿔 입지

---

170) 『朱子增損呂氏鄕約』, 「禮俗相交」, "具酒果食物而往奠之【死者是敵以上 則拜而奠 以下則奠而不拜 主人不易服 則亦不易服 主人不哭 則亦不哭 情重則雖主人不變不哭 亦變而哭之(與死者情重也)】".

않고, 상주가 곡을 하지 않으면 조문객도 그에 따라 곡을 하지 않는다. 물론 Ⓔ 죽은 사람과 정이 두터운 사람, 즉 그의 친구라면 산 사람이 성복하지 않고 곡을 하지 않더라도 친구인 조문객은 흰 옷으로 바꾸고 곡을 할 수 있었다.

① 상주를 중심으로 달라지는 조문객의 복장의 경우에는 상주의 상복 착용 여부 등에 따라 조문객의 복장이 달라진다. 구체적으로 상부가 상복을 입지 않았으면 조문객은 평상복인 심의를, 상복을 입었으면 조문객은 흰 옷을 입고 조문을 간다. 아울러 상례의 세 번째 단계에 해당되는 졸곡제·소상제·대상제 이후에 조문객은 심의를 입는다. ② 상주와 죽은 사람에 대한 조문 방식의 경우에는 조문객이 상주를 모르면 조문하지 않고 죽은 사람을 모르면 조문 가서 곡을 하지 않는다.

③ 상주에 대한 예의 경우에는 상주와 조문객의 나이차에 따라 조문객이 상갓집에서 행할 예가 달라졌다. ④ 죽은 사람에 대한 예의 경우에도 죽은 사람과 조문객의 나이차에 따라 조문객이 상갓집에서 실천한 예가 구분되었다.

조문객은 종자인 상주를 중심으로 결집하여 그와 죽은 사람의 나이에 따라 예를 달리한다. 이는 그를 중심으로 조문객이 하는 배례와 곡의 방법, 착용하는 옷이 달라지는 것이다. 이러한 조항은 조문과 부조가 유교 상례에 내재된 종법, 구체적으로 상주와 조문객의 결집을 볼 수 있는 매개임을 의미한다.

종합하면, 유교 상례는 시신의 공간 이동에 따라 세 단계로 구분된다. 막 사람이 죽은 초종 혹은 초상부터 발인하기 전 올리는 견전까지가 첫 번째, 시신이 무덤으로 이동하는 발인부터 봉분을 만드는 성분까지가 두 번째, 집으로 돌아와 곡을 하는 반곡부터 27개월째 지내는 제사인 담제까지가 세 번째 단계이다. 이는 유교 상례의 1차 층위로, 이것의 중심에는 사 계급이면서 적장자인 상주가 있다.

유교 상례의 2차 층위는 종법으로, 여기에는 적통과 결집이 있다. 적통은 적장자에서 적장자로 이어지는 계승을, 결집은 상주인 적장자를 중심으로 하는 조문객의 결집을 가리킨다. 이점에서 적통과 결집은 유교 상례에 내재된 2차 층위를 볼 수 있는 것이다.

적통의 경우에 참최삼년복과 자최삼년복 착용을 통해 삼년복과 적통의 연관성이 확인된다. 다시 말해 이들 삼년복 관련 규정은 유교 상례의 2차 층위인 종법에 적장자 위주의 혈통적 순수성에 대한 강조가 전제되어 있음을 알 수 있게 한다.

결집의 경우에는 조문의 시점·부조·조문객의 예 등을 통해『의례』·『가례』·향약에서 점진적으로 구현된다. 조문의 시점과 부조의 경우,『의례』에서는 소렴 전후, 장례 전후에 조문을 가서 옷·말·수레 등의 물품을 부조한다.『가례』에서는 성복 후, 장례 전에 조문을 가서 돈·비단·향 등의 물품을 제공한다. 향약에서는 초상, 장례에 조문하고 돈·비단·수레 등의 물품과 노동력으로 역군을 상갓집에 준다.

조문객 예의 경우, 상주의 성복 여부에 따라 조문객의 복장이 심의 또는 흰 옷으로 구분되고, 상주·죽은 사람과 조문객의 나이차에 따라 조문객이 상갓집에 행할 예가 달라졌다. 이상의 분석으로 본 연구는 유교 상례가 1차와 2차 층위, 즉 조상의 적통을 계승한 적장자와 그를 중심으로 하는 조문객 등의 결집이라는 사회적 특징이 있는 유교 의례임을 확인하였다.

제3장

17세기 사족의 유교 상례 변용과 상민 교화

1. 유교 상례와 종법의 변용

1) 규정과 습속의 길항

정도전(鄭道傳, 1337~1398)이 유교 상례 설행은 습속을 다 잡는 수단이라고 하였듯[171] 유교 상례의 정착은 불사(佛事) 등과 같은 습속의 전환과 연관되어있다. 다시 말해 사족이 규정에 맞는 유교 상례와 그 안에 내재된 종법을 잘 실천하는 것은 불사를 비롯한 습속의 교화뿐 아니라 유교식 상례의 정착도 이루어졌음을 의미한다. 여기서 유교 상례의 정착에는 당연히 그것의 1차, 2차 층위도 내포하고 있다.

1차 층위의 경우에 조선은 초기부터 화장, 재(齋) 등 유교 상례 규정에 어긋나는 습속을 유교 상례로 전환하고자 하였다. 구체적으로 조선의 조정은, 상례는 삼년상 설행, 제례는 가묘의 설립을 중심으로 삼아 종래의 불교식 습속을 유교식으로 전환하고자 노력하였다.[172]

하지만 조선 초기에 이들의 노력이 실효를 거두지 못한 상황은 여러 실록 기사와 문집 기록에서 보인다. 본 연구는 실록 기사와 문집 기록에서 드러난 유교 상례로 전환하지 못한 당시 현실과 이에 따른 비판 등을 살펴보고자 한다.

조선 초기에 조정의 신하들은 불사를 거행하는 당시 사람들의 습속을 지적할 뿐 아니라[173] 상을 당한 친족과 마을 사람을 돕지 않는 고려의

171) 『三峯集』 卷7, 「朝鮮經國典【上】 禮典 摠序」, "曰冠婚喪祭 所以一風俗".

172) 최진덕, 「주자학적 예치의 이념과 그 현실 - 조선사회의 주자학적 이해를 위한 시론 -」, 『유교의 예치 이념과 조선』, 청계, 2007, 246쪽.

173) 실록에 수록된 조선 초기의 상례 설행 양상은 박정미, 『조선시대 佛教式 喪·祭禮

습속을 비판하였다.[174] 이들은 유교 상례와 관련된 제도, 즉 종법과 향약 등을 조선 사회에 도입해[175] 유교식으로 상례를 정착시키고자 하였다. 그러나 이러한 그들의 지향에도 사족이 상례에 향도와 마을 사람들을 모아 술을 마시거나,[176] 상례의 기한을 제대로 지키지 않는 등의 문제가 종종 등장하였다.[177]

이는 문집에서도 확인된다. 『점필재집』에 수록된 15세기의 김숙자(金叔滋, 1389~1456)와 김종직(金宗直, 1431~1492)의 기록들을 살펴보면 사족들은 습속에 물들어 상례에 불사를 섞어 쓰지만 아무도 그것을 바로잡으려 하지 않았다.[178] 또 당시에는 자신을 유가(儒家)라고 칭하는 자들도 불교식 습속을 없애지 못하고 오히려 이를 답습하였다.[179] 이에 대하여 김종직의 아버지인 김숙자는 세상에 매우 우스운 일이 두 가지가 있다면서 기일에 술과 고기를 먹는 습속과 사대부들이 겉으로 불사를 하지 않는다(不作佛事) 말하면서도 칠칠재를 지내는 현실을 비판하였다.[180]

의 설행양상 - 왕실의 국행불교상례와 사족의 봉제사사암을 중심으로 -』, 숙명여자대학교 사학과 박사학위논문, 2015 참조.

174) 『太祖實錄』 卷6, 太祖 3年 6月 11日 1번째 기사, "前朝之季 法令廢弛 群小之徒 不孝於親 不睦於族 隣里不相助 … 或有疾病不救 死亡不藏 人倫風俗 甚爲不美".

175) 『太宗實錄』 卷27, 太宗 14年 1月 18日 3번째 기사.

176) 『成宗實錄』 卷10, 成宗 2年 5月 25日 12번째 기사, "禮曹啓 … 一 外方人民 於父母葬日 聚隣里鄕徒飮酒 殊無哀痛之心 有累禮俗 一皆痛禁".

177) 『明宗實錄』 卷1, 明宗 卽位年 8月 3日 1번째 기사, "兵曹正郎丁熿上疏曰 … 今在士大夫家 或力不給 或拘俗忌 間有士而葬不踰月 大夫而葬不三月 恬然莫之爲怪 偸習已痼 殆不可革 已爲寒心"; 안호룡, 『朝鮮前期 喪制의 變遷과 그 社會的 意味』, 고려대학교 사회학과 박사학위논문, 1989, 90~97쪽.

178) 『佔畢齋集』, 「彝尊錄 序」, "我國家久染習俗 士大夫喪祭 雜用浮屠 莫或正之 … 弘治十年丁巳仲夏端午後一日 門人曺偉 序".

179) 『佔畢齋集』, 「彝尊錄 下 先公事業第四」, "時俗有喪 則歸依浮屠法 若奔波然 雖號儒家 亦不免焉".

180) 『佔畢齋集』, 「彝尊錄 下 先公祭儀第五」, "先公嘗嘆曰 今世俗尤可笑者有二 忌日

16세기 이문건의 『묵재일기』에서도 사족들이 불사를 지속해서 행하였음을 확인할 수 있다. 1557년(명종 12)에 이문건은 자신의 아들 이온(李熅, 1518~1557)을 위해 안봉사에서 칠칠재를 거행하였다. 그는 직접 참여하지 않았으나 노비인 귀손을 보내어 대신 칠칠재를 지내게 하였다.[181] 더불어 그는 아들의 기일에 승재(僧齋)도 행하였고, 집안에 상이 있어서 제사를 모시기 힘들 경우 안봉사에서 기일시식(忌日施食)을 시행하기도 하였다.[182] 이상 언급한 경우를 살펴보면 사족들은 유교 상례의 규정에 따른 습속 교화와 유교식 상례를 지향하였으나, 실제는 그와 달랐다.

불교와 같은 기존 습속의 잔존뿐 아니라 유교 상례의 특징을 구현할 제도 중 하나인 향약도 전국적으로 시행되지 못하였다. 향약은 유교 상례의 주요 특징 중 하나인 상호부조와 관련된 것이다. 『가례』가 한 집안을 대상으로 상주와 상갓집이 시행할 상례 절차에 관한 지침이라면 향약은 향촌을 대상으로 상갓집에 대한 친족과 주변인의 상례 절차를 수록한 것이다. 조선의 조정은 초기부터 향약을 시행하여 사족들이 상호부조를 통해 예속을 바로잡아야 한다고 보았다.[183]

하지만 초기에 조정과 사족은 국가의례 정비 및 사가례 학습 등에 유의하여[184] 상대적으로 향약에 주목하지 못하였다. 16세기 후반 선조 연

之祭 不以酒肉爲羞 子孫則以忌日爲終身之喪 故不忍飮酒食肉 可也 死者亦何喪 今世士大夫父母之喪 自言不作佛事 而數七七日 祭于靈几前 是以不作佛事 欲盜名於世 而其實自附於佛以諂佞也 然不免於無知而妄作 嗚呼 風俗之弊 一至此哉 … 天順二年戊寅四月日 宗直 識".

181) 『默齋日記』 卷8, "嘉靖三十六年丁巳 仲秋八月己酉 十三日癸巳 送白米十斗于安峯 使爲明日七七齋"; 『默齋日記』 卷8, "嘉靖三十六年丁巳 仲秋八月己酉 十四日甲午 亡子七七日 作野祭于下家南庭 花園巫女來事 上下廳皆號哭 吾雖在堂 耳不得靜焉 ○貴孫還自安峯曰 曉頭先行七七齋于法堂 齋罷乃行忌辰施食 熙悟行事云云".

182) 박정미, 앞의 논문, 2014, 158~164쪽.

183) 『太宗實錄』 卷27, 太宗 14年 1月 18日 3번째 기사.

간에 이르러 비로소 이것에 주목해 내용상의 실질적인 토착화가 진행되었을 뿐이었다.[185] 16세기까지도 사족은 향도 등의 토착 문화로 인해[186] 향약을 전국적으로 시행하지 못하였고[187] 일부 지역에서 개별적으로만 시행되었다.[188] 이렇듯 조선 초기에는 ❶ 불사와 같은 기존 습속의 잔존, ❷ 초보적 수준의 예학 발달, ❸ 미진한 향약 시행으로 인해 유교 상례로의 습속 교화가 이루어지지 못하였다.

16세기 후반에서 17세기 초반까지도 습속으로 인해 유교 상례가 완전히 정착하지 못하는 길항 상태는 지속되었다. 이러한 경우들은 조정의 노력이 실제 상례의 설행에 있어서 가시적인 효과를 거두었다고 보기 어렵다는 것을 방증한다. 정구의 제자들이 편찬한 『한강선생언행록』의 기록은 이러한 현실을 잘 반영한다고 할 수 있다. 여러 기록 가운데 이육(李堉, 1572~1637)의 언급을 살펴보면 이 시기에도 사족은 관혼상제 모두 습속의 예와 불사를 섞어 행하였다.[189] 또 이서(李紓, 1566~1651)에 따르면, 사족은 기일에 절에서 승려들에게 밥을 먹이고 부처에게 공양하게 하거나[190] 상갓집에서는 빈객을 위해 술과 음식을 마련하여 술 마시고 취하는 것을 법으로 여겼다.[191]

184) 대체로 국가의례에 대해서는 15세기를 예제 수립기, 16~17세기 전반을 사가례 검토기라고 보고(장동우, 앞의 논문, 2013), 사가례에 대해서는 15세기를 학습기, 16세기를 발아기라고 이해한다(장동우, 앞의 논문, 2011). 조정과 사족이 국가의례 및 사가례에 신경을 썼다는 말은 이러한 도식과 궤를 같이 하는 것이다.

185) 김필동, 『차별과 연대 - 조선 사회의 신분과 조직 -』, 문학과지성사, 1999, 301~368쪽.

186) 고영진, 「조선 중기 향례에 대한 인식의 변화」, 『조선시대 사상사를 어떻게 볼 것인가』, 풀빛, 1999, 358~361쪽.

187) 박경하, 『朝鮮後期 鄕約硏究 - 鄕約의 性格變化를 中心으로 -』, 중앙대학교 사학과 박사학위논문, 1992, 45쪽.

188) 고영진, 위의 논문, 1999, 378~379쪽.

189) 『寒岡先生言行錄』 卷1, 「禮學」, "雖士大夫家 冠婚喪祭 皆用俗禮雜以佛敎".

190) 『寒岡先生言行錄』 卷1, 「禮學」, "忌日則或於僧舍 而爲佛家侍食供養之事".

그렇다고 불사가 계속 잔존한 것은 아니다. 불사는 예학의 발달[192]로 인해 점차 상례에서 차지하던 그 영역을 잃게 되었다. 사마광과 주희의 불사 비판[193]에 대한 권이시와 이재의 발언을 살펴보면, 선현들이 이를 지양하도록 결론 내렸거나 사족이 예에 대해 해박해져 더 이상 조선에서는 불사를 하지 않게 되었다.[194]

그러나 불교 이외 다른 습속과의 길항은 여전하여, 사족들은 유교 상례의 규정을 제대로 준수하지 못하였다. 이를 확인하기 위해 본 연구는

191) 『寒岡先生言行錄』 卷1, 「禮學」, "雖初喪之家亦備酒食饗賓客 以醉爲度".

192) 예학의 발달에 대하여 약술하면, 임진왜란 이후 17세기 조선에서는 16세기와 달리 영남과 기호학파로 나뉘어 예학이 한 단계 더 발달하게 된다. 이들은 학파 간의 주안점에 따라 『가례』의 보완 방향을 달리하였다. 이는 구체적으로 국가 의례, 습속의 조화에서 드러났다. 특히 습속의 경우 영남학파는 『가례』와 시속의 절충에 초점을 맞추었고, 기호학파는 『가례』의 문헌적 완정성, 행례에 있어서 고례의 원칙 실현, 도설을 통한 행례의 편의성 확보에 중점을 두었다(고영진, 앞의 책, 1995, 171~248, 361쪽; 이봉규, 「실학의 예론 - 성호학파의 예론을 중심으로 -」, 『韓國思想史學』 24, 2005, 112쪽; 장동우, 「조선후기 가례 담론의 등장 배경과 지역적 특색 - 『주자가례』에 대한 주석서를 중심으로 -」, 『국학연구』 13, 2008, 99~100쪽; 「『家禮』 註釋書를 통해 본 朝鮮 禮學의 進展過程」, 『東洋哲學』 34, 2010).

193) 사마광의 불사 비판은 『司馬氏書儀』 卷5, 「魂帛【影齋僧附】」 참조. 한편 주희의 불사 비판은 『朱子語類』 卷89, 「禮6 喪」, "或問 設如母卒父在 父要循俗制喪服用僧道火化則如何 曰 公如何 曰 只得不從 曰 其他都是皮毛外事 若決如此做 從之也無妨 若火化則不可 泳曰 火化則是殘父母之遺骸"; 『朱子語類』 卷89, 「禮6 喪」, "或問 親死遺囑敎用僧道 則如何 曰 便是難處 或曰 也可以不用否 曰 人子之心有所不忍 這事 須子細商量 胡泳"; 『朱子大全』 卷38, 「禮2 喪」, "問 今有人焉 其父尊信浮屠 若子若孫 皆不忍改 將何時而已 恐人子之遭此 勿用浮屠可也 至於家舍所敬形像 必須三年而後改 不知如何 曰如此 亦善 荅郭子從"; 『晦庵集』 卷63, 「書答胡伯量【泳】」, "治喪不用浮屠 或親意欲用之 不知當如何處 且以委曲開釋爲先 如不可回 則又不可咈親意也"; 정현정, 『朱子 禮學의 구조와 전개』, 연세대학교 철학과 박사학위논문, 2013, 72~73쪽 참조.

194) 『五禮輯略』 卷3, 「喪禮」, "不作佛事【注】 此段古多先賢論斷 而今士大夫家無作此事者"; 『四禮便覽』 卷3, 「喪禮」, "不作佛事【按】 此段所載溫公說甚多 而近世禮敎漸明 士夫家鮮有作此事者 故玆不錄焉".

17세기 ❶ 김기(金圻, 1547~1603),[195] ❷ 이항복(李恒福, 1556~1618),[196] ❸ 장흥효,[197] ❹ 이시발,[198] ❺ 신응순(辛應純, 1572~1636),[199] ❻·❼ 윤이후[200]의 사례를 확인하고자 한다.

❶ 김기는 본인 상이다. 그는 1603년(선조 36) 12월 4일에 경상도 예안에서 사망하였다. ❷ 이항복은 본인 상이다. ❸ 장흥효는 그 아내의 상이다. ❹ 이시발은 아내의 상이다. ❺ 신응순은 그 아내의 상이다. 아내 서산 유씨는 1615년(광해군 7) 5월 28일에 전라도 영광에서 사망하였다. 마지막 윤이후는 ❻ 그 어머니의 상과 ❼ 종형 윤이석(尹爾錫,

---

195) 김기는 광산 김씨로 김령의 종형이다. 김기와 김령의 집안은 대대로 경상도 예안에 거주하였고 남인으로 이황(李滉, 1501~1570)의 학맥을 계승하였다(박종천, 「『계암일록』에 나타난 17세기 예안현 사족들의 의례생활」, 『국학연구』 24, 2014; 이근호, 「『溪巖日錄』을 통해본 金坽의 정치 활동과 정세 인식」, 『역사와 실학』 54, 2014; 김정운, 「17세기 예안 사족 金坽의 교유 양상」, 『朝鮮時代史學報』 70, 2014; 이성임, 「『溪巖日錄:1603~1641』에 대한 자료적 검토」, 『韓國史學報』 57, 2014).

196) 이항복은 경주 이씨로 한양에서 태어나 활동하였다. 그는 서인으로 임진왜란 이후 광해군대에 인목대비 폐모에 반대하다가 함경도 북청으로 귀양을 갔고, 귀양길에 죽어 집안 묘역인 경기도 포천에 묻혔다(정억기, 『李恒福의 政治 外交 活動 硏究』, 홍익대학교 사학과 박사학위논문, 2007).

197) 장흥효는 안동 장씨로 경상도 안동에 거주하던 사족이다. 그의 조상이 연산군대 사회를 피해 안동으로 낙향하면서 이 지역에 거주하기 시작하였다. 장흥효는 김성일(金誠一, 1538~1593), 유성룡(柳成龍, 1542~1607), 정구에게 수학하였다(우인수, 「17세기초 경당 장흥효 가문의 제사 관행」, 『국학연구』 21, 2012).

198) 이시발은 경주 이씨로 충청도 진천에 거주하였다. 그는 서인으로 이득윤(李得胤, 1553~1630)에게 수학하였고 평안도 관찰사와 형조판서를 역임하였다(권중천 외, 「碧梧 李時發 小考」, 『湖西文化硏究』 5, 1985; 이시발 저, 최원경 역, 앞의 책, 2012).

199) 신응순은 영월 신씨로 전라도 영광에 거주하였다. 그는 서인으로 김장생에게 수학하였지만 관직을 역임하지 않았다(정승모, 앞의 논문, 2003).

200) 윤이후는 해남 윤씨로 윤선도(尹善道, 1587~1671)의 손자로 전라도 해남과 영암에서 거주하고 활동하였다. 그는 남인으로 이조좌랑, 함평현감 등을 역임하였으나, 함평현감에 부임한지 1년 만에 해남으로 낙향하였다(김경숙, 앞의 논문, 2016).

1626~1694)의 상이다. 그의 어머니는 1693년(숙종 19) 2월 27일에 전라도 해남에서 사망하였고, 윤이석은 1694년(숙종 20) 1월 24일에 한양에서 사망하였다.

초종의 경우 ❶은 1603년(선조 36) 12월 4일,[201] ❷는 1618년(광해군 10) 5월 13일로, 이날 사시에 습이 진행되었다.[202] ❸은 1619년(광해군 11) 9월 25일,[203] ❹는 1609년(광해군 1) 11월 29일,[204] ❺는 1615년(광해군 7) 5월 28일,[205] ❻은 1693년(숙종 19) 2월 27일,[206] ❼은 1694년(숙종 20) 1월 24일이다.[207]

소렴과 대렴의 경우, ❶은 12월 5~6일이다. 해당 사례에는 5일에 소렴을 했다는 기록은 없지만, 6일에 상례를 치렀다는 기록이 있으므로 소렴과 대렴을 행한 것으로 보인다.[208] ❷는 5월 13일 오시에 소렴을 진행했다. 소렴을 이항복이 죽은 당일에 한 이유는 날이 무더웠기 때문이다.[209] 대렴은 5월 15일이다.[210] ❸에서 습, 반함 등의 예와 소렴은 9월 26일,[211] 대렴은 9월 27일이 아닌 성복과 같이 9월 28일에 진행되었다.[212] ❹에서 이시발은 11월 30일에 소렴,[213] 12월 1일에 대렴을 하면

201) 『溪巖日錄』 上, "十二月四日 晩朝還家 食後旋下 初昏北厓兄 奄至棄背 痛哭痛哭".
202) 『北遷日錄』, "十三日 鷄鳴易簀 叩地叫天 … 巳時襲".
203) 『敬堂日記』 下, "二十五日 … 是日戌時 妻病不救 痛悼奈何 罔極奈何".
204) 『己酉日錄』, "十一月卄九日 晴自夜分後 夫人證勢極危急 … 戌末終至不救 卽爲襲".
205) 정승모, 앞의 논문, 2003, 56쪽.
206) 『支菴日記』, "癸酉年乙卯月二十七日 慈闈病患 向夕尤劇 是夜二更 竟至屬纊".
207) 『支菴日記』, "甲戌年丁卯月四日 午後會洞便來到 典簿兄主以宿疾 正月二十四日別世 痛哭痛哭".
208) 『溪巖日錄』 上, "十二月五日"; 『溪巖日錄』 上, "十二月六日 與諸親治喪事 夜則宿濯淸而不來家".
209) 『北遷日錄』, "十三日 … 午時小斂 斂不待次者 蓋以時日極炎 有不得已故也".
210) 『北遷日錄』, "十五日 午時棺斂".
211) 『敬堂日記』 下, "二十六日 … 行襲飯含等禮 日將夕 行小斂禮".

서 입관을 하고 빈소를 마련하였다.[214] ❺는 5월 29일이다. 그러나 여기서는 집안사람들이 명정을 사흘째 되는 5월 30일에 세웠다.[215] 죽은 당일에 세우는 것이 명정인데, 이는 『가례』의 규정을 따르지 않은 것이다. 아울러 이들은 대렴 때 빈소를 만들지 않고 6월 2일에 빈소를 마련하였다.[216] ❻은 2월 28일이다. 이 사례에서도 『가례』와 다르게 집안사람들이 명정을 이틀째 되는 날에 만들었다.[217] 이후 이들은 2월 29일에 입관을 하고 빈소를 마련하였다.

성복의 경우, ❶은 12월 7일이다. 이것의 특징은 김기를 장례 지낼 산을 살펴봤다는 점이다.[218] 『가례』에 따르면 묘소를 보는 것은 3개월이 지나야 하는 절차인데,[219] 여기에서는 죽은 지 나흘째 되는 날 행하였다. ❷는 5월 16일,[220] ❸은 9월 28일,[221] ❹는 12월 2일,[222] ❺는 6월 1일이다.[223] ❻은 2월 30일이다.[224] ❼은 2월 7일이다.[225] 성복 전까지의 특징은 대체로 사족이 유교 상례 지향하고자 하였으나 일부 절차를 다르게 하였다. 예를 들어 이들은 소렴과 대렴에 해야 할 절차를 시행하

212) 『敬堂日記』 下, "二十八日 … 午後始克成殯 行成服禮".
213) 『己酉日錄』, "十一月卅日 晴未明前 小殮如儀".
214) 『己酉日錄』, "十二月初一日 晴午後入棺成殯于營吏房 夜初更始畢殯".
215) 정승모, 앞의 논문, 2003, 56쪽.
216) 정승모, 위의 논문, 2003, 57쪽.
217) 『支菴日記』, "癸酉年乙卯月二十八日 午後襲斂設奠 衣衾諸具 皆慈闈曾所措備 無孔珠三枚得於白峙而用之 銘旌徵休書之".
218) 『溪巖日錄』 上, "十二月七日 成服 始來家 又與諸兄 往羊場 看厓兄葬山".
219) 『家禮』 卷5, 「喪禮 治葬」, "三月而葬 前期擇地之可葬者".
220) 『北遷日錄』, "十六日 辰時成服".
221) 『敬堂日記』 下, "二十八日 … 午後始克成殯 行成服禮".
222) 『己酉日錄』, "十二月初二日 晴成服後 朝奠上食如禮".
223) 정승모, 위의 논문, 2003, 57쪽.
224) 『支菴日記』, "癸酉年乙卯月三十日 早朝成服".
225) 『支菴日記』, "甲戌年丁卯月七日 成服".

지 않거나 일부 절차를 다른 날로 미루었다.

발인의 경우, ❶은 1604년(선조 37) 1월 5일이고, 하관도 같은 날에 진행되었다.[226] 김기의 장례는 죽은 지 2개월째 되는 날에 거행되었다. ❷에서 이항복의 발인은 7월 12일,[227] 하관은 8월 4일이었다.[228] 이항복의 장례는 3개월째 되는 날에 진행되었다. ❸에서 하관일은 죽은 지 4개월째인 12월 24일이지만,[229] 땅이 얼어[230] 하관에 관한 기록은 없다. ❹에서 이시발은 1610년(광해군 2) 3월 13일에 발인을 하였고,[231] 3월 20일에 하관하였다.[232] 일반적으로 상주는 초종 이후 3개월쯤 되는 날에 장례를 지내지만, 이시발은 5개월이 지나서야 장례를 행하였다. ❺는 12월 9일이다. 신응순은 『가례』에 따라 3개월 후인 7월에 발인해야 하지만, 그는 장지 선정을 이유로 죽은 지 8개월째인 12월 9일에 발인하였다. 아울러 그는 12월 10일에 하관을 하였다.[233] ❻에서는 발인이 4월 6일,[234] 하관은 4월 10일이다.[235]

우제의 경우, ❶은 1월 6일에 초우,[236] 1월 7일에 재우를 지냈다.[237] 원래 초우는 장례를 지낸 날 낮에 지내는 제사이다.[238] 그러나 여기서 집안사람들은 반혼을 저녁에 지내서 우제를 다음날에 지냈다. 장례를 지

226) 『溪巖日錄』 上, "正月五日 厓兄發引 諸親皆會葬痛哭 夕返魂".
227) 『北遷日錄』, "十二日 … 未時入山所".
228) 『北遷日錄』, "四日 … 下窆".
229) 『敬堂日記』 下, "二十四日 … 發引至春坡谷村".
230) 『敬堂日記』 下, "二十四日 … 地凍未克成殯".
231) 『己酉日錄』, "三月十三日 … 未明時 發引".
232) 『己酉日錄』, "三月二十日 … 晴巽時 下棺".
233) 정승모, 앞의 논문, 2003, 58~63쪽.
234) 『支菴日記』, "癸酉年丁巳月六日 卯時發引".
235) 『支菴日記』, "癸酉年丁巳月十日 丑時下棺".
236) 『溪巖日錄』 上, "正月六日 朝早起 與平甫兄泰之兄 俱下厓廬 參虞祭回家".
237) 『溪巖日錄』 上, "正月七日 又向厓廬參虞祭".
238) 『家禮』 卷6, 「喪禮 虞祭」, "葬之日 日中而虞 或墓遠則但不出是日可也".

낸 날을 넘겨서 우제를 지낼 수 없으니, 이는 『가례』의 규정을 어긴 것이다. 아울러 마지막 우제인 삼우는 기재되지 않았다. ❷에서 초우는 8월 4일 저녁,[239] 재우는 8월 5일,[240] 삼우는 8월 7일이다.[241] 삼우의 날짜가 하루 지연되었는데, 이는 이항복의 상주가 8월 6일에 반혼을 하였기 때문이다.[242] 삼우가 지연된 것이 상례 규정에 어긋나는 부분이다. ❸에서 초우와 반혼은 12월 24일이고,[243] 재우는 12월 26일,[244] 삼우는 12월 27일이다.[245] 장홍효의 사례는 대체로 규정에 맞게 진행되었으나, 신주에 글자를 쓰는 것[246] 때문에 재우가 26일에 행해졌다. ❹에서는 3월 20일이 초우,[247] 3월 21일이 재우이다. 이시발은 재우와 반혼을 동시에 하였다.[248] 그러나 삼우와 부제는 기록되지 않았다. ❺는 12월 10일이다.[249] ❻에서는 4월 10일이 초우,[250] 4월 12일이 재우,[251] 4월 13일이 삼우이다.[252]

졸곡의 경우, ❸은 12월 29일이다.[253] ❹는 3월 24일이다.[254] ❺에서는 신응순이 졸곡을 한 기록은 있으나, 날짜가 정확하지 않다.[255] ❻은

---

239) 『北遷日錄』, "四日 … 夕行初虞祭".
240) 『北遷日錄』, "五日 以雨不得反魂 行再虞祭".
241) 『北遷日錄』, "七日 行三虞祭".
242) 『北遷日錄』, "六日 … 反魂於東岡 初議反魂之所 衆論未定 … 終返於東岡".
243) 『敬堂日記』 下, "二十四日 … 返魂 行初虞禮于家".
244) 『敬堂日記』 下, "二十六日 … 行再虞禮".
245) 『敬堂日記』 下, "二十七日 … 行三虞禮".
246) 『敬堂日記』 下, "二十五日 … 昨午李甥題主".
247) 『己酉日錄』, "三月二十日 … 行初虞祭".
248) 『己酉日錄』, "三月卄一日 晴朝行再虞 仍爲返魂于鎭川".
249) 정승모, 앞의 논문, 2003, 63쪽.
250) 『支菴日記』, "癸酉年丁巳月十日 仍夕上食 行初虞祭".
251) 『支菴日記』, "癸酉年丁巳月十二日 行再虞祭".
252) 『支菴日記』, "癸酉年丁巳月十三日 行三虞祭".
253) 『敬堂日記』 下, "二十九日 … 行卒哭禮".
254) 『己酉日錄』, "三月卄四日 晴朝行卒哭祭".

4월 15일이다.[256] 부의 경우, ❸은 12월 30일이다.[257] 이 사례에서는 졸곡과 부가 규정에 맞게 진행되었다. ❺는 죽은 지 2년째인 1617년(광해군 9) 5월 28일이다. 신응순은 대상을 한 후 곧이어 부제를 지내는데,[258] 이는 『가례』에 어긋나는 것이다. 발인부터 부까지의 특징은 절차의 순서가 상이하다는 점이다. 예를 들어 사족은 지침에 따라 죽은 지 3개월째 되는 날에 발인하지 못하였고, 우제를 장례 지낸 날 낮에 지내야 하지만 다른 날로 미루었다.

소상의 경우, ❸은 1620년(광해군 12) 9월 25일이다.[259] ❺는 1616년(광해군 8) 3월 그믐이다.[260] ❻은 1694년(숙종 20) 2월 27일,[261] ❼은 1695년(숙종 21) 1월 24일이다.[262] 대상의 경우, ❸은 1621년(광해군 13) 9월 25일이다.[263] ❺는 1616년(광해군 8) 5월 28일이다.[264] 일반적으로 상주가 소상을 지난 후 1년 후에 지내지만, 이 경우 신응순은 대상을 2개월 후에 지냈다. 이는 본래 부인의 상인 자최장기(齊衰杖期)인 1년 기한의 상례를 따랐기 때문이다.[265] 아울러 그는 대상과 부제를 같이 행하였다. ❻은 1695년(숙종 21) 2월 27일,[266] ❼은 1696년(숙종 22) 6월 1일이다.[267] 담의 경우, ❺는 1616년(광해군 8) 7월 그믐이다.[268] ❻

255) 『內喪記』, "自此至卒哭竝見笏記".
256) 『支菴日記』, "癸酉年丁巳月十五日 行卒哭祭".
257) 『敬堂日記』 下, "三十日 … 行祔祭禮".
258) 『內喪記』, "丁巳五月二十八日辛卯 行再期祭 又行祔祭".
259) 『敬堂日記』 下, "二十五日 行小祥禮".
260) 『內喪記』, "三月晦日 息等行小祥禮".
261) 『支菴日記』, "甲戌年丁卯月二十七日 曉行初朞祭".
262) 『支菴日記』, "乙亥年戊寅月二十三日 明日乃典簿兄主初期也"; 『支菴日記』, "乙亥年戊寅月二十四日 質明與一家人會哭 洞內諸族亦來參".
263) 『敬堂日記』 下, "二十五日 … 行大祥禮".
264) 『內喪記』, "五月二十八日丁丑 因小祥 行大祥之禮".
265) 『家禮』 卷4, 「喪禮 成服」, "杖期 … 夫爲妻也".
266) 『支菴日記』, "乙亥年己卯月二十七日 曉行祥祀".

은 4월 6일이다. 소상부터 담까지의 특징은 사족이 일반적으로 유교 상례 절차를 따랐지만, 규정과 달리 대상과 부제를 같이 행하기도 하였다. 이상의 경우들을 표[269]로 정리하면 아래와 같다.

〈표 3〉 17세기 사족의 상례 설행

<table>
<tr><th rowspan="2" colspan="2"></th><th>김기</th><th>이항복</th><th>장흥효 처</th><th>이시발 처</th><th>신응순 처</th><th>윤이후 모</th><th>윤이석</th></tr>
<tr><th>❶</th><th>❷</th><th>❸</th><th>❹</th><th>❺</th><th>❻</th><th>❼</th></tr>
<tr><td colspan="2">몰년</td><td>1603년</td><td>1618년</td><td>1619년</td><td>1609년</td><td>1615년</td><td>1693년</td><td>1694년</td></tr>
<tr><td colspan="2">초종</td><td>12/4</td><td>5/13</td><td>9/25</td><td>11/29</td><td>5/28</td><td>2/27</td><td>1/24</td></tr>
<tr><td colspan="2">소렴</td><td rowspan="2">12/5~6</td><td>5/13</td><td>9/26-
습, 반함,
소렴</td><td>11/30</td><td>5/29-소렴
5/30-명정</td><td>2/28-
명정, 소렴</td><td>-</td></tr>
<tr><td colspan="2">대렴</td><td>5/15</td><td rowspan="2">9/28</td><td>12/1</td><td>6/2</td><td>2/29</td><td>-</td></tr>
<tr><td colspan="2">성복</td><td>12/7</td><td>5/16</td><td>12/2</td><td>6/1</td><td>2/30</td><td>2/7</td></tr>
<tr><td colspan="2">발인</td><td rowspan="2">1604/1/5</td><td>7/12</td><td>12/24</td><td>1610/3/13</td><td>12/9</td><td>4/6</td><td>-</td></tr>
<tr><td colspan="2">하관</td><td>8/4</td><td>-</td><td>3/20</td><td>12/10</td><td>4/10</td><td>-</td></tr>
<tr><td colspan="2">반혼</td><td>1/5</td><td>8/6</td><td rowspan="2">12/24</td><td>3/21</td><td>-</td><td>-</td><td>-</td></tr>
<tr><td rowspan="3">우제</td><td>초우</td><td>1/6</td><td>8/4</td><td>3/20</td><td>12/10</td><td>4/10</td><td>-</td></tr>
<tr><td>재우</td><td>1/7</td><td>8/5</td><td>12/26</td><td>3/21</td><td>-</td><td>4/12</td><td>-</td></tr>
<tr><td>삼우</td><td>-</td><td>8/7</td><td>12/27</td><td>-</td><td>-</td><td>4/13</td><td>-</td></tr>
<tr><td colspan="2">졸곡</td><td>-</td><td>-</td><td>12/29</td><td>3/24</td><td>부정확</td><td>4/15</td><td>-</td></tr>
<tr><td colspan="2">부제</td><td>-</td><td>-</td><td>12/30</td><td>-</td><td>1617/5/28</td><td>-</td><td>-</td></tr>
<tr><td colspan="2">소상</td><td>-</td><td>-</td><td>1620/9/25</td><td>-</td><td>1616/3/31</td><td>1694/2/27</td><td>1695/1/24</td></tr>
<tr><td colspan="2">대상</td><td>-</td><td>-</td><td>1621/9/25</td><td>-</td><td>1617/5/28</td><td>1695/2/27</td><td>1696/6/1</td></tr>
<tr><td colspan="2">담제</td><td>-</td><td>-</td><td>-</td><td>-</td><td>1616/7/31</td><td>4/6</td><td>-</td></tr>
</table>

267) 『支菴日記』, "丙子年乙未月一日 曉行祀事".

268) 『內喪記』, "七月晦日戊戌 行禫禮".

269) 이는 17세기 사족의 유교 상례 설행 사례를 바탕으로 작성된 것이다.

위 경우들의 공통점은 사족들이 불사를 지내지 않지만, 불사 이외의 습속으로 그들의 유교 상례 실천 양상이 규정과 달랐다는 점이다. 이에 대하여 구체적으로 설명하면, ㉠ 첫 번째 다른 점은 명정과 빈소를 준비하는 시점이다. 명정은 죽은 당일에, 빈소는 사흘째 되는 날에 마련된다. 하지만 사족들은 지정된 날짜에 이를 행하지 않았다.

㉡ 두 번째 다른 점은 소렴과 대렴의 시점이다. 가령 소렴이 개인 사정으로 인해 지연되면, 소렴 이후 진행되어야 할 대렴도 미뤄졌다. 그리고 상주가 대렴과 성복을 같이 진행하기도 하였다. 이러한 경향은 1582년(선조 15) 성혼(成渾, 1535~1598)과 송익필(宋翼弼, 1534~1599)이 나눈 서신에서도 확인된다. 이 서신에서 성혼은 송익필에게 세상 사람들이 대렴과 성복을 같은 날 한다고 지적하는데,[270] 이점은 이후 김장생[271]과 정경세(鄭經世, 1563~1633)의 언급에서도 드러난다.[272] 성혼과 송익필의 대화, 김장생과 정경세의 언급, 위 사례들을 살펴보면 대렴과 성복이

270) 『牛溪續集』 卷3, 「簡牘 與宋雲長【翼弼】」, "士大夫喪 入棺未及於三日 至四日則成服 與之同日可乎 抑將明日爲之乎 頃者安景說丈遭兄喪 來問於渾 渾無所見 以大斂與成服不可同日爲對 其後聞城中所已行者 則同日爲之云 未知於禮經有据耶【壬午九月】"; 이이 외 저, 임재완 역, 『세 분 선생님의 편지글』, 三星文化財團, 2001, 74쪽.

271) 『喪禮備要』 卷上, 「成服」, "厥明 大斂之明日 死之第四日也 按 … 此大斂與成服不可同日幷行也 世人或以斂具未備 過三日而大斂 仍以其日成服殊失禮意也".

272) 『愚伏集』 卷10, 「書 答吳汝和【允諧】問目」, "家禮 死之第三日 大斂而殯 第四日成服 例也 今俗或家貧 事多不備 至於四五日 始得入棺 而入棺之日 仍卽成服 此事何如 家禮成服章註 楊氏復曰 三日大斂 可以成服矣 必四日而後成服 何也 大斂雖畢 人子不忍死其親 故不忍遽成服 必四日而後成服也云 以文義觀之 其不忍之意 不在於日之三四 而只在於大斂纔畢 爲不忍遽成服也 四日大斂 雖已過成服之期 纔經大斂 其不忍遽成服之意 何以異於三日之內乎 仍卽成服 未知於義何如 或曰 成服後始爲上食 若更待明日 則上食漸遲 此所以急於成服也云云 此說如何 所論不忍之意不在於日數 而在於大斂纔畢云者 深得孝子之情 當從大斂明日之文 各服其服 入就位朝哭 似爲得之 葬日虞 不忍一日未有所歸也 則虞祭之急而重 不啻上食萬萬 而事有不得已者 則禮許不虞以待 況旣有奠以依神 則上食雖遲半日 恐不至大段未安 如何如何 然請更詳之".

같은 날에 진행되거나 4일에서 5일을 미루어 행해지는 경향은 17세기까지도 지속되었다.

㉢ 세 번째 다른 점은 발인의 시점이다. 대체로 발인은 3개월째 되는 날에 진행하는 것이지만, 장지 선정과 하관해야 할 땅의 상태 등으로 인해 3개월째 되는 날에 행하지 않은 경우가 있었다.

㉣ 네 번째 다른 점은 우제의 시점이다. 일반적으로 우제는 장례를 지낸 날 낮에 지내야 하는 초우를 시작으로 총 세 번 행하는 절차이다. 그러나 사족은 초우와 삼우를 미루거나, 세 가지 우제를 모두 기록하지 않기도 하였다. 그리고 상주가 우제를 지낼 때, 가장 문제가 되는 부분이 반혼의 시점이다. 위의 사례에서도 반혼에 관한 기록은 등장하지만, 이들은 반혼을 먼저 진행한 후 초우를 지내거나 반혼을 재우와 같이 지내기도 하였다.

㉤ 마지막 다섯 번째 다른 점은 부제의 설행 시점이다. 상주는 유교 상례의 지침과 달리 대상과 부제를 같이 시행하였다.

이러한 현상은 다른 예에서도 드러난다. ❽ 충청도 홍산의 김천석(金天錫, 1604~1673)[273]의 조모상이다. 그의 할머니인 광산 노씨는 1636년(인조 14) 9월 14일에 사망하였고, 김천석은 그녀가 죽은 지 5일째 되는 날인 9월 17일에 대렴을 하였다. 대렴이 늦어졌기 때문에 성복 날짜도 지연되어 9월 19일이 되었다.[274] 대렴이 늦어진 이유는 명확하지 않다.

그럼에도 종종 규정에 따라 상례를 실천하는 사족들도 있었다. 송준길(宋浚吉, 1606~1672), 송시열(宋時烈, 1607~1689)이 바로 그 예로, 이들은 유교 의례에 정통한 사족이라는 이름에 걸맞게 규정에 따라 상례를 실천하였다.[275]

273) 김천석은 본관은 연안으로 그의 조부가 인목왕후(1584~1632)의 아버지인 김제남(金悌男, 1562~1613)이다.

274) 김시덕, 『한국의 상례문화』, 민속원, 2012, 122~125쪽.

여덟 가지를 보면, 대체로 17세기까지 사족은 유교 상례의 정착을 위해 실제 자신들의 삶에서도 노력하였다. 이는 불사 지양이라는 점에서는 빛을 보아 상중 불사를 시행하지 않는 상황이 되었다. 다만 다른 습속과 규정 간 길항은 여전해서 이들의 지향과 실제가 그렇지 못하였음을 확인할 수 있었다. 의례에 정통한 일부 사족을 제외하고 이들은 초종과 성복을 제외한 나머지 절차들을 변용하여 규정과 다르게 거행하거나 혹은 일부 절차를 생략하였다.

당시 조선 사족의 특징은 같은 시기 중국(명나라, 청나라)과의 비교를 통해 더 분명해진다. 불사 지양의 경우에 송나라부터 사마광과 주희가 유교 상례를 지향하고 불사를 지양하고자 하였다.[276] 이후 명나라에서

275) 김진우, 앞의 논문, 2024a 참조.

276) 송대 화장은 북송의 수도인 변경과 하동지역, 호북성, 합서성, 산동성에서 유행하였고 송 왕실이 남쪽으로 내려온 이후 남쪽 전 지방에서 성행하였다. 화장한 유골 처리는 크게 세 가지로 나뉘는데, 유골을 목합(木盒)이나 도관(陶罐)에 넣어 묘 안에 묻는 경우가 첫 번째이고, 유골을 사찰이나 일종의 공동묘지 누택원(漏澤園) 및 집안에 보관하는 경우가 두 번째이며, 유골을 들판이나 물에 버리는 경우가 세 번째이다. 세 번째 경우가 당시에 가장 성행하였던 방식이다. 화장 성행의 원인 가운데 첫 번째는 불교의 세속화이다. 송대는 불교의 중국화 또는 세속화의 시기로 불교 학설이 발달하기보단 불교가 세속의 이익에 집중하였던 시기였다. 이에 세속에 깊숙이 침투하여 승려나 도사들이 상례를 진행하기도 하였다. 두 번째는 빈곤이다. 흙에 묻는 토장은 화장보다 상대적으로 지출이 많아 가난한 사람들은 비교적 지출이 적은 화장을 선호하였다. 세 번째는 사유지가 없는 빈민들이다. 네 번째는 주변 소수민족(거란, 서하 등) 상장 습속의 영향이다. 소수민족이 한족의 상장 풍습에 동화됨은 한족도 그들에게 영향받음을 의미한다. 다섯 번째는 송 왕조의 시책들이 영향력을 발휘하지 못한 점이다(徐吉軍, 『中國喪葬史』, 武漢大學, 2012, 407~421쪽).

그 시책은 다음과 같다(『讀禮通考』 卷86, 「葬考5 火葬」, "建隆三年三月丁亥詔曰 王者設棺槨之品 建封樹之制 所以厚人倫 而一風化也 近代以來 率多火葬 甚愆典禮 自今宜禁之"; 『宋史』 卷125, 「志78 禮28 凶禮4 士庶人喪禮」, "紹興二十七年 監登聞皷院范同言 今民俗有所謂火化者 生則奉養之具唯恐不至 死則燔爇而棄捐之 何獨厚於生而薄於死乎 甚者焚而置之水中 識者見之動心 國朝著令 貧無葬地者 許以係官之地安葬 … 方今火葬之慘 日益熾甚 事關風化 理宜禁止"; 『宋刑統』 卷18,

는 『가례』를 참조하여 유교 상례의 규정과 유사하게 관인과 상민의 상례를 법으로 제정하였다.[277] 이를 통해 이들은 관인과 상민에게 유교 상례 설행을 권장하여 화장 등의 습속을 유교식으로 바로잡고자 하였다.[278]

하지만 1370년(홍무 3)에 홍무제가 예부에 지시한 금령을 살펴보면, 습속 가운데 주희가 비판하였던 화장이 여전히 행해졌음을 확인할 수 있다. 당시에도 사람들은 죽은 사람을 불에 태워 화장하거나, 유골을 물에 던졌다. 이는 송대에 부모의 시신을 훼손하던 화장이 명대에도 여전하였음을 의미한다. 이에 명 태조는 이러한 행위들이 부모의 은혜를 상하게 하고 습속을 어그러뜨린다고 판단하여 금지할 것을 명령하였다.[279]

고염무가 강남지역에서 여전히 화장이 성행하고 있다고 한 언급[280]을 보면 이 명령 또한 뚜렷한 실효를 거두지 못한 것으로 판단된다. 이처럼 명대의 지속적인 화장 성행은 당시 지배층이 유교 질서인 예를 통해 사회를 재건할 필요성을 느끼게 해주었지만[281] 그들이 통감한 필요성과

「賊盜律 殘害死尸」, "疏 諸殘害死尸 注云 謂焚燒支解之類 又云及棄尸水中者 各減鬥殺罪一等 注云 緦麻以上尊長不減").

277) 『明集禮』 卷37上, 「凶禮2 品官喪儀 總叙」, "今本之周經 稽諸唐典 而又參以朱子家禮之編 列其名物之概 次其儀文之節 斟酌之以著於篇 俾有所法"; 『明集禮』 卷37下, 「凶禮3 庶人喪儀 總叙」, "禮經所載 公卿士庶之禮 多可通行 而唐宋之所定家禮之所載 庶人與品官亦不甚懸絶 所不同者 衣衾棺椁儀物器饌之厚薄而已 今酌之於古 準之於今 務爲可行"; 『大明會典』 卷99, 「喪禮4 品官」; 『大明會典』 卷100, 「喪禮5 庶人」.

278) 『大明會典』 卷129, 「刑部4 喪葬」, "凡有喪之家 必須依禮安葬 若惑於風水 及託故停柩在家 經年暴露不葬者 杖八十 其從尊長遺言 將屍燒化 及棄置水中者 杖一百 卑幼並減二等 … 其居喪之家 修齋設醮 若男女溷雜 飮酒食肉者 家長杖八十 僧道同罪還俗"; 趙克生, 『明代地方社會禮教史叢論 - 以私修禮教書爲中心 -』, 中國社會科學出版社, 2011, 2~5, 29~34쪽.

279) 『明太祖實錄』 卷53, 洪武 3年 6月 24日 1번째 기사, "上諭禮部臣曰 … 近世狃於胡俗 死者或以火焚之 而投其骨于水 孝子慈孫 於心何忍 傷恩敗俗 莫此爲甚 其禁止之".

280) 『日知錄』 卷15, "火葬之俗盛行於江南 自宋時已有之".

281) 何淑宜, 『明代士紳與通俗文化 - 以喪葬禮俗爲例的考察 -』, 國立臺灣師範大學歷史

실제는 달랐음을 뜻하는 것이다.

이는 여유기의 언급에서도 확인된다. 그에 따르면, 당시 상갓집에서는 승려와 도사를 불러 죽은 사람을 위해 불사를 실천하기도 하였다. 만일 어떤 사람이 이를 하지 않으면 주변 사람들이 그를 비웃었다. 이에 여유기는 정말로 부모를 위한다면 어째서 살아있을 때 봉양하지 않고 죽었을 때 애통해하지 않느냐고 반문하면서 부모의 상에 승려와 도사를 불러 불사를 지내는 습속을 비판하였다.[282] 그의 비판은 당시 사람들이 신분에 구애받지 않고 불교를 믿는 습속,[283] 그로 인해 온전히 유교 상례를 행하지 못하는 상황에서 비롯된 것이다. 당시 사람들은 습속이라는 이름 아래 상을 당한 다른 사람들에게 이를 준용하도록 하였고, 이를 어겼을 경우 사람들은 비웃음과 비판으로 사회적으로 압력을 행사하였다.[284]

이 점은 17세기 중국의 습속에 관한 자료에서도 드러난다.[285] 이들 자료에는 설행 주체가 불분명하고 중국 지역마다 유교화 과정의 차이가 있다는 한계점이 있지만, 본 연구는 일부 사례를 종합해 불사 지양 및 유교 상례 설행의 경향을 설명하고자 한다.

불사 지양의 경우에는 우선 1696년(강희 35)의 운남성 『운남부지』를 예로 들 수 있다. 이 지역의 옛 습속에는 상례에 사치스러움을 숭상하여 파산하기도 하고, 불교와 도교를 믿어 상례 때 재를 지내고 불경을 외워도 누구 하나 이를 고치지 못하였다. 더불어 상민들은 시신을 화장하기

研究所印行, 2000, 111쪽.

282) 『四禮約言』 卷3, 「論喪」, "喪家不招僧道作佛事【注】世俗作佛事 非必眞實爲親 不過圖好看 且曰 某某尙能做齋 我不能也 教人笑話 如眞實爲親 何不在生致養無缺 何不死後極其哀痛".

283) 『五雜粗』 卷8, 「人部4」, "今之釋敎 殆遍天下 … 上自王公貴人 下至婦人女子 每談禪拜佛 無不灑然色喜者".

284) 何淑宜, 위의 책, 2000, 102쪽.

285) 부록의 '17~18세기 중국 각 지방의 상례 설행 양상' 표 참조. 표는 『中國地方志民俗資料匯編』을 바탕으로 작성된 것이다.

까지 하였다.[286]

다음 1673년(강희 12)의 산동성 『제하현지』에서는 사람들이 유교식 상례를 준용하였지만, 승려와 도사를 불러서 불경을 외우기도 하였다.[287] 마지막 1686년(강희 25) 산서성 『임진현지』에서는 상민들이 불사의 설행을 좋아하여 심할 때는 시신을 두고 음악을 연주하고 장난치며 즐거워하였다. 지배층은 간간이 『가례』를 사용하기도 하였으나, 불사를 설행하거나 시신 앞에서 즐거워하는 습속을 바로 잡지 못하였다.[288]

한편 유교 상례 설행의 경우에는 이들은 『가례』를 준용하지 못하였다. 구체적으로 세 가지를 들면, 우선 1683년(강희 22) 절강성 『임해현지』이다. 해당 지방의 상례에서는 사람들이 대체로 『가례』를 따랐으나 주요 절차 가운데 소렴을 행하지 않고 혼백을 사용하지 않았다. 상갓집 사람들은 조문 온 사람들이 종이돈, 향촉을 지참하여 방문하면 비단을 답례로 주었다. 아울러 이들은 벽돌로 곽을 만들었는데,[289] 이러한 경향은 『가례』에 없거나 또는 이를 준용하지 못한 것이다.

다음 1695년(강희 34) 강소성 『상주부지』에서는 『가례』를 따르는 사람들이 20~30%정도라고 한다. 그러나 그들도 사흘째에 빈소를 마련하였고, 상주와 그의 식구들이 이때 성복을 하였다.[290] 빈소와 성복을 동

---

286) 『雲南府志』(淸康熙35年刻本) 卷26, 「風俗」, "舊俗尙奢 … 致有破產 崇信釋道 建齋誦經 風固不能止也 若火葬 惟彝民行之".

287) 『齊河縣志』(淸康熙12年刻本) 卷8, 「風俗」, "士夫家初喪 卽受弔問 … 一循古禮 可謂俗之最善者矣 至邀僧道諷經咒".

288) 『臨晉縣志』(淸康熙25年刻本) 卷10, 「風俗」, "好作佛事 甚以鼓吹樂劇娛尸 卽士大夫間用家禮 亦未能盡矯其習也".

289) 『臨海縣志』(淸康熙22年刻本) 卷15, 「風俗」, "喪禮 大概遵文公家禮 惟不行小斂 不用魂帛 殯于中堂 弔奠者具祭儀楮錢香燭 喪家答以帛 擇吉出殯 營葬多以磚石爲槨蔭以松柏".

290) 『常州府志』(淸康熙34年刻本) 卷38, 「風俗」, "喪葬 視文公家禮 僅十得二三耳 大約三日而殯 孝子孝婦于是日成服 訃聞親友 若卽治喪受弔 或三日五日而后閉喪 或因不卽擧喪 不受弔卽閉喪 俟擧喪之日行之 受弔后 孝子麻衣冠登門叩謝".

시에 진행하는 양상은 17세기 조선에서 사족들이 대렴과 성복을 병행한 모습과 같다.

마지막 1695년(강희 34) 하남성 『개봉부지』는 위의 『상주부지』와 유사하다. 사람들은 염과 빈소, 장례와 부제를 『가례』를 참작하여 행하였는데, 삼년상의 경우 사흘째에 염을 하고 성복을 하였다. 나머지 절차는 『가례』에 따라 행해졌지만,[291] 염과 성복은 달랐다. 염과 성복이 날을 나누어 진행되어야 하는 절차임을 고려하면, 『개봉부지』와 『상주부지』에 등장하는 사람들의 절차 시행은 유교 상례 규정과 궤를 달리하는 것이었다. 이상의 사례들을 보면, 같은 시기 명나라, 청나라 사람들은 유교 상례를 규정대로 실천하지 못 하고 불사를 병행하거나 승려와 도사를 동원하는 것이 일반적인 경향이었다.

> 요즘 세상에 의리의 설이 매우 분명해지고 사례(四禮)의 절문이 잘 갖추어졌어도 사대부 집안의 상례는 점점 무너져 술 마시고 노는(阮籍廬陵) 풍습이 종종 있다. 복상하는 동안 병이 생기면 술과 고기를 먹고 병이 나으면 다시 예전으로 돌아가는 것은 옛 제도이지만 요즘에는 그렇지 않다. … 우리나라 사대부 집안의 상례와 제례는 이전 시대보다 낫지만 점점 쇠락해지고 있다. 요즘엔 세속이 미신에 구애받는 경우가 많다.[292]

위에서 인용한 김수증(金壽增, 1624~1701)의 언급은 17세기 조선 사족의 유교 상례에 대한 지향과 설행의 관계를 정확하게 보여준다. 그는 당시 조선에서는 사족들이 성리학과 사례(四禮)를 잘 이해하지만 이를

---

291) 『開封府志』(清康熙34年刻本) 卷40, 「風俗」, "其斂殯葬祔之儀 俱遵文公家禮 酌量行之 … 三年之喪 三日而斂始成服 三月而葬 期而小祥 再期而大祥 中月而禫 二十七月而除".

292) 『谷雲集』 卷3, 「家記 雜錄【十六條】」, "今之世 義理之說大明 四禮節文 無不該備 而士大夫家喪紀 漸至廢壞 阮籍廬陵之習 往往有之 居喪 有疾則飮酒食肉 疾止則復初 是古制而今則不然 … 我朝士大夫家 喪祭之禮 度越前世矣 漸至陵夷 至於今日 多以世俗拘忌之說".

제대로 실천하지 못한다고 비판하였다.

본래 유교 상례에서는 상중에 상주가 병이 생기지 않는 한 술과 음식을 먹지 말 것을 강조한다. 하지만 당시 사족은 이를 어기고 술을 마시고 고기를 먹었으며 미신을 믿어서 상례를 온전하게 행하지 않았다. 즉 그의 비판은 유교 상례에 대한 지향 혹은 그들의 이론적 측면의 상례 연구와 달리 예학에 정통한 일부 사족을 제외한 대다수 사족은 유교 상례의 규정에 따라 상례를 잘 실천하지 못하였음을 의미한다. 이처럼 해당 시기 사족의 상례 설행이 유교 상례를 따르지 못하거나 그것을 변용하는 사례는 1차 층위인 절차 시행뿐만 아니라 유교 상례의 2차 층위인 종법, 즉 적통과 부조에서도 나타난다.

2) 적통의 이원화

전술하였듯 조선은 초기부터 향약과 함께 유교 상례 관련 제도인 종법을 사회에 정착시키고자 지속해서 그것이 사회에 정착되지 못함을 지적하였다.[293] 17세기에는 예학의 발달 등으로 종법에 관한 논의가 빈번했음에도[294] 조정에서는 사족들부터 먼저 종법을 시행하여 서서히 정착시키자는, 즉 강제적 시행을 통한 정착이 아닌 자율적 시행에서 비롯된 정착을 지향하였다. 유교 상례 정착을 위한 전제 조건이 종법의 정착이었지만,[295] 이것이 정착되지 못했기 때문에 이 시기에는 사족이 유교 상례에서 권장하는 방식이 아니라 인정 또는 습속에 의해 변용하는 방식이

293) 『世宗實錄』 卷41, 世宗 10年 9月 14日 4번째 기사; 『中宗實錄』 卷27, 中宗 11年 12月 3日 1번째 기사; 『中宗實錄』 卷36, 中宗 14年 7月 7日 1번째 기사; 『明宗實錄』 卷9, 明宗 4年 2月 23日 1번째 기사.

294) 예송·민신대복·원종추숭 등의 사안에서 종법 또는 적통에 대한 당시 사족들의 인식을 확인할 수 있다. 이는 후속 연구를 통해 다루고자 한다.

295) 권내현, 앞의 논문, 2018, 288쪽.

주를 이루었다.

이를 확인할 수 있는 여러 사안 중 본 연구는 서손(庶孫)[296]의 자최삼년복 착용 논의와 부조 대상의 확대에 주목하였다. 두 가지는 전술하였듯 유교 상례의 2차 층위인 종법에 관련된 것이다.

본 연구가 두 가지 가운데 전자에 주목한 까닭은 이것이 유교 상례의 중심축인 종자인 상주의 지위 정립을 볼 수 있는 것이기 때문이다. 다시 말해 서손의 자최삼년복 착용에 관한 여러 입장은 적통이 정립되어가는, 나아가 적통이 강화되는 추이를 보여준다.

한편 후자에 주목한 까닭은 이것이 종법의 특징인 상주와 조문객의 결집을 볼 수 있는 것이기 때문이다. 부조의 대상과 물품을 파악하는 것은 해당 시기 사족이 행한 유교 상례와 종법의 활용 양상을 확인하는 작업이다.

전자를 먼저 살펴보면, 종래 서자(庶子)에 관한 연구[297]는 조선 초기

296) 서손은 첩 소생 서자의 아들로, 첩에게 그는 손자이다. 이는 첩손와 동일한 것이다. 한편 서자는 첩 소생 자식으로 첩자, 서얼과 동일한 것이다.

297) 이에 관한 연구는 다음을 참조.
이상백, 「庶孼 差待의 淵源에 對한 一問題」, 『震檀學報』 1, 1934; 배재홍, 「조선 후기 서얼허통」, 경북대학교 사학과 석사학위논문, 1984; 「조선 후기 서얼허통」, 『경북사학』 10, 1987; 이종일, 『조선시대 서얼신분변동사 연구』, 동국대학교 사학과 박사학위논문, 1987; 김인걸, 『조선후기 鄕村社會 변동에 관한 연구 - 18, 19세기 '鄕權' 담당층의 변화를 중심으로 -』, 서울대학교 국사학과 박사학위논문, 1991; 지승종, 「조선 전기의 서얼신분」, 『사회와 역사』 27, 1991; 김정현, 「17세기 서얼 직역 변동에 대한 일고찰」, 이화여자대학교 사학과 석사학위논문, 1996; 정긍식, 「16세기 첩자의 제사 승계권」, 『사회와 역사』 53, 1998; 한기범, 「17세기 서얼의 종법적 지위 - 「예문답서」의 분석을 중심으로 -」, 『국사관논총』 81, 1998; 고민정, 「17세기 입후의 요건과 첩자계승」, 『정신문화연구』 39(3), 2016; 김진우, 「朝鮮 後期 庶孽의 宗法的 지위 약화와 그 원인」, 『朝鮮時代史學報』 89, 2019a; 고민정, 「조선 후기 사족 家系의 계승방식에 관한 연구 - 부안 청호고씨 사례를 중심으로 -」, 『古文書研究』 55, 2019; 허모영, 「19세기 김해지역 향반가문의 적서(嫡庶) 변증과 탈종(奪宗)을 둘러싼 갈등」, 『震檀學報』 132, 2019; 김정운, 「19세기 초반 경상도 사대부 家에서 庶族의 역할과 실제」, 『朝鮮

에 첩 소생인 서자는 적통을 계승할 적자가 부재할 때 적자를 대신하여 가계를 계승할 수 있었다.[298] 이와 함께 서자 혹은 서손이 적자를 대신하여 자최삼년복을 입기도 하였다.[299]

하지만 예학의 발달로 인해 17세기에는 이러한 경향이 변한다. 이 변화 가운데 하나가 본 연구에서 다룰 서손의 자최삼년복 착용 논의이다. 이는 유교 상례 변용일 뿐 아니라 적통의 정립 과정을 확인할 수 있는 사안이다. 서손의 자최삼년복 착용 논의, 즉 서조모복(庶祖母服) 논의는 서손인 손자가 첩인 자신의 할머니를 위해 자최삼년복을 입을 수 있는가를 두고 발생한 것이다.

일반적으로 손자가 할머니를 위해 입는 삼년복은 적손이 적처인 할머니를 위해 입는 자최삼년복이다. 적장자인 아버지가 죽고 적처인 그의 어머니가 돌아가시면, 그 적장자의 아들인 적손이 죽은 아버지를 대신해 후사가 되기 때문에[300] 적처인 할머니를 위해 자최삼년복을 입었다.[301]

반면 서손은 적통을 계승한 사람이 아니므로 첩인 자신의 할머니를 위해 자최삼년복이 아닌 자최부장기복(齊衰不杖期服)을 입어야 했다.[302] 다시 말해 원칙적으로 서손은 적통을 계승하는 사람이 아니기 때문에 첩인 할머니를 위해 자최삼년복을 입을 수 없었다. 그러나 17세기에는 서

時代史學報』 95, 2020.

298) 이이 외 저, 임재완 역, 앞의 책, 2001, 56~59쪽; 김진우, 「立後를 통해 본 朝鮮後期 庶孼의 宗法的 地位」, 동국대학교 사학과 석사학위논문, 2018, 13~14쪽.

299) 『葵史』 卷乾, "臣等又竊伏念 代服一節 姑舍歷代之所曾行 自癸巳定制之前 已成國俗 而自癸巳定制之後 更爲邦禁".

300) 여기서 후사가 된다는 말은 적통 계승으로 승중(承重)이라고도 한다.

301) 『禮記大全』 卷15, 「喪服小記」, "祖父卒 而后爲祖母後者三年【注】適孫無父 旣爲祖三年矣 今祖母又死 亦終三年之制 蓋祖在而喪祖母 則如父在而爲母期也 子死則孫爲後 故以爲後者言之"; 『家禮』 卷4, 「喪禮 成服」, "二曰齊衰三年 …【注】… 其加服 則嫡孫父卒爲祖母 若曾高祖母承重者也".

302) 『家禮』 卷4, 「喪禮 成服」, "不杖期 … 庶子之子爲父之母 而爲父之後則不服也".

손의 자최삼년복 착용을 두고 논의가 양분되기도 했는데, 이 논의의 시발점이 송준길과 김장생의 대화이다.

> 【질문】 "Ⓐ 첩손이 할아버지의 후사가 되면, 그 아버지의 소생모를 위해서는 설령 상복이 없지만 적통을 계승한 경우의 삼년복을 입어야 하는 대상이기도 합니다. 첩자는 어머니를 위해 시마복을 입고 심상을 한다는 선례를 따라 3년 동안 심상을 해야 할 듯하니 어떻습니까?" 【송준길】
>
> 【대답】 "Ⓑ 첩모는 대대로 제사 지내지 않으니 Ⓒ 본래 적통을 계승할 의리가 없다. '삼년복을 입어야 한다'고 한 것은 그렇지 않다. 그렇지만 설령 상복이 없더라도 어찌 갑자기 일반 사람과 같을 수 있겠는가? Ⓓ 여러 손자가 하는 기년복의 제도에 따라 심상하는 것이 괜찮겠다."[303)]

위 인용문에서 송준길은 Ⓐ 서손이 아버지를 대신해 할아버지의 후사가 되면, 서손이 첩인 할머니를 위해 상복이 없어도 삼년복을 입어야 한다고 보았다. 하지만 그는 서자가 아버지의 후사가 되면 그 어머니를 위해 시마복을 입는다는 구절에 따라[304)] 시마복을 입고 심상을 3년 동안 하는 것[305)]이 어떠한지 물었다.

송준길의 질문에 대해 김장생은 Ⓑ 서자가 첩인 어머니를 대대로 제사 지내지 않는다는 『예기』「상복소기」의 문장[306)]을 근거로 Ⓒ 예전에

303) 『沙溪全書』 卷38, 「疑禮問解 喪服 妾孫承重爲己所生祖母無服」, "問 妾孫爲祖後則爲其父所生母 雖無服 然亦應服承重三年者也 似當依妾子爲母緦 而心喪之例 爲心喪三年 如何【宋浚吉】妾母不世祭 則元無承重之義 應服三年云者不然矣 雖無服豈可遽同於平常之人乎 依諸孫期服之制 而若心喪者可也".

304) 『儀禮注疏』 卷33, 「喪服」, "庶子爲父後者 爲其母". ; 『家禮』 卷4, 「喪禮 成服」, "五曰緦麻三月 … 其降服 則庶子爲父後者爲其母".

305) 『家禮』 卷4, 「喪禮 成服」, "楊氏復曰 … 今服制令 庶子爲後者爲其母緦 亦解官申心喪三年".

306) 『禮記正義』 卷33, 「喪服小記」, "慈母與妾母 不世祭也【鄭注】以其非正 春秋傳曰

자신이 강석기(姜碩期, 1580~1643)에게 서손이 할아버지의 후사가 되지 않으면 첩인 할머니를 위해 자최삼년복을 입을 수 있다고 했던 주장[307]을 번복하였다. 그는 손자가 할머니를 위해 자최부장기복을 입는다는 『가례』의 문장을 제시하여[308] Ⓓ 손자가 첩인 할머니를 위해 상복을 입지 않고 1년 동안 심상을 하는 것이 옳다고 하였다.

송준길은 우선 서손이 할아버지의 후사가 되었다면, 그 아버지의 소생모인 할아버지의 첩을 위한 상복은 없지만 선례를 따라 서손이 첩인 할머니를 위해 상복을 입지 않고 3년 심상을 해야 한다고 보았다. 한편 김장생은 상복을 입지 않고 1년 심상하는 것이 괜찮다고 하였는데, 이는 일전에 그가 강석기에게 주장한 자최삼년복을 번복한 것이다. 즉 이들은 이 경우 자최삼년복을 승중복, 즉 적통을 계승한 자가 입을 상복이라 이해하였다.

【질문】 "Ⓐ 적통을 계승한 첩자가 그 어머니를 위해선 당연히 시마복을 입어야 하지만, 첩자의 장자는 어떤 상복을 입어야 합니까? 적자가 있다면 적손은 없다는 문장에 따르면 본복을 입어야 할 것 같은데 어떻습니까? Ⓑ 첩자의 차자가 자신의 할머니를 계승한 사람인데, 자신의 아버지가 아직 살아계시면 삼년복을 입을 수 없습니까?" 【송준길】

【대답】 "보낸 편지의 말이 옳다. 다만 상례에서만은 비록 미천하더라도 상주가 없어선 안 된다. 자신의 아버지가 설령 살아 계셔도 상주는 아니므로 차자가 당연히 적통을 계승한 사람의 상복을 입어야 할

於子祭 於孫止".

307) 『同春堂別集』 卷2, 「書 【師友講論】 上沙溪先生」, "前見答姜博士之敎 妾孫爲祖後 則爲其父所生母無服矣 非爲祖後 則爲其祖母 當服齊衰三年云云 妾孫之爲祖後者 爲其父所生母雖無服 然亦應服承重三年者也 似當依妾子爲母緦而心喪之例 爲心喪三年如何 答 雖無服 豈可遽同於平常之人乎 依諸孫期服之制而若心喪者可也".

308) 『家禮』 卷4, 「喪禮 成服」, "不杖期 … 其正服 則爲祖父母 … 庶子之子爲父之母而爲祖後則不服也".

것 같다."[309]

이에 대하여 김장생의 아들 김집(金集, 1574~1656)은 다르게 주장하였다. 위 인용문은 그가 송준길과 나눈 대화이다. Ⓐ 송준길은 적통을 계승한 서자가 첩인 어머니를 위해선 시마복을 입는데, 그 서자의 장자는 어떤 상복을 입어야 하는지 김집에게 물었다. 그는 『의례』「상복」 적손을 위해 자최부장기복를 입는다는 경문의 전(적자가 있다면 적손은 없다)[310]에 따라 기년복으로 해야 할 것 같다고 보았다.

이 전의 적자가 있다면 적손은 없다는 구절은 적손은 적자가 죽으면 적통을 계승할 사람이나, 적자가 살아있으면 모두 서손이 된다는 뜻이다.[311] 이에 따르면 송준길은 서자가 적통을 계승했으면, 서자의 장자는 적이 아닌 서가 되므로 서손이 첩인 할머니를 위해 자최부장기복을 입어야 한다고[312] 한 것이다. Ⓑ 아울러 송준길은 서자의 차자가 첩인 할머니를 계승하였는데, 아버지가 살아 계시면 자최삼년복을 입지 못하는가에 대해서도 물었다.

김집은 송준길의 말 가운데 Ⓐ 서자의 장자가 자최부장기복을 입어야 한다는 말은 옳다고 하였으나 Ⓑ 서자인 아버지는 적통을 계승하여 자기 어머니의 상에 상주를 맡지 못하므로 그녀를 계승한 서자의 차자가

309) 『愼獨齋全書』 卷13, 「疑禮問解續 成服 承重妾子之子爲其父之所生母服」, "問 妾子承重者爲其母當服緦矣 妾子之長子當何服 據有嫡子無嫡孫之文 似當服本服如何 妾子之第二子卽是承重其祖母之人 而爲其父尙存 不得服三年耶【宋浚吉】來示得之 但喪雖微賤不可無主 其父雖存 卽非主人 第二子似當服承重之服矣".

310) 『儀禮注疏』 卷30, 「喪服」, "適孫 … 傳曰 何以期也 不敢降其適也 有適子者無適孫 孫婦亦如之".

311) 『儀禮注疏』 卷30, 「喪服」, "適孫 … 傳曰 何以期也 不敢降其適也 有適子者無適孫 孫婦亦如之【鄭注】周之道 適子死 則立適孫 是適孫將上爲祖後者也 長子在 則皆爲庶孫耳".

312) 『家禮』 卷4, 「喪禮 成服」, "不杖期 … 其正服 則爲祖父母".

자최삼년복을 입어야 한다고 주장하였다.

송준길과 김장생이 자최삼년복을 입지 않고 심상 3년 또는 1년을 하는 대안을 제시한 것과 다르게 김집은 상주를 강조하여 자최삼년복을 입도록 하였다. 자최삼년복을 승중복으로 여겨 서손의 복제를 논한 송준길과 다르게 김집은 인정에 의해 서자의 차자라 해도 삼년복 착용을 용인하였다.

> Ⓐ 서자의 아들은 자기 아버지의 어머니를 위해서 아버지가 설령 이미 죽었더라도 기년복(자최부장기복)을 입어야 한다. Ⓑ 고을 사람들 가운데 간혹 삼년복(자최삼년복)을 입는 사람이 있는데 어떨지 모르겠다. Ⓒ 만약 적통을 계승한 서자의 아들이라면 아버지가 살아 계신지 여부를 따지지 말고 모두 상복을 입어선 안 된다. 적통을 계승하지 않은 사람의 아들이라면 단지 본복만을 입어야 하니, 삼년복(자최삼년복)은 말할 것이 없다. Ⓓ 만약 자신의 아버지가 삼년복(자최삼년복)을 입어야 하므로 (손자가) 대신 삼년복(자최삼년복)을 입어야 한다면 더욱 그렇지 않다. 대체로 조부모를 위해 삼년복(자최삼년복)을 입는 손자는 적통을 계승하였기 때문이다. Ⓔ 지금 자신의 할머니가 자기 할아버지의 첩일 뿐이니, 그 손자가 어찌 승중하여 삼년복(자최삼년복)을 입어야 한다고 할 수 있겠는가?[313]

그러나 송시열은 김장생 등과 의견을 달리하였다. 위의 인용문은 민태중(閔泰重, 1640~1692)과 나눈 서신이다. 이 서신에서 송시열은 서손이 첩인 할머니를 위해 입는 상복에 관해 말하였다. 그에 따르면, Ⓑ 당시 사람들 가운데 자최삼년복을 입어야 한다고 하는 사람도 있지만 Ⓐ 서손은 반드시 자최부장기복을 입어야 했다. Ⓒ 서자인 아버지가 적통을

---

313) 『宋子大全』 卷86, 「書 答閔士昂」, "庶子之子 爲其父之母 父雖已死 亦當服期 而鄕人或有服三年者 未知如何 若是承重庶子之子 則無論父在與否 而皆當無服 非承重者之子 則只服本服矣 三年則甚無謂矣 若謂其父當服三年 故代服三年云爾 則有大不然者 凡孫之爲祖父母三年者 是承重故也 今其祖母 是其祖之妾而已 則其孫豈可亦謂之承重而服三年乎".

계승하면 서손인 아들은 상복을 입을 수 없고, 계승하지 않았으면 서손은 기년복을 입어야 했다. 송시열은 Ⓓ 서자인 아버지가 자최삼년복을 입는다고 서손인 아들이 대신 자최삼년복을 입는 것은 안 된다고 보았다. 그는 조부모에게 자최삼년복을 입는 손자는 할아버지와 아버지의 가계를 계승한 적손뿐이므로[314] 서손은 Ⓔ 첩인 할머니에겐 자최삼년복을 입어선 안 된다고 하였다.

송시열은 적통을 계승하였다는 것은 할아버지와 아버지의 후사가 되었다는 것이라서, 적통을 계승하지 못하는 서손은 첩인 할머니에게 자최삼년복을 입을 수 없었다.[315] 송시열은 삼년복을 적통 계승의 상복(승중복)이라 강조하여 이 사안에 접근하였다.

한편 박세채(朴世采, 1631~1695)는 『가례』「상례 성복」[316] 등 여러 근거의 핵심은 서자인 아버지의 적통 계승 여부와 첩인 할머니를 대대로 제사 지낼지 아닐지에 있다고 보았다. 그는 그중 첩인 할머니를 대대로 제사 지낸다는 말이 이 사안의 핵심이라고 생각하였다. 특히 박세채는 여러 근거 가운데 정현이 『춘추곡량전』[317]에서 인용한[318] 『예기』「상복소기」에 첩인 어머니를 대대로 제사 지내지 않고 손자 대에서 제사를 그친다는 구절[319]과 주희가 『회암집』에서 『예기』「상복소기」의 첩은

314) 『家禮』 卷4, 「喪禮 成服」, "二曰齊衰三年 …【注】… 其加服 則嫡孫父卒爲祖母若曾高祖母承重者也".

315) 『宋子大全』 卷122, 「書 答或人」, "妾子非爲父後者 則爲其母當服三年 而其子先亡 則其子之子 亦當代服三年耶 凡以孫代服以其承祖之統 今妾子之子旣無所承之統 則當只服本服矣".

316) 『家禮』 卷4, 「喪禮 成服」, "不杖期 … 庶子之子爲父之母 而爲父之後則不服也".

317) 『春秋穀梁傳』 卷2, 「隱公 5年」, "九月 考仲子之宮 … 於子祭 於孫止".

318) 『南溪續集』 卷19, 「雜著 妾祖母承重服當否議【七月十三日】」, "所謂於子祭於孫否之說 原於穀梁傳 而鄭氏引之以爲妾母不世祭之訓 其義正矣".

319) 『禮記正義』 卷33, 「喪服小記」, "慈母與妾母 不世祭也【鄭注】以其非正 春秋傳曰於子祭 於孫止".

할아버지의 처인 첩조고(妾祖姑)에게 합부(合祔)한다고 한 경문[320]으로 첩을 대대로 제사 지내서는 안 된다고 한 구절에 주목하였다.

여기서 짚고 넘어가야 할 부분은 후자로, 주희가 두문경(竇文卿, ?~?), 만정순(萬正淳, ?~?)과 나눈 서신이다. 두 서신에 대한 주희의 답변이 상이하다.

우선 두문경은 주희에게 첩모를 대대로 제사 지내면 첩인 할머니와 손자 자신을 어떤 식으로 칭해야 하는지 물었다. 이에 주희는 대대로 제사 지낼 수 있는지 모르겠지만, 제사를 지내면 첩인 할머니를 손자가 할머니라 칭하고 손자는 자신을 손자라고 칭하는 것이 적절하다고 대답하였다.[321] 이는 첩인 할머니를 대대로 제사 지낼 수 없다는 『예기』의 본뜻에 배치되는 답변이다.

뒤이어 만정순은 주희에게 이와 비슷한 질문을 한다. 그가 제시한 예는 크게 두 가지이다. 첫 번째는 『예기』「상복소기」에서 '첩은 할아버지의 첩인 첩조고에게 합부한다'는 경문의 소에서 '첩인 어머니를 대대로 제사 지내지 않고 손자 대에선 그쳐 첩은 별도의 가묘가 없는 것이다'라고 한 부분이다. 두 번째는 『춘추』 은공 5년 '9월에 중자가 궁을 비로소 완공하였다'라는 구절에 대해 호안국(胡安國, 1074~1138)이 '첩의 아들이 왕이 되면 첩은 따로 궁을 만들어 제사를 지내야 한다'라고 하는 주석이다.[322] 만정순은 다른 두 가지를 근거로 첩을 위해 단을 만드는 것

---

320) 『禮記正義』 卷33, 「喪服小記」, "士大夫不得祔於諸侯 祔於諸祖父之爲士大夫者 其妻祔於諸祖姑 妾祔於妾祖姑 亡則中一以上而祔 祔必以其昭穆 …【疏】… 祔必以其昭穆者 解所以祖無妾 不祔曾祖而祔高祖之義也 凡祔必使昭穆同 曾祖非夫同列也 然此下云 妾母不世祭 於孫否 則妾無廟 今乃云祔及高祖者 當爲壇祔之耳 後別釋".

321) 『晦庵集』 卷59, 「答竇文卿」, "答竇文卿 … 妾母若世祭 其孫異日祭妾祖母 宜何稱 自稱云何 世祭與否未可知 若祭則稱之爲祖母 而自稱孫無疑矣".

322) 『胡氏春秋傳』 卷2, 「隱公 5年」, "九月考仲子之宮【注】仲子桓母也 考者始成而祀也 其稱仲子者 惠公欲以愛妾爲夫人 隱公欲以庶弟爲嫡子 聖人以爲諸侯不再娶 於禮無二適 孟子入惠公之廟仲子無祭享之所 爲別立宮以祀之".

과 적처 및 첩을 같이 제사 지내면 적이 둘이 되는 것이 예에 어긋난다고 보았다.

만정순이 제시한 두 가지의 상이함에 대하여 주희는 일전에 두문경에게 한 답변과 달리 첩을 위해 따로 단을 만들어 제사 지내선 안 된다고 하였다.[323] 이는 『예기』「상복소기」에서 공영달(孔穎達, 574~648)이 첩을 위해 별도의 단을 만들어야 한다는 주장과[324] 배치되고 두문경에게 한 대답과 다르다.

박세채는 상이한 주희의 대답과 모순 때문에 첩을 대대로 제사 지내지 않는다는 경문에 따라 자최부장기복을 입기 어렵다고 하면서 서손은 첩인 할머니를 위해 자최삼년복을 입어야 한다고 주장하였다.[325]

323) 『晦庵集』 卷51, 「答萬正淳」, “喪小記 妾祔於妾祖姑 正義云 妾母不世祭 於孫否則妾無廟 春秋考仲子之宮 胡氏云孟子入惠公之廟 仲子無祭享之所 審如是則天子之元后諸侯之元妃 雖曰無子 必當配食於廟 而其他或繼室或媵妾 雖曰有子 而卽天子諸侯之位者 皆當爲壇於廟而別祭之 至大祫則祔於正嫡而祭 所謂諸侯不再娶 於禮無二嫡之說 可通於天子也 不審如何 妾母不世祭 則永無妾祖姑矣 向竇文卿亦嘗問此 無以答之 今恐疏義之說 或未可從也 爲壇之說 恐亦未安 祔嫡而祫妾並坐 尤爲未便 恐於禮或容有別廟 但未有考耳”.

324) 『禮記正義』 卷33, 「喪服小記」, “士大夫不得祔於諸侯 祔於諸祖父之爲士大夫者 其妻祔於諸祖姑 妾祔於妾祖姑 亡則中一以上而祔 祔必以其昭穆 …【疏】… 妾祔於妾祖姑者 言妾死 亦祔夫祖之妾也 亡則中一以上而祔」者 亡無也 中間也 若夫祖無妾 則又間曾祖而祔高祖之妾也. 祔必以其昭穆者 解所以祖無妾 不祔曾祖而祔高祖之義也 凡祔必使昭穆同 曾祖非夫同列也 然此下云妾母不世祭 於孫否 則妾無廟今乃云祔及高祖者 當爲壇祔之耳”.

325) 『南溪續集』 卷19, 「雜著 妾祖母承重服當否議【七月十三日】」, “雖於人情或似不安之甚者 恐當姑從禮經通典家禮問解不世祭之義 爲少乖繆耳”.
박세채는 이후 자최삼년복 주장을 번복한다. 이는 후속 연구를 통해 다루고자 한다.

〈표 4〉 17세기 서조모복 논의

인명	상복	승중 여부	삼년복	출처	비고
김장생	자최삼년복	서손승중	승중복	『예기』「상복소기」	논의 시발점
	무복+심상 1년			『가례』「상례 성복」	
송준길	무복+심상 3년	서손승중	승중복	『의례』「상복」 『가례』「상례 성복」	
	자최부장기복	서자승중	승중복	『의례』「상복」	김집과의 대화
김집	자최삼년복	서자승중	비승중복	-	서차손 상주
박세채		-	비승중복	『춘추곡량전』「은공 5년」 『예기』「상복소기」 『회암집』「답두문경」 『회암집』「답만정순」	주희 답변의 모순
송시열	자최부장기복	서손승중(무복) 서손비승중(기년)	승중복	『가례』「상례 성복」	적통 강조

위 표[326]를 참고하여 전술한 주장들을 정리하면, 17세기 이전 조선 사회에서는 적통의 계승 여부와 관련 없이 서손이 첩인 할머니를 위해 자최삼년복을 입었다. 이것은 유교 상례에서 제시하는 규정을 따른 것이 아닌 인정에 따라 상복을 입은 것이다.

그러나 17세기에 이르면 예학의 발달과 맞물려 이 사안에 대해서도 양분된 주장들이 제기된다. 김장생은 서손이 자최삼년복을 입어야 한다고 보았지만, 이후 상복을 입지 않고 심상 1년을 하는 것으로 자신의 견해를 번복하였다. 김집은 죽은 사람의 신분이 미천하더라도 상에 상주가 없어서는 안 된다고 하여 첩인 할머니의 상에 서자의 차자를 상주로 세우고 자최삼년복을 입혀야 한다고 하였다.

326) 이는 17세기 서조모복 논의에 관한 사족들의 주장을 바탕으로 작성된 것으로, 김진우, 「17세기 조선의 庶祖母服 논의의 전개와 그 함의」, 『한국학연구』 67, 2022, 508쪽 표를 수정한 것이다.

송준길은 이 경우에 서손은 상복을 입지 않고 3년 동안 심상을 해야 한다고 주장하였다. 박세채는 '첩인 어머니를 대대로 제사 지내선 안 된다'라는 경문에 관한 주희의 언급들에 오류가 있다면서 서손이 삼년복을 입어야 한다고 보았다. 송시열은 적통을 계승한 적손이 조부모에게 자최삼년복을 입을 수 있다고 보아, 적통을 계승하지 못하는 서손은 첩인 할머니에게 자최삼년복을 입을 수 없다고 하였다.

자최삼년복 착용의 대상을 적통을 계승한 사람으로 보아 서손이 첩인 할머니에게 자최삼년복을 입어서는 안 된다고 본 사람은 김장생, 송준길, 송시열이다. 한편 인정 혹은 경문의 오류에 기인해 적통을 계승하지 않은 서손도 자최삼년복을 입을 수 있다고 본 사람은 김집, 박세채이다.[327)]

이와 같은 양측의 입장은 윤증(尹拯, 1629~1714)의 언급에서도 드러난다. 윤증에 따르면, 선현들의 주장을 근거로 삼아 종자와 종손만 적통 계승의 상복을 입을 수 있었다. 반면 서손은 그 할아버지와 아버지에게는 지자이니 첩인 어머니를 위해 제사를 지내며 종을 형성할 수 없고, 이 때문에 서손은 첩인 할머니를 위해 자최부장기복을 입는다. 그러나 윤증은 이후 박세채의 서손은 자최삼년복을 입어야 한다는 발언 때문에 세상 사람들이 자최삼년복을 입기도 하고 자최부장기복을 입기도 한다고 하였다.[328)]

---

327) 그 외에 삼년복을 승중복으로 본 사람은 최석정(崔錫鼎, 1646~1715), 이유태(李惟泰, 1607~1684)이고, 삼년복을 비승중복으로 보는 것도 가능하다는 사람은 윤선거(尹宣擧, 1610~1669)이다. 특히 윤선거는 진나라 유계지(劉系之, ?~?)와 왕기(王冀, 271~32)의 논의에 주목했다. 이 논의는 서자인 아버지가 첩인 어머니를 위해 자최삼년복을 입으므로 서손이 상복을 굽혀 입어서는 안 된다는 내용으로, 그는 이에 따라 부자간 대복(代服)에 근거해 자최삼년복 착용을 주장했다(김진우, 앞의 논문, 2022 참조).

328) 『明齋先生疑禮問答』 卷4, 「妻庶服」, "問 妾孫父歿後 遭妾祖母喪 當服承重三年乎 或云妾母無可傳之重 當服本服 或云旣奉其祀不可無承重之服 兩說孰是 願聞定教

이 논의는 자최삼년복이 적통을 계승한 사람이 입을 수 있는 상복이라는 유교 상례의 규정과 조선의 습속이 상이하였음을 보여주는 것이자, 조선의 사족이 유교 상례에서 제시하는 것을 인정 등 당시 습속에 의해 변용하였음을 볼 수 있는 것이다. 결국 이는 17세기 조선에서 적통이 정립되지 못한, 이원화된 상황이라 할 수 있다.

2. 상하 부조의 전개

1) 부조 대상의 확대와 상민 교화

유교 상례의 2차 층위인 종법의 정착 및 활용 양상을 보기 위해서는 적통의 정립 과정뿐 아니라 부조에 대해서도 살펴봐야 한다. 일반적으로 유교 상례에서 규정하는 부조의 대상은 상을 당한 사족인 상주로, 규정에서는 집안과 향촌이라는 공동체의 보전, 유교 의례의 정착, 습속 교화를 지향한다.[329]

전란을 겪은 17세기 조선의 사족들은 유교 상례의 지향에 따라 사회질서를 재건하고자 한다. 이에 이들은 내외손, 상민 등을 포괄하는, 크게 두 가지 방향으로 부조 대상을 확대하였다.

전자는 대체로 족계(族契)를 통한 친족 규합이다. 족계는 같은 혈연을 공유하는 친족들을 대상으로 결성된 것으로, 친족들은 이를 통해 친족

【李蕃】答 愼齋先生答人書 有曰 喪雖微賤不可無主 似當服承重之服云 而先人之意則嘗以爲宗子宗孫方有承重之服 若妾子孫 則於其父祖爲支子 不當獨於其妾母爲宗也 不得爲宗 則無承重之義 妾孫爲其所生祖母 只當服祖母期服而已 先人之見如此 故嘗以議訂於諸丈 諸丈亦皆以先人之言爲是矣 其後朴和叔以爲當承重服三年云 故世之行禮者 或服或不服云耳".

329) 김진우, 앞의 논문, 2024b, 115~119쪽 참조.

간의 규합과 자신들의 신분을 유지하였다.[330] 친족 간의 규합은 일반적으로 부계 혈연을 공유하는 사람들 사이에서 이루어지지만, 17세기 조선의 경우에는 달랐다.

17세기부터 조선에 등장한 족계[331]는 종법 등이 정착되지 못한 까닭에 활성화되지 못하였고,[332] 부조 물품에 대해 구체적으로 명시하지 않거나[333] 간단하게 규정하였다.[334] 심지어 내외손이 모두 족계에 가입해,[335] 부조 대상의 범위가 부계 혈연을 공유하는 동성의 친족에서 부계 혈연을 공유하지 않는 이성의 친족까지 확대되었다.

후자는 향약[336]을 통한 부조 대상의 확대로, 부조의 대상이 사족에서 상민으로 확대되는 것이다. 전란을 겪은 17세기 조선 사회에서 사족은

---

330) 신정희, 「朝鮮時代 契의 組織과 그 性格變化에 대한 小考 - 16, 7세기 親睦契, 族契, 洞契를 중심으로 -」, 『歷史教育論集』 13·14, 1990, 696쪽.

331) 정구복, 「韓國 族契의 淵源과 性格」, 『古文書研究』 16·17, 2000; 성봉현, 「조선후기 친족결합 양상 - 충청도 지역 족계를 중심으로 -」, 『古文書研究』 21, 2002, 121쪽 각주 69번 참조.

332) 정구복, 위의 논문, 2000, 115쪽.

333) 『旅軒集』 卷8, 「序 族契重修序」, "一 契中有死喪 則初喪助斂殯之具 及葬助營壟之役 且助葬需有式"; 『慕夏堂集』 卷1, 「約條 內外子孫及鄕里共井人約條」, "一 凡我子孫及同里之人 冠婚喪祭之時 無財不能辦備 則同里之人 各出財力 以爲賻助事".

334) 『雙峯集』 卷3, 「雜著 三邑同宗契節目」, "一 同宗中某家 有喪則各出米一斗".
장현광의 사례는 경상도 구미(『旅軒集』 卷8, 「序 族契重修序」), 김충선의 사례는 경상도 달성(『慕夏堂集』 卷1, 「約條 內外子孫及鄕里共井人約條」), 정극후의 사례는 경상도 영천, 홍해, 안강에 해당된다(『雙峯集』 卷3, 「雜著 三邑同宗契節目」).

335) 박순, 「한국의 족계」, 『안동학』 15, 2016, 138쪽.

336) 이에 관한 연구는 다음을 참조.
이태진, 「朝鮮前期의 鄕村秩序 - 性理學的 秩序의 확립을 중심으로 -」, 『동아문화』 13, 1976; 『韓國社會史研究 - 農業技術 발달과 社會變動 -』, 지식산업사, 1986; 향촌사회사연구회, 『조선후기 향약연구』, 민음사, 1990; 이성무, 「呂氏鄕約과 朱子增損呂氏鄕約」, 『震檀學報』 71, 72, 1991; 정진영, 『조선시대 향촌사회사』, 한길사, 1998.

향약을 통해 자신들의 습속과 상민들을 교화하고자 한다.[337] 구체적으로 이들은 향약에 수록된 유교 상례 규정에 따라 자신들과 상민들의 상에 조문하고 부조해 상민들을 교화하고 통제하려 하였다.[338] 이들의 의도는 상하합계(上下合契)라는 형식의 변화뿐 아니라 사족·상민의 상에 부조해야 할 물품 및 노동력 조항에서 보인다.

본 연구는 몇 가지를 표[339]로 정리하여 17세기 사족과 상민의 상하 부조 양상을 분석하고자 한다. 우선 ❶ 경상도 진주 원당동의 『원당동약문』이 있다. 임진왜란 이후 1601년(선조 34) 이곳에 거주하는 재령 이씨, 진주 류씨 등의 사족들이 만든 것이다.

㉠ 초상 시, 동약에서는 상갓집에 짚으로 엮은 자리 5장, 빈 쌀가마니 30장, 송진 3승, 생마 10근, 종이 5권, 들깨 5두, 콩 5두를 부조 물품으로 보낸다. 그리고 약원 가운데 사족은 1명, 상민은 10명을 동원하여 상갓집에서 빈소 축조를 돕고 ㉡ 장례 시, 사족인 약원 2명과 상민인 약원 10명이 상갓집을 돕는다.[340] 초상에 상주와 친족들이 습, 염, 빈소 설치

337) 박순, 「朝鮮中期 士族의 鄕村支配權 確立」, 『조선후기 향약연구』, 민음사, 1990, 81쪽; 이해준, 「朝鮮後期 洞契·洞約과 村落共同體組織의 性格」, 『조선후기 향약연구』, 민음사, 1990, 124~130, 138~141쪽.

338) 『白湖集』 卷28, 「雜著【居家雜儀】鄕約條目」, "巫佛送喪【如張巫樂設僧齋】… 非禮事神【如巫僧祈禱】右件事 若所犯重 則告官治罪 若輕則齊會施罰 三罰而不改則黜之 有事役不相助 吉凶不相問 … 人有四禮 曰冠昏喪祭 冠所以成人也 昏所以傳家也 喪所以哭死者而哀送之者也 祭所以思亡者而追享之者也 皆人之大節 雖庶人不可無禮 今略爲節文 簡而易行 勿得違失 其將有事 必於是乎攷禮焉"; 김무진, 「조선중기 士族層의 동향과 鄕約의 성격」, 『韓國史研究』 55, 1986, 28쪽; 이해준, 「朝鮮時代 香徒와 村契類 村落組織」, 『역사민속학』 1, 1991, 29쪽; 김성순, 「한국인의 '공동체 지향성'과 결사結社 - 향도·동계·협동조합 -」, 『한국학논집』 64, 2016, 52~53쪽; 정진영, 「한국의 향약 - 외래문화의 수용과 변용의 한 모습 -」, 『안동학』 15, 2016, 124쪽; 박현순, 「17~18세기 향약의 班常間 부조에 대한 고찰 - 사족층과 하인층의 결합 양상을 중심으로 -」, 『朝鮮時代史學報』 82, 2017, 221쪽.

339) 부록의 '17세기 사족과 상민의 부조' 표 참조. 이는 본론의 내용을 바탕으로 작성된 것이다.

등을 행하고 장례 때 시신을 매장할 산으로 옮긴다. 이런 까닭에 상례에서 초종과 장례가 중요한 절차이고, 이 시기에 약원들이 부조한다.

초상 때에는 약원들이 상갓집에 짚으로 엮은 자리, 빈 쌀가마니, 송진, 생마, 종이, 들깨, 콩을 지급하였다. 이는 대체로 상주와 친족들이 관을 만들 때 사용하거나 상갓집의 조문객들을 위해 사용하는 물품이다. 그리고 빈소를 만들기 위해 약원 1명, 상민 10명을 동원하는데, 이것은 노동력 부조이다. 이어서 장례 때에는 약원 2명, 상민 10명을 동원하여 상갓집을 돕는다. 이들은 시신을 매장할 산으로 옮기기 위해 동원되는 노동력이다.

이 사례의 부조 유형은 Ⓐ 첫째, 초상과 장례 시 개인 부조이고, Ⓑ 둘째, 사족·상민이라는 상하 구분이 존재하며, Ⓒ 셋째, 초상 시 물품·노동력 부조, 장례 시 노동력 부조이다.

뿐만 아니라 약원들이 상민의 상례를 부조하지 않지만, 초상 때 상갓집이 빈소를 만들거나 장례를 지낼 때 약원과 상민들 몇 명을 뽑아서 상갓집을 도왔다. 사족인 자신들을 중심으로 향약을 운영하되 때에 따라 상민들도 동원하여 그들에 대한 통제력을 유지하였음을 알 수 있다.

❷ 1606년(선조 39) 경상도 선산에 거주하던 노경임(盧景任, 1569~1620)이 저술한 『향중완의』도 위 사례와 비슷하다. 선산은 임진왜란 이전부터 일찍이 사족들이 세거하던 지역이었으나, 17세기 이후에는 남인인 장현광의 문인들이 거주하기 시작한 곳이다. 그 가운데 노경임은 장현광이 향약 시행으로 전후 지역 복구하고자 하는 시도를 이어받아 선산을 중심으로 하는 『향중완의』를 작성하였다.[341] 상례에 관한 조항에는 사족의 상례뿐 아니라 상민의 상례가 수록되어 있다.

340) 『元塘洞約文』, “喪葬【初喪 則草席五葉 空石卅番 松脂取正三升 生麻十斤 草紙五卷 水荏五斗 大豆五斗 洞員收助殯一名葬二名 皆各出力赴役 下賤則發其流十名】”.

341) 김형수, 「임란 직후 선산지역 旅軒學團의 활동」, 『남도문화연구』 38, 2019 참조.

사족 이상의 신분이 상을 치르면 약원들이 통문을 돌려 부의 물품을 거두어 도와주었다. 아울러 다른 신분의 상에도 유사가 부의를 통해 도왔다.[342] 여기서는 약원들이 신분을 사족과 그 나머지로 구분하여 그들의 상례를 부조할 것을 규정하였으나, 구체적인 물품과 물품의 제공 시기는 밝히지 않았다. 해당 사례의 부조 유형은 Ⓐ 첫째, 공동 부조이고, Ⓑ 둘째, 상하 구분이 있으며, Ⓒ 셋째, 초상·장례 시, 물품 부조이다.

❸ 박인(朴絪, 1583~1640)이 1611년(광해군 3)에 경상도 합천 이사리를 포함한 세 마을을 대상으로 만든 『삼리향약입의』에서는 약원들이 마을에서 발생하는 상의 종류를 상(사족), 중(상민), 하(서얼 이하)로 구분하였다.

㉠ 초상 시, 마을 사람들이 사족에게 상이 있다는 부고를 들으면 도유사가 세 마을에 알리고 모든 약원이 상갓집을 조문하여 곡을 한다. 이들은 빈소가 완성되는 것을 보고서 각자 집으로 돌아온다. 상민들의 상이면 상유사가 해당 마을에 알리고, 그 마을의 약원들이 상민의 상갓집에 모여 조문하고 곡을 한 후 빈소를 만든다. 서얼 이하의 상이면 장정을 모아 빈소를 만든다.[343] 세 종류의 상에 상유사가 약원들이 빈소를 만드는 일을 담당하는데, 이때 약원들은 풀로 엮은 덮개와 나무를 지참하여 상갓집에 빈소를 짓는다.[344]

㉡ 장례 시, 약원들은 동원할 노동력과 그 인원에 차등을 두었다. 사족의 상에는 약원들이 세 마을에서 집마다 연정(烟丁)을 동원하고, 상민

---

342) 『敬菴集』 卷2, 「雜著 鄉中完議【丙午】」, "五曰 顧婚喪 … 士族以上 凡有吉凶 隨卽出文 收物助之 其餘里中凡人及下輩 亦須通文里有司 使之自中收物以助事".

343) 『无悶堂集』 卷4, 「雜著 三里鄉約立議」, "死喪相救 一 聞訃之日 上喪則都有司通三里來哭 留看成殯而退 中喪則上有司通里中會哭成殯 下喪則閭統率其閭丁營殯事".

344) 『无悶堂集』 卷4, 「雜著 三里鄉約立議」, "死喪相救 … 一 凡成殯 其里上有司主之發里丁董役 而每名各捧草盖材木 期於成殯事".

들의 상에는 장정 50명을 보낸다. 서얼의 상에는 장정 25명을 동원하되 서얼을 제외한 하천(下賤)의 상에는 장정 20명을 보낸다.[345] 아울러 세 종류의 상 모두 약원들은 각자 전을 올리고 봉분을 만든 후에 해산한다.[346]

여기서는 약원들이 마을 안에서 발생하는 상례를 세 신분으로 구분하였다. 이들은 그 구분에 따라 초상과 장례에 시행할 절차와 동원할 노동력 등을 달리 규정하였다. 이것은 앞서 제시한 것들처럼 부조의 대상이 확대되었음을 의미한다. 이것의 부조 유형은 Ⓐ 첫째, 초상 시 개인 부조, 장례 시 공동 부조이고, Ⓑ 둘째, 상중하 구분이며, Ⓒ 셋째, 초상 시 물품 부조, 장례 시 노동력 부조이다.

❹ 1617년(광해군 9) 전라도 태인현 고현내면의 『고현동계』에서는 여산 송씨, 경주 정씨, 도강 김씨 등의 사족이 계원 명단에 수록되어 있다.[347]

㉠ 초상 시, 계원들은 상을 당한 계원에게 짚으로 엮은 자리 4장을 부조하고[348] ㉡ 장례 시, 연호군 70명을 동원한다. 이들은 서얼에게도 연호군 30명을 제공한다.[349] 이 사례의 부조 유형은 Ⓐ 첫째, 초상 시 개인 부조, 장례 시 공동 부조이고, Ⓑ 둘째, 상중 구분이며, Ⓒ 셋째, 초상 시 물품 부조, 장례 시 노동력 부조이다.

❺ 김세렴(金世濂, 1593~1646)의 『현풍현향약』과 『함흥부향약』 가운

345) 『无悶堂集』 卷4, 「雜著 三里鄕約立議」, "死喪相救 … 一 凡營葬役軍 都有司主之 上喪則通給三里烟丁 中喪則給五十名 下喪則給二十名【庶孽則加給五名】事".

346) 『无悶堂集』 卷4, 「雜著 三里鄕約立議」, "死喪相救 … 一 凡會葬 各致奠 封墓後 辭去 一依成殯例事".

347) 이는 한국학자료포털 수록 정보 참조.

348) 『古縣洞稧』, 「丁巳年 十月初六日 洞案重修立議」, "一 洞員初喪時草席四立賻助事".

349) 『古縣洞稧』, 「丁巳年 十月初六日 洞案重修立議」, "一 洞案付名之員 如有葬事則 烟軍七十名 庶孼則三十名許給".

데 전자는 1632년(인조 10)에 경상도 대구 현풍현감이었던 김세렴이 지은 향약이다. 그는 이를 통해 현풍현의 습속을 교화하고자 하였고 부조 대상을 확대하였다.

㉠ 초상 시, 약원들은 마을 안에 상이 발생하면 사족과 상민이 모두 모여 그 상갓집을 조문한다. ㉡ 장례 시, 사족은 노비를 2명씩, 상민들은 역군 1명씩을 동원하여 장례를 도왔다.[350] 상민의 상에는 사족이 노비 1명씩을 동원하였다.[351] 그리고 약원들은 사족과 상민의 상에 발인, 반곡, 졸곡, 소상, 대상에 모두 모여 조문 갔다.[352]

이들은 부조할 물품을 수록하지 않았지만, 장례에 부조할 노동력을 신분에 따라 차등적으로 제공하고자 했다. 부조 유형은 Ⓐ 첫째, 장례 시 개인 부조이고, Ⓑ 둘째, 상하 구분이며, Ⓒ 셋째, 장례 시 노동력 부조이다.

❻ 후자인 『함흥부향약』은 1643년(인조 21) 김세렴이 함경도 함흥부의 관찰사와 순찰사를 겸임할 때 작성한 것이다. 여기서 김세렴은 관혼상제례는 모두 『가례』를 따를 것을 규정하였고 사례(四禮)로 상민들을 관리하고자 하였다.[353]

㉠ 초상 시, 마을 안에서 상이 발생하였다면 사족의 상인지 상민의 상인지를 따지지 말고 향약의 대표가 상례에 관한 임무를 부여받은 상민을 이끌고 상갓집에 가서 호상을 정했다.[354] 그리고 이웃에 사는 사족과

350) 『東溟集』 卷6, 「雜著 玄風縣鄕約」, "一 約中有喪 上下齊會往弔 定護喪有司一員 下有司二人 以護初喪 葬時亦如之 兩班則各出壯奴二名 常人則出役夫一名".

351) 『東溟集』 卷6, 「雜著 玄風縣鄕約」, "下人喪則令約中齊會往弔 定下有司二人護喪 兩班則出壯奴一名".

352) 『東溟集』 卷6, 「雜著 玄風縣鄕約」, "凡上下喪 發引則送之 返魂則迎之 卒哭小大祥皆弔之".

353) 『東溟集』 卷6, 「雜著 咸興府鄕約」, "一 以四禮齊萬民 一曰冠 二曰婚 三曰喪 四曰祭【一遵朱文公家禮】".

354) 『東溟集』 卷6, 「雜著 咸興府鄕約」, "一 隣里有喪 勿論兩班常人 約長率所任下人

상민은 부의 물품으로 쌀을 제공하였다.[355)]

㉡ 장례 시, 각자 역군 한 명씩을 동원하였고[356)] 사족과 상민들 모두 상주가 성복한 이후에는 각자 집에 돌아갔다가 소상, 대상에 다시 모여 상갓집을 조문하였다.[357)]

『함흥부향약』에서도 약원들은 부조의 대상을 사족과 상민으로 확대하였다. 이들은 대체로 초종, 성복 이후, 장례, 소상, 대상에 같이 모여 상갓집을 조문하였다. 특히 초종과 장례에 약원들은 상갓집에 1~3승의 쌀을 부조하고(초종, 물품) 역군 1명을 동원하였다(장례, 노동력). 이를 통해 사족과 상민이 모두 부조에 동참했다.

17세기에 기한에 맞춰 상례를 행하지 못한 사족이 종종 있고 상민들도 부모를 들판에 버려두는 경우가 적지 않았음을 고려하면,[358)] 이는 부조 대상을 사족과 상민으로 확대하고 그들의 습속을 바로잡고자 한 것이다. 이것의 유형은 Ⓐ 첫째, 초상 시 개인 부조, 장례 시 개인 부조이고, Ⓑ 둘째, 상하 구분이며, Ⓒ 셋째, 초상 시 물품 부조, 장례 시 노동력 부조이다.

❼ 1655년(효종 6) 전라도 남원부 둔덕방에 사는 순천 김씨, 전주 이씨, 삭녕 최씨, 진주 하씨 등의 사족들이 작성한 『삼계계안』[359)]에서는

親往其家 別定護喪".

355) 『東溟集』 卷6, 「雜著 咸興府鄕約」, "一 同隣之內 上下各出米升相救 多不過三升 小不下一升".

356) 『東溟集』 卷6, 「雜著 咸興府鄕約」, "一 葬時各出役夫一名 或擔持或造墓 遠村則否".

357) 『東溟集』 卷6, 「雜著 咸興府鄕約」, "一 勿論兩班常人 成服後罷歸 … 小祥大祥竝當會弔".

358) 『磻溪隨錄』 卷9, 「敎選之制 上 鄕約事目」, "喪葬不時者【小民有遺喪 不時埋葬 藁殯於野 謂之草葬 因以遺失體骸者多 如此者宜重論】".

359) 이는 한국학자료포털 수록 정보와 김현영, 「조선후기 士族의 촌락지배 - 남원 둔덕방을 중심으로 -」, 『韓國文化』 12, 1991 참조.

계의 구성원들이 상장례에 관한 조항을 따로 마련하였다.

㉠ 초상 시, 부모, 자신, 처의 상에 이들은 각각 벼 15두, 삼베 1필, 짚으로 만든 자리 3장, 흰 종이 5권, 생마 3근(혹은 새끼줄 2근), 송진 1두를 부의 물품으로 상갓집에 보낸다.[360] 이것은 상이 발생했을 때 공동으로 보내는 물품이다.

개인적으로 보내는 물품의 경우에는 초상에 유사가 상갓집에 바로 달려가서 계원들에게 부고하고, 계원들은 각자 역군 1명, 빈 쌀가마니 3장, 긴 나무 3개를 지참하여 상갓집에 간다. 상유사, 하유사, 계원들은 돌아가며 호상을 맡고 상갓집에서 성복을 하면 각자 집으로 돌아간다.[361] 여기서 계원들은 개인적인 부의 물품으로 빈 쌀가마니, 긴 나무를, 노동력으로 역군 1명을 동원할 뿐 아니라 호상을 맡아 성복 전까지 초종, 소렴, 대렴을 돕는다.

㉡ 장례 시, 상갓집에서 미리 계원들에게 알리면 계원들은 장작 1짐을 발인 전에 상갓집에 보내고 빈소를 없앤 후에 상갓집에서 전을 올린다. 전을 올리지 못하면 쌀 몇 두를 보내고 각자 조묘군 1명과 담지군 1명씩 횃불을 지참하게 하여 내어준다.[362] 장례 이후 계원들은 소상, 대상, 담제 이후 모두 모여 상갓집을 조문하였다.[363]

여기서 주목할 점은 장례, 소상, 대상, 담제에 모두 모여서 조문하였다는 것이다. 장례에 모이지 못한 인원은 상갓집에 노동력을 보냈는데, 이는 계원들에게 장례에는 반드시 모여 상갓집을 도와줄 것을 독려하는

---

360) 『三磎稧案』, 「喪葬條」, “已喪及父母喪 則租十五斗 痲布一疋 草席三葉 白紙五卷 生痲三斤【條索代痲二斤】松脂一斗 扶助”.

361) 『三磎稧案』, 「喪葬條」, “○ 初喪 有司卽往喪家 出文通告稧中 各出役夫一名 空席三立 長木三箇 上下有司及各員 逐日護喪 過成服乃罷”.

362) 『三磎稧案』, 「喪葬條」, “○ 葬時預出回文 各員燒木一負 前期收送 破殯後致奠 … 不得致奠 則助送米斗爲 當各出造墓軍一名 擔持軍一名 各持松炬”.

363) 『三磎稧案』, 「喪葬條」, “大小祥齊會致慰 禫後往慰”.

것이다. 이 사례는 Ⓐ 첫째, 초상 시 공동·개인 부조, 장례 시 개인 부조이고, Ⓑ 둘째, 상하 구분이 없으며, Ⓒ 셋째, 초상 시 물품·노동력 부조, 장례 시 노동력 부조이다.

해당 사례의 경우 1655년(효종 6)에는 상민의 상에 대한 기록이 부재하다가 ❽ 1664년(현종 5)에 새로운 조항이 추가된다. ㉠ 초상 시, 사족의 상에 상민들은 노동력을 동원해 상갓집을 도왔다. 상민의 상에 사족은 노동력을 동원하지 않고 부조 물품을 보냈다. 구체적으로 상민 본인 및 그 부모의 상에 사족은 벼 3두를 제공하였다.[364)]

이 또한 공동 부조의 형태이다. 부조의 수량은 사족의 상에 대한 공동 부조보다 적었고, 사족들은 이렇게 부조 수량에 차이를 두어 자신들과 상민의 상을 구분하였다. 한편 상민의 상에 대한 사족의 개인 부조는 이루어지지 않았고, 오히려 사족은 자신들의 상에 상민을 동원하였다. 이에 따르면 이것의 유형은 Ⓐ 첫째, 초상 시 공동 부조이고, Ⓑ 둘째, 상하 구분이고, Ⓒ 셋째, 초상 시 물품 부조이다.

❾ 1672년(현종 13)『회덕향약』[365)]은 충청도 회덕현에서 은진 송씨인 송준길, 송시열, 송규렴(宋奎濂, 1630~1709) 등이 주도한 것이다. 송규렴은 사족들이 상민들을 교화해야 함을 주장하되 한 마을의 사족부터 교화해야 상민들을 교화할 수 있다고 보았다.[366)]

㉠ 초상 시, 부모, 자신, 처의 상에 계원들이 부고를 들으면 모두 상갓집에 모여 곡을 하고 빈 쌀가마니 2장과 거적을 각자 부조하고 성복까지 호상을 맡는다.[367)]

---

364)『三磎稧案』,「喪葬條」, "一 上契之喪 下輩出力助役 下輩之喪 上契不可無助 每人身死 給租三斗 以存相報之道事 其父母喪出於此村 則亦給租三斗事 甲辰十月秋追書".

365)『회덕향약』의 원문은 성주탁,「「懷德鄕約」考」,『百濟硏究』9, 1978 참조.

366)『霽月堂集』卷7,「序 重修鄕約序【壬子】」.

367)『懷德鄕約』,「禮俗相交」, "父母己妻四喪 有司聞訃 昻出回文會哭之 各收空石二葉

㉡ 장례 시, 약원들은 역군을 각자 동원하여 장례를 돕는데 상청(사족)의 상에 60명, 중청(중인)에 30명, 하청(하인)에 15명이 동원되었다.[368] 발인할 때 전을 올리고 반혼, 소상, 대상에도 상갓집을 도운 후 삼년상이 끝나면 모여서 상주를 위로하였다.[369] 회덕현의 사족들은 상갓집에 간단한 물품을 보내되 대규모 노동력을 제공하였다. 이는 Ⓐ 첫째, 초상 시 개인 부조, 장례 시 공동 부조, Ⓑ 둘째, 상중하 구분이며, Ⓒ 셋째, 초상 시 물품 부조, 장례 시 노동력 부조이다.

❿ 『계상동계』는 1677년(숙종 3) 경상도 예안에 거주하는 진성 이씨 사람들이 작성한 것이다.[370] ㉠ 초상 시, 계원인 사족과 상민들은 모두 상갓집을 조문하고 호상을 정하여 상갓집을 돕는다. 이들은 상갓집에 각자 쌀 2승, 탁주, 역군 등을 제공하였다.[371]

㉡ 장례 시, 사족은 각자 노비 1명을 뽑고 상민은 역군 1명을 뽑아서 상여를 메거나 묘를 만드는 일을 도왔다.[372] 예안현의 사례에서 계원들은 부조의 대상을 사족과 상민으로 확대하였지만, 신분을 따지지 않고 쌀과 탁주 등을 상갓집에 지급하였다. 또 이들은 장례를 지낼 때도 사족과 상민 각자 1명씩 동원하였다. 이는 Ⓐ 첫째, 초상 시 공동·개인 부조, 장례 시 개인 부조, Ⓑ 둘째, 상하 구분이며, Ⓒ 셋째, 초상 시 물품·노동력 부조, 장례 시 노동력 부조이다.

⓫ 1677년(숙종 3) 경상도 합천의 용연서원에서 박만(朴曼, 1610~

以補其苦 仍護喪 以至成服".

368) 『懷德鄕約』, 「禮俗相交」, "發引時 齊會致奠 …【永葬時 上廳擔軍六十名 中廳三十名 下廳十五名】".

369) 『懷德鄕約』, 「禮俗相交」, "永葬時 抄出擔持軍 有司點 … 發引時 齊會致奠 仍護喪 以至返魂 小祥大祥亦如之 … 過三年後 齊會慰之".

370) 이는 한국학자료포털 수록 정보 참조.

371) 『溪上洞契』, "一 凶事 通上下 各出白米二升 濁酒六鉢 榼一器 役軍一名".

372) 『溪上洞契』, "一 約中有喪 上下齋會往弔 定護喪有司一員下有司二人 以護之 葬時亦如之 兩班則各出壯奴一名 常人則出役夫一名 或擔持或造墓 只一日赴役事".

1682)이 만든 『서호향약안』에서는 초상과 장례로 나누어 노동력과 물품을 제공했다. 우선 노동력의 경우에는 ㉠ 초상 시, 사족과 상민들은 사족의 상이면 조문 가서 유사 1명, 하유사 2명을 호상으로 정하고, 각자 빈소를 만들 풀로 엮은 덮개와 나무를 지참한다.[373]

㉡ 장례 시, 이들은 사족은 각자 노비 2명을 상갓집에 내어준다. 한편 상민은 각자 역군 1명을 주고 상여를 운반하거나 묘를 만들게 한다. 그리고 유사 2명을 호상으로 정하여 묘를 만들도록 한다.[374] 그리고 조문객들은 상갓집이 발인하는 날에 모두 그 상례를 도와주고, 발인 이후 소상, 대상에 상갓집을 조문한다.[375]

한편 부조 물품의 경우, 이들은 공동으로 상갓집에 부조하는데 매년 10월마다 쌀과 콩을 2승에서 3승, 빈 쌀가마니 2장을 거둔다. 이후 계에서 상이 발생하면, 조문객들은 따로 비축해두었던 물품 가운데 쌀과 콩 5두, 빈 쌀가마니 20장을 부모, 본인, 처의 상에 한하여 상갓집에 공동으로 지급한다.[376]

이 향약은 Ⓐ 첫째, 초상 시 공동·개인 부조, 장례 시 공동·개인 부조이고, Ⓑ 둘째, 상하 구분이며, Ⓒ 셋째, 초상 시 물품·노동력 부조, 장례 시 노동력 부조이다.

다만 특이점은 상민의 습속을 교화하고 이들을 통제하기 위한 조항이 존재하였다는 것이다. 예를 들어 상주가 없는 시신이 있다면, 근처 마을의 이정(里正)이 장정들을 이끌고 그 시신을 매장해 시신이 방치되는 것

373) 『西湖鄕約案』 「患難相恤」, "一 約中有喪 上下齊會往弔 定護喪 有司一員下有司二人 以護初喪 …各名捧草蓋材木 期於成殯事".

374) 『西湖鄕約案』 「患難相恤」, "一 永葬時 兩班則各出壯奴二名 常人則出役夫一名 或擔持或造墓 只一日赴役 下人喪則令約中齊會往弔 定有司二人護喪 以成造墓事".

375) 『西湖鄕約案』 「患難相恤」, "一 凡上下喪發引日皆護喪 小大祥皆弔之".

376) 『西湖鄕約案』 「患難相恤」, "一 每歲十月收米太 多不過三升 小不下二升 空石二立 別爲藏置 使里正次知 有喪則米太各五斗空石二十立量宜出給 惟父母喪當身妻喪外 其餘則否".

을 방지하였다.[377] 이는 전술하였듯 당시 상민들이 시신을 매장하지 못하고 들판에 방치하였음을 고려하면, 그들이 방치한 시신을 수습하여 습속을 교화하고 통제하고자 하였음을 의미한다.

⓬ 박세채가 1686년(숙종 12) 관서 지역의 상민들을 위해 만든 『관서혼상계약속』에서 그는 상민들을 교화하고 그들을 통제하는 데에 관혼상제만큼 좋은 것이 없다고 하면서, 『가례』에 따라 이를 실행할 것을 주장하였다.[378]

특히 박세채는 예를 아는 사족과 상민들은 ㉠ 초상과 ㉡ 장례 시, 각자 집안에서 쓰는 옷, 이불을 제외하고 상례에 쓸 목재, 구슬, 명정, 삼, 대여 등을 돌아가며 빌려 쓸 것을 권장하였다. 그는 상례에 돕는 것이 바로 예속을 이루는 것이라 주장하면서 사족과 상민 간 물품을 공동으로 이용할 것을 장려하였다.[379]

여기에서 계원들은 사족과 상민이다. 박세채의 주장에 따르면 이들은 상례에 신분 구분 없이 목재와 구슬, 명정과 삼, 수레 등을 제공하였다. 이 물품들은 대체로 초종에 하는 관 제작, 반함, 성복 등에 쓰이거나 장례에 쓰인다. 다른 경우들과 달리 여기서는 계원들이 초종과 장례를 구분하여 물품과 노동력을 제공하거나 혹은 신분에 따라 지급 물품에 차등을 두지 않았다. 하지만 이들이 부조의 대상을 확대하여 물품을 제공한다는 점은 동일하다.

아울러 『가례』에 따라 조항을 만들었다는 점과 이 조항을 통해 계원

377) 『西湖鄕約案』「患難相恤」, "一 凡無主之屍 其旁近里正率里丁埋置 勿令暴骨事".

378) 『南溪外集』卷11, 「雜著 關西昏喪契約束【丙寅五月十六日】」, "一 化民成俗之方 莫善於冠昏喪祭 然其大體 自有文公家禮 其間雖或唐鄕古今 不無異宜處 苟能詳知而的見之 其不可行者鮮矣 爲今士子者 唯當熟讀此書 一一擧行其禮而已".

379) 『南溪外集』卷11, 「雜著 關西昏喪契約束【丙寅五月十六日】」, "一 鄕俗之中設令有好禮之士 … 其於人家所備衣衾物件之外 如昏之品服品帶木雁合巹牢床 喪之棺材珠銘旌絞布喪布麻大轝之類 或輪次借用 或急時取用 皆所以助成禮俗者".

들이 그들의 습속을 교화하려는 점은 이 사례와 김세렴 사례의 특징이다. 두 가지는 관서 지역, 함흥 지역에도 사족이 『가례』에 수록된 유교 상례를 통해 상민들을 교화하고 그들에 대한 통제력을 유지하고자 하였음을 보여주는 것이다. 부조 유형은 Ⓐ 첫째, 초상·장례 시 공동 부조이고, Ⓑ 둘째, 상하 구분이며, Ⓒ 셋째, 초상·장례 시 물품 부조이다.

⓭ 황해도 지역을 대상으로 작성된 김유(金楺, 1653~1719)의 『해서향약』에서는 다양한 특이점이 등장한다. 상이 발생하면 구성원들은 사족의 상에 상갓집을 모두 조문하되 상민의 상갓집에는 조문하지 않는다.[380] 이뿐 아니라 부조 물품 지급 방식에 있어서 차이가 있다. 이들은 상갓집에 공동으로 물품을 지급하거나, 구성원이 개인적으로 물품을 내어주기도 하였다.

전자의 경우, ㉠ 초상 시 향약 안에서 사족의 상이 발생하면 이들은 사족 본인의 상에 쌀 6두, 사족의 부모 상에 4두, 처와 동거하는 처의 부모 상에 2두를 지급한다. 반면 상민의 상에는 쌀을 각각 사족의 절반씩 제공하여[381] 본인의 상에 쌀 3두, 상민의 부모 상에 2두, 처와 동거하는 처의 부모 상에 1두를 준다.

㉡ 장례 시 이들은 사족 본인, 부모, 처, 처의 부모 상에 각자 장정 1명, 횃불 1개, 촛불 1개를 상갓집에 보냈다. 그러나 상민의 상에 계원들은 장정 1명과 횃불 1개만 부조하였다.[382]

후자의 경우, 성복, 장례, 소상, 대상 때 사족인 약원들은 각자 쌀 2승에서 5승을 지참하여 상갓집을 돕고, 상민들은 쌀을 지참하지 않고 노동

---

380) 『儉齋集』 卷29, 「雜著 海西鄉約」, "禮俗相交 … 契中有喪則契中人皆往弔之【下人喪則否】".

381) 『儉齋集』 卷29, 「雜著 海西鄉約」, "患難相恤 … 契中當身之喪則給米六斗 父母喪則給四斗 妻子喪及同居妻父母喪則給二斗【下人皆半減】".

382) 『儉齋集』 卷29, 「雜著 海西鄉約」, "患難相恤 … 若當身及父母妻子之喪【同居妻父母同妻喪】則葬時各出壯丁一名持炬一柄剌燭一柄【下人則不持剌燭】".

력을 제공한다.[383] 이는 개인으로 지급하는 방식이다. 이 향약의 부조 유형은 Ⓐ 첫째, 초상 시 공동·개인 부조, 장례 시 공동·개인 부조이고, Ⓑ 둘째, 상하 구분이며, Ⓒ 셋째, 초상 시 물품 부조, 장례 시 물품·노동력 부조이다.

⓮ 이숭일(李崇逸, 1631~1698)이 1692년(숙종 18) 경상도 의령현감이 되었을 때 지은 『향약정규』이다. 그는 이 향약의 환난상휼에서 사족과 상민의 상을 구분하였다. ㉠ 초상 시, 사족의 상에서는 향약의 구성원들이 모두 조문하고 유사 1명과 하유사 2명을 정해 빈소 만드는 일을 도왔다. 하지만 상민의 상에서 사족은 노비를 보내 위로만 하고 유사 2명이 상을 감독하기만 하였다.[384]

이 향약의 부조 유형은 Ⓐ 첫째, 초상 시 공동 부조이고, Ⓑ 둘째, 상하 구분이며, Ⓒ 셋째, 초상 시 물품·노동력 부조이다. 이 향약의 구성원들도 부조의 대상을 확대하여 신분에 따라 부조의 정도를 구분하였다. 사족의 상에는 사족과 상민이 모두 조문하고 빈소를 만들었지만, 상민의 상에는 사족의 노비와 상민만 조문하고 빈소를 만들지 않았다. 이는 17세기의 예들이 사족과 상민 혹은 사족, 중인, 상민의 구분을 통해 지급 대상을 확대하고 그들을 구분을 짓는 양상과 유사하다.

⓯ 1697년(숙종 23) 경상도 경주 양좌동의 『향약안』은 경주 손씨, 여강 이씨 등의 사족이 작성한 것이다.[385] 해당 향약에서는 공동으로 상갓집에 물품을 제공하고, 사족의 상이면 베 40척, 상민의 상이면 베 30척

383) 『儉齋集』 卷29, 「雜著 海西鄉約」, "禮俗相交 … 若當身及父母之喪 則成服永葬小祥大祥 皆往弔慰 … 各持米【多少隨力 多不過五升 少不下二升】往助之 …【下人則不出米】".

384) 『恒齋集』 卷4, 「雜著 鄉約定規」, "患難相恤 … 一 兩班喪則約中齊會往弔 定護有司一員 下有司二人 幹護成殯 下人喪則兩班送奴致慰 定下有司二人 率同約往弔幹護事"; 오세창 등 편, 앞의 책, 1986, 380쪽.

385) 이는 한국학자료포털 수록 정보 참조.

을 내어준다.

향약에서는 거둔 물품을 사족과 상민의 상에 차등을 두지 않고 보내준다.[386] 뿐만 아니라 이들은 향약에 가입한 사람들의 상갓집에만 상여, 향정자, 삽, 병풍을 제공하였다. 다만 상여와 향정자의 경우, 이를 사용할 사람이 이에 상응하는 값, 즉 베 30척을 낸 이후에 이 물품들을 사용할 수 있었다.[387] 이 사례의 부조 유형은 Ⓐ 첫째, 공동 부조, Ⓑ 둘째, 상하 구분이며, Ⓒ 셋째, 물품 부조이다.

양좌동에서는 앞선 것들과 다르게 노동력은 제공되지 않고 물품이 지급되었다. 물품 지급은 대체로 공동 지급이었고 상여와 향정자 같은 물품은 대여료를 낸 이후에 사용하였다.

전란을 겪은 17세기 조선 사회에서 사족은 유교 상례의 정착을 지향하지만 일부 변용한다. 그 가운데 하나가 바로 부조 대상의 확대이다. 그것은 내외친과 상민, 크게 두 가지 방향으로 진행되었다.

전자의 경우에는 족계를 통한 친족 규합이 있다. 여기서 친족 간의 규합은 일반적으로 부계 혈연을 공유하는 사람들 사이에서 이루어지지만, 이 시기 조선의 족계에서는 그 외연이 확대되어 부계 혈연 이외의 친족들, 이성의 친족들도 계에 가입하여 상례에 부조를 받거나 부조를 하도록 규정한다.

후자의 경우에는 향약 등을 통한 부조 대상의 확대가 있다. 이상에서 언급한 예들에는 몇 가지 공통점과 차이점이 있다. 우선 공통점은 네 가

---

386) 『香約案』, 「立議」, "一 惟我香約設立已久 而上下當喪 別無出物相助之義 豈不爲一大欠事乎 今也有若干留庫 便利之穀 則亦不無變通之擧 故今玆講信齊會之日 一從僉議 兩班則出給四十尺之布 常漢則出給三十尺 以爲上下均給之事 而契儲不多例 有難堪之弊 過一巡後 更爲變通事".

387) 『香約案』, 「立議」, "一 約中喪轝及香亭子 契員應給之 外雖有子弟之喪 一切勿許而如有合用之員 則出布三十尺 準納後許給事"; 『香約案』, 「立議」, "一 約中鍱鍤屛風等物 契員外一切勿許 而雖約員喪葬外 不得他用事".

지이다. ① 첫째는 초상, 장례, 소상, 대상 등 유교 상례의 주요 절차에 맞춰 구성원들이 조문한다는 점이다.

② 둘째는 부조 대상이 확대되었다는 점이다. 전술하였듯 17세기 사족의 유교 상례 변용 가운데 두드러지는 점은 사족과 상민으로 부조의 대상이 확대된 것이다. 위에서 제시한 예들은 모두 구성원들이 사족과 상민의 신분을 구분하고 그들에게 부조할 물품과 노동력을 차등적으로 제공하였다. 심지어 사족, 중인, 상민으로 나누거나, 사족, 상민, 서얼 이하로 나누기도 하였다. 이러한 구분은 이들이 부조 대상을 단지 사족만으로 한정하는 것이 아니라 외연을 확대하였음을 의미한다. 사족은 사족과 상민의 상에 부조하여 그들이 상례를 치르다가 망하는 것을 막고 예의 대상을 상민들까지 확대하여 사족이 상민에 대한 통제력을 유지하고자 하였다.

이런 양상은 17세기에 종종 등장한다. 예를 들어 마을 안에 상민들이 모여 해당 마을에 사는 사족의 상에 역군을 맡거나,[388] 상민들이 상여꾼들에게 제공할 술을 제공하고 쌀, 콩, 들깨 등과 같은 물품을 보내기도 하였다.[389]

③ 셋째는 계원들이 초상과 장례에 물품과 노동력을 제공한다는 점이다. 사례마다 초상과 장례 때 상갓집에 물품과 노동력을 부조하도록 규정한다.

④ 넷째는 향약과 동계에 상례를 치르는 데 필요한 구체적인 물품이 기재되지 않았다는 점이다. 여기서 구체적인 물품이란 습과 염을 할 때 필요한 여러 물품 등을 가리킨다.

17세기 사족과 상민 간 부조 물품은 짚으로 엮은 자리, 빈 쌀가마니,

388) 『先祖操省堂日錄』 卷3, “十五日【己酉】 洞內下人及上下里軍人來役焉”.

389) 『敬堂日記』 下, “二十三日【壬申】… ○ 洞中三十餘人 送酒以飮轝軍 ○ 少友等致賻 米一石 太十餘斗 荏子四斗 木一疋半 木花四十餘斤”.

송진, 생마, 종이, 들깨, 콩, 풀로 엮은 덮개, 나무, 쌀, 삼베, 벼, 탁주, 구슬, 명정, 수레, 삽, 향정자, 병풍 등이다. 해당 물품들은 17세기에는 상갓집에 기본적인 물품만 제공되었음을 보여준다.

부조 물품이 간소한 원인은 당시 사회적 상황에 있다. 전란을 겪은 17세기 피폐해진 조선 사회에서[390] 구성원들이 부조 물품을 많이 지출하기란 쉽지 않았다. 각자의 경제 상황에 맞춰 이들이 상갓집에 기본적인 물품을 제공한 것으로 보인다.

한편 차이점은 다섯 가지이다. ① 첫째는 부조의 양상에 지역적인 차이가 있다는 점이다. 앞서 살펴본 것들에 따르면, 함흥부지역과 관서지역의 향약과 동계의 구성원들은 『가례』를 언급하면서 상민까지 유교 상례를 실천해야 한다고 강조한다. 나아가 이들은 『가례』를 통해 상민들을 다스려야 한다고 보았다.

이러한 상황은 경상도, 전라도, 황해도 지방의 그것과 다르다. 경상도, 전라도, 황해도 지방에서 향약과 동계의 구성원들은 상민들이 유교 상례를 실천할 것을 강요하지 않는다. 대신 그들은 부조의 대상에 상민을 포섭하여 상민이 상례에 부조를 받거나 부조를 하도록 하였다.

② 둘째는 동원되는 일의 종류에 따라 제공되는 인원의 수가 상이하다는 점이다. 여기서 동원되는 일이란 구체적으로 초상과 장례에 관련된 일이다. 초상에 노동력을 제공하는 경우는 빈소를 만들 때다. 이 경우 계에서 동원하는 인원은 장례보다 적다. 한편 장례에 노동력을 동원할 경우는 대체로 관을 무덤으로 옮길 때와 무덤의 봉분을 만들 때다. 이때는 초상에 빈소를 만들 때 필요한 인원보다 더 많은 수의 인원이 필요하다. 제시한 예마다 일의 종류에 따라 다양한 인원이 동원되었다.

---

390) 송찬섭, 「17·18세기 新田開墾의 확대와 經營形態」, 『韓國史論』 12, 1985; 김성우, 「임진왜란 시기 구미지역의 참상과 전쟁의 극복 양상」, 『歷史學報』 230, 2016; 박진철, 「朝鮮時代 戰亂期 兩班層의 對應과 奴婢 經營 - 壬辰倭亂과 丙子胡亂 時期日記 資料를 中心으로 -」, 『한국학연구』 74, 2020 참조.

〈표 5〉 17세기 부조 유형(물품 및 노동력)

	물품	노동력	물품·노동력
초상	❷, ❸, ❹, ❻, ❽, ❾, ⓬, ⓭, ⓯	-	❶, ❼, ❿, ⓫, ⓮
장례	❷, ⓬, ⓯	❶, ❸, ❹, ❺, ❻, ❼, ❾, ❿, ⓫	⓭

③ 셋째는 물품 및 노동력 지급 방식에 있어서 부조 유형이 상이하다. 본 연구는 부조 지급 방식에 따라 네 가지 유형으로 나누었다. 위 표[391]를 참조하면 구성원들이 ㉠ 초상에 물품 지급, ㉡ 초상에 노동력 지급, ㉢ 초상에 물품·노동력 제공, ㉣ 장례 시 물품 제공, ㉤ 장례 시 노동력 동원, ㉥ 장례 시 물품·노동력 동원이 바로 그것이다.

㉠에는 『향중완의』(❷)·『삼리향약입의』(❸)·『고현동계』(❹)·『함흥부향약』(❻)·『삼계계안』(1664, ❽)·『회덕향약』(❾)·『관서혼상계약속』(⓬)·『해서향약』(⓭)·『향약안』(⓯), ㉡에는 사례가 없고, ㉢에는 『원당동약문』(❶)·『삼계계안』(1655, ❼)·『계상동계』(❿)·『서호향약안』(⓫)·『향약정규』(⓮)이 있다.

㉣에는 『향중완의』(❷)·『관서혼상계약속』(⓬)·『향약안』(⓯), ㉤에는 『원당동약문』(❶)·『삼리향약입의』(❸)·『고현동계』(❹)·『현풍현향약』(❺)·『함흥부향약』(❻)·『삼계계안』(1655, ❼)·『회덕향약』(❾)·『계상동계』(❿)·『서호향약안』(⓫), ㉥에는 『해서향약』(⓭)이 있다.

〈표 6〉 17세기 부조 유형(개인 및 공동)

	개인	공동	공동·개인
초상	❶, ❸, ❹, ❻, ❾	❷, ❽, ⓬, ⓮, ⓯	❼, ❿, ⓫, ⓭
장례	❶, ❺, ❻, ❼, ❿	❷, ❸, ❹, ❾, ⓬, ⓯	⓫, ⓭

391) 이는 17세기 부조 사례를 물품 및 노동력 지급 유형에 따라 분류한 것이다.

④ 넷째는 개인 및 공동 지급 방식에 있어서 부조 유형이 상이하다. 위 표[392]를 보면 여기에는 ㉠ 초상에 개인 지급, ㉡ 초상에 공동 지급, ㉢ 초상에 공동·개인 지급, ㉣ 장례 시 개인 지급, ㉤ 장례 시 공동 지급, ㉥ 장례 시 공동·개인 지급이 있다.

㉠에는 『원당동약문』(❶)·『삼리향약입의』(❸)·『고현동계』(❹)·『함흥부향약』(❻)·『회덕향약』(❾), ㉡에는 『향중완의』(❷)·『삼계계안』(1664, ❽)·『관서혼상계약속』(⓬)·『향약정규』(⓮)·『향약안』(⓯), ㉢에는 『삼계계안』(1655, ❼)·『계상동계』(❿)·『서호향약안』(⓫)·『해서향약』(⓭)이 있다. ㉣에는 『원당동약문』(❶)·『현풍현향약』(❺)·『함흥부향약』(❻)·『삼계계안』(1655, ❼)·『계상동계』(❿), ㉤에는 『향중완의』(❷)·『삼리향약입의』(❸)·『고현동계』(❹)·『회덕향약』(❾)·『관서혼상계약속』(⓬)·『향약안』(⓯), ㉥에는 『서호향약안』(⓫)·『해서향약』(⓭)이 있다.

⑤ 다섯째는 부조에 상하 구분 여부이다. 이는 크게 ㉠ 초상에 상하 구분이 있는 경우, ㉡ 장례에 상하 구분이 있는 경우, ㉢ 초상·장례에 상하 구분이 있는 경우, ㉣ 초상·장례에 상하 구분이 없는 경우로 구분된다.[393]

㉠에는 『원당동약문』(❶)·『삼계계안』(1664, ❽)·『서호향약안』(⓫)·『해서향약』(⓭)·『향약정규』(⓮)·『향약안』(⓯)이 있고, ㉡에는 『삼리향

392) 이는 17세기 부조 사례를 개인 및 공동 지급 유형에 따라 분류한 것이다.

393) 상하 부조에는 이원적 상하 부조와 차등적 상하 부조가 있다. 이원적 상하 부조는 사족의 상에 사족만, 하인의 상에 하인만 부조하는 방식이고, 차등적 상하 부조는 사족의 상과 하인의 상에 사족과 하인이 모두 지원하지만 부조 하는 물품이나 노동력에는 신분에 따른 차등이 있는 방식이다(김진우, 앞의 논문, 2024b, 129~130쪽).

지역적으로도 약간의 차이가 있다. 충청지역과 경상지역에는 상하 부조가 주를 이루고, 전라지역에서는 상하 부조보다는 누구의 상인지 상의 종류를 나누는 경우가 더 많다. 이는 김진우, 위의 논문, 2024b; 「17세기 전라지역 유교식 喪葬 부조와 다양성」, 『호남학』 76, 2024c; 「16~17세기 경상지역 유교식 상장(喪葬) 부조의 분기와 변용」, 『한국학논집』 98, 2025 참조.

약입의』(❸)·『고현동계』(❹)·『현풍현향약』(❺)·『회덕향약』(❾)·『계상동계』(❿)·『서호향약안』(⓫)·『해서향약』(⓭)이 있다. ㉢에는 『서호향약안』(⓫)·『해서향약』(⓭), ㉣에는 『향중완의』(❷)·『함흥부향약』(❻)·『관서혼상계약속』(⓬)이 있다. 대체로 17세기에는 구성원들은 초상과 장례 시 부조에 상하 구분을 두었다.

위에서 분류한 공통점과 차이점을 정리하면, 유교 상례에서 부조는 기본적으로 상주와 상갓집이 경제적으로 파산하지 않게 하여 유교 상례의 수행을 지속시키고 한 공동체를 보전하게 하려는 것이다.

다만 17세기 조선의 사족은 여기서 나아가 전후 질서를 재건하기 위해 상하 부조, 즉 부조 대상을 사족에서 상민으로 확대하였다. 이에 향약의 구성원들은 자신들과 상민들의 상례를 구분하고 그에 따라 차등적으로 물품 및 노동력을 상갓집에 제공하였다. 더불어 사족들은 자신들의 상뿐 아니라 상민들의 상까지 관리하고 그들의 상례 참여를 장려하여 상민들을 교화하고자 하였다. 이와 함께 이들은 이를 통해 상민을 통제하고자 하였다.

이렇게 사족이 상민들의 상을 지원하고 그들의 참여를 독려하는 모습은 본론 2장에서 분석한 『주자증손여씨향약』에서는 등장하지 않았던 부분이자, 17세기 조선에서 사족이 당시 조선의 상황에 맞게 변용한 것이다.

17세기는 사족의 유교 상례 설행에 있어서 규정과 습속의 길항 때문에 다양한 양상이 존재하던 시기였다. 구체적으로 유교 상례 절차의 준용 여부, 적통의 이원화, 부조 대상의 확대를 살펴보면, 조선의 사족 사회에서 이들은 인정과 습속 등으로 인해 변용되었다. 특히 유교 상례의 2차 층위인 종법의 변용은 사족이 지배층으로 전란을 겪은 조선 사회에서 사족 주도의 향촌지배 체제를 형성하고 통제력을 유지하기 위해 예에 주목한 점[394]과 궤를 같이한다. 이들은 비록 유교 상례의 규정과 일치하지 않더라도 자신들의 신분적 우위를 유지하고 서자, 외손, 상민을 포섭하여 그들을 통제하기 위해 상례를 유동적으로 변용하였다.

2) 상하 부조의 이완

17세기 사족을 표현하는 말 가운데 노비를 거느리고 호의호식하는 신분으로 마치 옛날의 제후와 같다는 말이 있다.[395] 이 말과 전술한 부조 사례들을 연관 지으면, 17세기 사족은 상민들에 대한 신분적 우위와 통제력을 부조 등의 방법으로 유지하던 존재였다. 이에 사족은 상민과 상하 부조의 방식을 지향하였고, 그것은 사족의 신분적 우위와 상하 간 협동을 통해 지속될 수 있었다.

> 12시경에 별감인 김곡이 찾아온 것은 향촌 안에서 (예안) 현감에게 부의 물품을 보내는 일 때문이다. … 향촌의 부의 물품에 대하여 현감은 아주 많이 받으려고 애를 써 상사에 필요한 물품들이 모두 사치스러웠고 이로 인해 (상민들을) 착취함이 말할 수 없을 정도였다. 게다가 민호 8결당 참깨 2승, 들깨 1승을 거두니, 그 나머지 병폐는 감당할 수 없다. 이 읍의 상민들이 정말로 불행하다.[396]

하지만 김령(金坽, 1577~1641)의 『계암일록』에 수록된 위 내용을 살펴보면, 사족은 신분적 우위를 과도하게 앞세워 상민들을 착취하기도 하

---

394) 『旅軒集』 卷10, 「跋 五先生禮說跋」, "人不可一日離其禮 天下國家 不可一日無其禮 所謂禮治則治 禮亂則亂 禮存則存 禮亡則亡 豈非確論哉 故教莫先於禮教 學莫切於禮學 … 崇禎二年己巳仲夏生明 後學玉山張顯光 謹跋".

395) 『承政院日記』, 顯宗 8年 閏 4月 10日 甲申, "我國稱以兩班者 自有南面之樂 多率奴婢 羅列使喚於前 而好衣好食焉 今者兩班 古之諸侯也".

396) 『溪巖日錄』 卷7, "八日 … 小午別監金瑴來 以鄕中致賻地主事也 … 鄕中賻物 地主務欲多多 喪事所須凡物 皆令奢溢 因此爲掊克 不可說也 且令民戶一八結徵眞荏二升水荏一升 其他弊病不能堪當 此邑之民 誠爲不幸矣".

였다. 1639년(인조 17) 7월 8일의 기록에서 김령은 당시 예안 현감을 비판한다. 그에 따르면, 예안 현감은 본인 집안의 상에 쓰려고 해당 고을의 상민들에게 민호 8결당 참깨 2승과 들깨 1승을 착취하였다. 나아가 그는 면포 2동을 더 요구하였다.[397] 김령의 예처럼 사족이 상민들에게 신분적 우위를 앞세우는 예는 17세기 후반에 종종 등장하였다. 1664년(현종 5)의 기록도 그와 비슷한 경우이다.

> 장령인 이유가 장계를 올렸다. "동 안의 향도계는 단지 상에 서로를 도와주려는 뜻으로 만들었습니다만, 낭선군인 이우는 억지로 (자신의) 성명을 다른 계의 좌목에 쓰고 자신을 상계라고 하여 계 안의 하인들에게 강가에 집을 지을 시 일을 시킵니다. 사람들이 그 고통을 감당하지 못하니, 낭선군 이우를 파직하십시오."[398]

위는 1664년(현종 5) 이우(李俁, 1637~1693)가 상계원임을 내세워 계 안의 상민들을 개인적으로 동원하였고, 상민들이 이를 고통스러워한다는 내용이다. 김령의 경우처럼 이것은 사족과 상민으로 구성된 조직이 내부 조항에 따라 운영되지 않고, 사족이 신분적 우위를 앞세워 상민들을 착취하였음을 보여준다.

> 한성부에서 장계를 올렸다. "… 게다가 각 마을 안에 사대부의 호가 많고 서민의 호가 적은 곳이라면, 사대부의 상에는 같은 마을의 서민들이 스스로 마땅히 온 힘을 다해 받들어 행하지만, 서민의 상에 대해서는 사대부의 집안에서 비록 향약에 따라 노비를 보내도 그들 가운데 사나운 노비는 반드시 향약의 법을 따르지 않고 폐단을 만들어 (그것을) 억제하기 어려운 근심이 있습

397) 『溪巖日錄』 卷7, "九日 … 以聘地主事會議 鄕人會者無幾 以綿布二同爲定 不已太過乎 民厄之甚".

398) 『顯宗改修實錄』 卷12, 顯宗 5年 11月 21日 2번째 기사, "掌令李釉啓曰 洞內香徒之契 只爲死喪相救之義 而朗善君俁 勒書姓名於他契座目 自稱上契 脅驅中下人使役於江舍營造時 人不堪其苦 請朗善君 俁罷職".

니다. 이것이 실로 백성들의 마음에서 (향약을) 크게 불편하여 감당하기 어려워하는 이유입니다."399)

위는 1684년(숙종 10) 한성부에서 올린 장계 내용 중 일부이다. 이 장계에서는 향약의 규정에 따라 운영되지 않는 상하 부조 양상이 등장한다. 한성부는 가령 한 마을에서 사족의 수가 상민의 수보다 많으면 상민은 온 힘을 다하여 사족의 상을 돕지만, 사족은 그렇지 않는다고 지적하였다. 사족이 노비를 보내기는 하지만 그 노비들은 상민들의 상을 돕지 않고 오히려 횡포를 부렸다. 이에 향약에 가입한 상민들은 그 규약을 불편하게 여겨 이를 감당하지 못하였다. 세 가지처럼 사족이 신분적 우위를 앞세워 상민들을 착취하는 경우가 종종 있었다.

이러한 사족의 신분적 우위는 ❶ 사족의 경제력 약화와 ❷ 조정의 개입으로 인해 동요되었고, 이는 상하 부조 구조의 이완으로 이어졌다. ❶ 사족의 경제력 약화는 ㉠ 농토의 영세화와 ㉡ 대기근에서 기인한다. 사족의 상례는 기본적으로 전근대 경제력의 근간인 농토와 인적 연결망을 기반으로 실현될 수 있는 것이었다.400)

㉠ 17세기 조선 사회는 전란을 겪었기 때문에 사회 전반의 경제력은 다른 시기보다 좋지 못하였지만, 전란으로 황폐해진 농토는 17세기 후반에서 18세기 사이에 전란 이전 수준으로 점차 회복하고 있었다.401) 그 과정에서 상민들의 농토 소유 규모가 영세화되고 그들의 토지 소유도 확대되었다. 이럴 경우에 노비와 대규모 토지를 바탕으로 형성되었던 사족의 토지 소유는 위축되기 마련이었다. 상민의 경제력 성장은 사족의 경

399) 『承政院日記』, 肅宗 10年 3月 23日, "漢城府啓曰 … 且其各里之中 士夫戶多 庶民戶少之處 則士夫之喪 同里庶民 自當竭力奉行 而至於民庶之喪 士夫家雖依約送奴 其中豪奴悍僕 必有不遵約法 作弊難制之患 此實民情之大爲不便而難堪者也".

400) 정승모, 『장서각 수집 민속관련 고문서 해제』, 민속원, 2008, 149쪽.

401) 송찬섭, 앞의 논문, 1985 참조.

제력 약화와 맞물려 그들 간 경제력 차이를 줄여주었고[402] 사족의 신분적 우위를 동요하게 만들었다.

㉡ 동시에 두 번의 대기근은 신분적 우위의 동요를 가속화되게 하였다. 본 연구는 1670년(현종 11)부터 1671년(현종 12)까지 발생한 경신대기근과 1695년(숙종 21)부터 1699년(숙종 25)까지 발생한 을병대기근 가운데 첫 번째 기근인 경신대기근에 주목하고자 한다.

대기근은 농토를 근간으로 하는 사족의 경제력과 인적 연결망을 저해하는 원인이었다. 기록에 따르면 경신대기근으로 인해 조선 전국은 큰 피해를 보았지만, 그 가운데서도 삼남 지방의 피해는 다른 곳보다 극심하였다.[403] 굶어 죽는 사람들이 많아 길거리에 시신이 나뒹굴었고 이 시신을 염하여 옷을 입혀야 하지만 그 옷에 쓸 면포가 부족하여 맨몸으로 길거리에 방치된 시신이 많았다.[404] 심지어 염을 하여 시신에 옷을 입혀도 무덤을 파서 그 염의(斂衣)를 탈취하는 사람도 있었다.[405] 이는 송시열의 우의정 사직 상소에서도 보인다.

> 한번 흉년을 겪으니 풍속이 갑작스레 변하여 자기 부모가 죽었는데 담담하여 곡읍할 줄도 모르거나, 간혹 그 시신을 전혀 거두지 않거나, (그 시신을) 끌고 가서 으슥한 곳에 버리고 술을 마시고 고기를 먹기도 하니 매우 방탕합니다. … 이는 설령 흉년으로 인해 그 본성을 잃어버려서 그렇다고 하더라도 정교(政敎)가 행해지지 않았기 때문에 그런 것입니다. 신이 삼가 생각해보니, 조정에서 효유를 분명히 공표하고 (이를) 여러 읍에 반포하여 아직 장례를 지내지 못한 사람들에게 장례를 지내게 하고, 복상하지 못한 사람들에게 복상하

---

402) 김건태, 「17~18세기 田畓소유규모의 영세화와 양반층의 대응」, 『韓國史學報』 9, 2000, 77쪽.

403) 『顯宗實錄』 卷19, 顯宗 12年 2月 29日 5번째 기사.
이로 인해 전라도에서 12,500명(54%), 경상도에서 4,000명(17%)이 사망했다(김덕진, 『대기근, 조선을 뒤덮다』, 푸른역사, 2008, 187쪽).

404) 『顯宗實錄』 卷19, 顯宗 12年 3月 25日 1번째 기사.

405) 『顯宗實錄』 卷19, 顯宗 12年 2月 29日 3번째 기사.

> 게 하시어 그들에게 다시 시작하게 해야 합니다. 그런데도 오히려 장례를 지내지 않고 복상하지 않으며 술을 마시고 고기를 먹는 사람이 있다면, 형법으로 엄히 처벌하여 두려운 바를 알게 하십시오. 그렇게 한 후에 인륜이 밝아져 국가에 도움 될 것이 있을 겁니다.[406]

위 인용문은 1671년(현종 12) 10월 23일에 송시열이 우의정을 사직하면서 현종에게 올린 상소이다. 해당 상소에는 11가지 항목이 있지만, 본 연구는 그 가운데에서 상례와 관련된 10번째 조항에 주목하고자 한다. 송시열의 상소를 참고하면 당시 사람들은 기근을 겪은 후 자신의 부모가 죽어도 곡하는 방법도 모르고 부모의 시신을 거두지 않았다. 오히려 이들은 그 시신을 버리고 술을 마시고 고기를 먹었다. 그리고 복상해야 하는데도 하지 못하고 장례를 지내야 하는데도 지내지 못하였다.

기근으로 상례를 제대로 지내지 못하는 현실은 상민뿐 아니라 사족에게도 해당된다.[407] 이지온(李之馧, 1603~1671)의 예를 들면, 1671년(현종 12)에 한성부 우윤이었던 이지온이 여역(癘疫)에 걸려 죽었다. 하지만 그의 상례에는 도와주는 사람들이 없어서 그의 시신을 염하지 못하고 빈소를 만들지도 못하였다.[408] 상례에 쓸 물품과 그를 보내야 할 사람들이 없어서 그의 시신이 방치된 것이다. 당시에는 상민뿐 아니라 사족도 제대로 된 상례를 치르기 힘든 실정이었고, 경제력과 인적 연결망의 위기로 사족은 상민에 대한 신분적 우위를 유지하기 어려웠다.

---

406) 『宋子大全』 卷14, 「疏 辭右議政疏[三疏]【辛亥十月二十三日】」, "一 一經凶歉 風俗頓變 其父母死 而恬不知哭泣 或有全不收尸者 或曳而委之於隱處 而飮酒食肉 極其爛熳 … 此雖由於凶歲喪性而然 亦由於政敎不擧而然也 臣愚以爲自朝廷 申明曉諭 頒示列邑 使未葬者葬之 不服者追服 與之更始然 而猶有不葬不服 飮酒食肉者 則嚴行刑法 使知所畏 然後庶幾人倫明而國家有所賴矣".

407) 김덕진, 앞의 책, 2008, 194~195쪽.

408) 『顯宗改修實錄』 卷24, 顯宗 12年 5月 9日 1번째 기사, "右尹李之馧以北道之人 律己淸苦 且善文有才 而得癘疫死於旅邸 無人顧見 尙未殯斂云矣".

> 일반적으로 통리(統里)의 백성들은 서로 보호하고 보살펴 혼례와 상례에 상호 돕고 환난에 상호간 구휼하며 좋은 일을 권면하고 안 좋은 일을 경계하였다. (그리고) 쟁송을 그치고 신의를 다지며 돈목을 닦아서 선량한 백성이 되고자 힘썼다. 만약 효성스럽지 못하고 우애롭지 못하거나 주인을 배반하고 사람을 죽이거나 풍속을 해치거나 도둑질하는 등의 일이 있으면, 반드시 이임(里任)과 면임(面任)에 알리고 본 현에 아뢰어 경중으로 처벌하는 바탕으로 삼아야 한다.[409]

여기에 ❷ 1675년(숙종 1) 「오가통사목」[410]을 통한 조정의 개입은 사족의 신분적 우위를 더욱 동요하게 하였다. 위 인용문은 「오가통사목」 14번째 조항으로, 향약에 수록된 조항이 「오가통사목」에 편입된 것인데,[411] 조정은 일반적으로 같은 통리에 사는 상민들은 서로 보호하고 보살펴 혼례와 상례에 서로 돕는 등의 일을 하였다고 설명한다. 만약 상민들 가운데 이와 관련된 일이 생기거나 혹은 향약 조항에 어긋난 일을 행하는 사람이 있으면 면리임과 현에 알려 이들을 처벌하게 하였다. 이를 통해 중앙 조정은 기존에 사족으로 향촌을 간접 지배하는 방식에서 벗어나 면리임을 세워 이들을 조정과 수령의 영향 아래 편입시켜 직접적으로 향촌을 통제하고자 하였다.[412]

종래의 사족을 통한 간접 지배, 즉 사족지배 체제는 사족들이 관과 타협하고 군현 혹은 촌락에서 그들의 향촌 지배를 관철할 수 있는 기구를 장악하여 상민들을 통제하는 향촌지배구조였다. 구체적으로 사족은

---

409) 『肅宗實錄』 卷4, 肅宗 1年 9月 26日 4번째 기사, “凡統里之民 相保相司 婚喪相助 患難相恤 善相勸勉 惡相告戒 息訟罷爭 講信修睦 務爲善良之民 如有不孝不悌 叛主殺人 傷風敗俗 盜賊等事 必告于里面 聞于本縣 以爲輕重懲治之地”.

410) 숙종대 이전 오가통 시행 논의와 숙종대 「오가통사목」 반포 이후, 그것의 한계를 고찰한 것은 권내현, 「숙종대 지방통치론의 전개와 정책운영」, 『역사와 현실』 25, 1997 참조.

411) 오영교, 『朝鮮後期 鄕村支配政策 研究』, 혜안, 2001, 244~245쪽.

412) 오영교, 위의 책, 2001, 163~164쪽.

우선 군현에 거주하는 상민을 간접적으로, 촌락에 거주하는 노비를 직접적으로 통제하였고, 친족과 향촌 구성원 간 윤리 규범과 길흉부조를 관리하고 향촌 질서에 위배되는 행위를 규제하였다.[413] 즉 향촌지배 체제에서 사족의 역할 가운데 하나가 길흉부조와 규제 행위를 통해 상민, 친족 등을 교화하고 통제하는 것이었다.

그러나 「오가통사목」에 따르면 조정은 사족의 면리임 선출에 일정 부분 개입하고, 이들의 개입을 통해 선출된 면리임에게 향촌 사회의 관리를 일임하였다. 이렇게 되면 조정이 사족과 상민을 직접 통제하여서,[414] 사족지배 체제에서 사족의 역할 가운데 하나인 습속 교화는 조정과 수령에 의해 선출된 면리임에게 이양되었다. 이에 사족은 면리임에 선출되는 것을 꺼렸다.

중앙 조정과 기존 촌락에서 혈연을 바탕으로 결집한 사족의 이해충돌은[415] 조정이 사족의 자리를 중인과 상민으로 대체하여 비사족 계층을 성장하게 하였고,[416] 사족이 서자 등에 대한 통제력을 상실하여 향약, 동계 등의 성격 변화를 통해[417] 동족 결속을 모색하게 하였다. 결국 사족의 신분적 우위는 더욱 동요되었고, 사족과 상민으로 구성된 상하 부조는 이완 및 해체되었다.

종합하면, 17세기 조선의 사족은 유교 상례를 온전하게 행하지 못하였다. 이들은 당시 조선의 습속과 유교 상례 규정의 길항 속에서 유교 상례의 일부를 변용하였는데, 그것은 사족의 유교 상례 절차, 적통, 부조

---

413) 정진영, 앞의 책, 1998, 251쪽; 김인걸, 앞의 책, 2017, 15쪽.

414) 정진영, 「제6장 조선시대 성리학적 향촌자치제의 전개와 추이」, 『韓國儒學思想大系 Ⅸ - 社會思想編 -』, 한국국학진흥원, 2008, 357~359쪽.

415) 오영교, 위의 책, 2001, 344쪽.

416) 『肅宗實錄』 卷4, 肅宗 1年 9月 26日 4번째 기사.

417) 김인걸, 「조선후기 鄕村社會統制策의 위기 - 洞契의 성격변화를 중심으로 -」, 『震檀學報』 58, 1984; 이해준, 「朝鮮後期 村落構造變化의 背景」, 『韓國文化』 14, 1993b, 271~280쪽.

에서 두드러졌다. 유교 상례 절차는 상례의 1차 층위로, 이전부터 문제가 되었던 대렴과 성복, 발인, 반곡과 우제의 설행 시기가 여전히 규정과 달랐다.

한편 적통과 부조는 상례의 2차 층위로 한 계층의 영속성과 결속력을 확인할 수 있다는 점에서 그 집단의 존재 양태를 살펴볼 수 있는 매개이다. 적통의 경우에는 유교 상례의 특징이자 종법의 기능 가운데 하나인 적통의 강화와 관련 있다. 하지만 이 시기에는 적통이 정립되지 않았다. 그것을 볼 수 있는 사안 가운데 하나가 서손이 첩인 할머니를 위해 자최 삼년복을 입는 사안이다. 이 경우에 17세기 사족은 적통을 계승한 사람이 입는 승중복이 삼년복이라는 규정에서 벗어나 인정에 따라 서손의 자최삼년복 착용을 허용하기도 하였다.

부조의 경우에는 단순히 한 집단의 영속성을 보존하는 것뿐 아니라 한 사회의 결집을 확인할 수 있는 매개이다. 17세기 사족들은 전후 질서 재건을 목적으로 족계와 향약을 통해 부조하였다. 다만 그 양상은 규정과 달라, 족계에서는 내외손이 모두 가입할 수 있었고, 향약에서는 사족뿐 아니라 상민도 부조의 대상으로 포함되었다.

이것들은 규정과 다른 유교 상례 변용의 예로, 학술적 차원의 예학 발달과 다르게 실제에서는 유교 상례가 완전히 정착되지 못했다는 방증이다. 여기에는 사족이 전후 향촌 사회에서 신분적 우위를 내세워 사족 이외의 계층을 교화하고 통제하려는 목적이 있다. 그러나 사족의 신분적 우위는 경제력 약화와 조정의 개입으로 동요되었고, 상하 부조 구조의 이완과 사족 이외의 계층에 대한 사족의 통제력 상실로 이어졌다.

제4장

18세기 사족의 유교 상례 준용과 결속

1. 유교 상례와 종법의 준용

1) 규정과 습속의 일치

17세기를 지나 18세기 조선의 사족은 상례 절차를 규정에 맞게 준용하는 경향이 두드러졌다. 그 경향은 예학의 심화 및 종법의 정착과 궤를 같이한다. 18세기 조선 사족의 예학은 각 학파의 예론을 포섭하여, 그 외연이 넓어졌고 이전보다 예에 대한 이해가 더 심화되었다.[418] 예학의 심화는 많은 예서의 등장[419]과 사족이 상례를 『가례』에 따라 행하려는 경향으로 이어졌고, 중국과 달리 조선의 실생활에서 『가례』의 영향력을 증대시켰다.[420] 이에 조선의 예학은 일반적으로 경학적인 접근보다 예의 설행에 중점을 두기 시작한다.[421]

본 연구는 실제 사례로 그 경향을 살펴보고자 한다. 먼저 1차 층위를 확인하기 위한 예로는 ❶ 1740년(영조 16) 최홍원,[422] ❷ 1762년(영조 38) 이상정,[423] ❸ 1771년(영조 47) 윤행임(尹行恁, 1762~1801),[424] ❹

---

418) 고영진, 앞의 책, 1995;「16~17세기 예학의 지역적 분화과정과 그 특징」,『국학연구』13, 2008 참조.

419)『五洲衍文長箋散稿』,「經史篇 經史雜類 其他典籍 家禮辨證說」, "我東則儒賢之學 或以性理爲主而專事者 或以禮說爲務者 而經學則又不如禮學之篤 故禮書最多".

420) 김한규,『한중관계사』Ⅱ, 아르케, 1999, 659쪽.

421) 이봉규,「명청조와의 비교를 통해 본 조선시대『家禮』연구의 특색과 연구방향」,『韓國思想史學』44, 2013, 234쪽.

422) 최홍원은 경주 최씨로 경상도 대구에 거주하였다. 그는 남인으로 공조좌랑 등을 역임하였다(정진영, 앞의 논문, 2019).

423) 이상정은 한산 이씨로 경상도 안동에 거주하였다. 그는 남인으로 예조참의 등을 역임하였다(김명자,「大山 李象靖(1711~1781)의 학문공동체 형성과 그 확대 -

1781년(정조 5) 이상정, ❺ 1781년(정조 5) 황윤석[425] 어머니의 상, ❻ 1798년(정조 22) 윤행임 어머니의 상이 있다.

❶은 1740년(영조 16) 4월 4일 경상도 대구에서 사망한 최흥원의 부인인 일직 손씨의 상이고, ❷는 1762년(영조 38) 3월 1일 경상도 의성의 사촌에서 사망한 이상정의 종숙모의 상이다. ❸은 1771년(영조 47) 2월 21일 경기도 가평에서 사망한 윤행임의 아버지 윤염(尹琰, 1709~1771)의 상이다. ❹는 1781년(정조 5) 12월 9일 경상도 안동에서 사망한 이상정의 상이다. ❺는 1781년(정조 5) 12월 22일 전라도 고창에서 사망한 황윤석의 어머니 도강 김씨의 상이다. ❻은 1798년(정조 22) 5월 6일 한양의 묘동에서 사망한 윤행임의 어머니 한양 조씨의 상이다.

초종의 경우, ❶은 1740년(영조 16) 4월 4일,[426] ❷는 1762년(영조 38) 3월 1일,[427] ❸은 1771년(영조 47) 2월 21일,[428] ❹는 1781년(정조 5) 12월 9일,[429] ❺는 1781년(정조 5) 12월 22일,[430] ❻은 1798년(정조 22) 5월 6일이다.[431] ❶에서 최흥원은 한낮에 바로 목욕과 습을 진행하였다.[432] 그리고 ❸에서 목욕과 습은 다음날인 2월 22일 아침 9시~11시

『大山日記』를 중심으로 -」, 『朝鮮時代史學報』 69, 2014).

424) 윤행임은 남원 윤씨로 한양에서 태어나 활동하였다. 그는 서인으로 정조대 초계문신으로 등용된 후 예조판서, 전라도 관찰사 등을 역임하였다(이현진, 「碩齋 尹行恁의 禮學과 喪禮 인식 -『泣血錄』을 중심으로 -」, 『한국사상사학』 34, 2010).

425) 황윤석은 평해 황씨로 전라도 흥덕에서 거주하였다. 그는 서인으로 김원행(金元行, 1702~1772)에게 수학하였고 전의현감 등을 역임하였다(김승대, 「이재 황윤석의 가계분석」, 『韓國思想史學』 66, 2020).

426) 『曆中日記』 卷1, "初四日 晴 未明察病人 精神雖不如前 亦不全沒 至辰時 奄忽痛哭痛哭".

427) 『大山日記』, "三月初一日 往菊洞省伯兄 歸路聞沙村從叔母喪".

428) 『泣血錄』 卷1, "辛卯二月二十一日 亥時 皐復".

429) 『湖溪答問』, "初九日丁丑 … 是日辰時易簀".

430) 『頤齋亂藁』 卷34, "二十二日庚寅 至卯時 竟遭終天之慟 罔極罔極 奈何奈何".

431) 『泣血錄』 卷2, "戊午五月初六日 丑時 皐復".

432) 『曆中日記』 卷1, "午間沐浴襲".

에 진행되었다.[433] 이 경우는 사망 시각이 밤 9~11시이기 때문에 다음날 아침에 바로 진행된 것이다. ❹에서는 오후 1~3시에 습을 하였다.[434] ❺에서도 황윤석은 다음날인 12월 23일에 습을 하였다.[435] 황윤석이 다음날에 목욕과 습을 한 이유는 그의 어머니가 새벽 5~7시에 사망하였기 때문이다. ❻에서 윤행임은 5월 6일 저녁 8시에 목욕과 습을 하였다.[436]

소렴의 경우, ❶은 4월 5일이다.[437] ❸은 2월 22일 낮 1~3시이다.[438] 윤행임 아버지의 사망 시각이 늦은 밤이기 때문에 다음 날에 목욕, 습, 소렴을 같이 하였다. ❺는 12월 23일이다.[439] ❻은 5월 7일이다.[440] 대렴의 경우, ❶은 4월 6일이다.[441] ❷는 3월 3일,[442] ❸은 2월 25일이다.[443] ❸에서는 대렴이 5일 후에 진행되었다. ❹는 12월 11일,[444] ❺는 12월 24일이다.[445] ❻은 5월 8일이다.[446]

성복의 경우, ❶은 4월 7일,[447] ❷는 3월 4일,[448] ❸은 2월 26일이다.[449] 성복이 늦어진 이유는 사망 시각이 늦고 관이 늦게 마련되었기

---

433) 『泣血錄』 卷1, "二十二日 巳時 襲".
434) 『湖溪答問』, "初九日丁丑 … 未時襲 衣用深衣 冠用程子冠".
435) 『頤齋亂藁』 卷34, "二十三日辛卯 初更 始襲小斂".
436) 『泣血錄』 卷2, "戌時 襲".
437) 『曆中日記』 卷1, "初五日 晴 午後 小斂".
438) 『泣血錄』 卷1, "二十二日 未時 小斂".
439) 『頤齋亂藁』 卷34, "二十三日辛卯 初更 始襲小斂".
440) 『泣血錄』 卷2, "初七日 子時 小斂".
441) 『曆中日記』 卷1, "初六日 夜大斂入棺".
442) 『大山日記』, "初三日 … 行大斂".
443) 『泣血錄』 卷1, "二十五日 亥時 入棺".
444) 『湖溪答問』, "十一日己卯 酉時大斂".
445) 『頤齋亂藁』 卷34, "二十四日壬辰 終日風雪 二更 大斂 除絞布入棺 罔極".
446) 『泣血錄』 卷2, "初八日 辰時 入棺".
447) 『曆中日記』 卷1, "初七日 晴 因朝上食成服".
448) 『大山日記』, "初四日 成服".
449) 『泣血錄』 卷1, "二十六日 辰時 成服".

때문이다. ❹는 12월 12일,[450] ❺는 12월 25일,[451] ❻은 5월 9일이다.[452] 성복까지 과정을 살펴보면, 상갓집 사람들이 관을 늦게 마련하기도 하였지만 대체로 이들은 유교 상례의 주요 절차에 따라 상례를 시행하였다. 특히 17세기에는 대렴과 성복이 같은 날 또는 유교 상례 규정과 다르게 진행되었으나, 해당 시기에는 두 절차가 다른 날에 행해졌다.

발인의 경우, ❶은 6월이 아닌 7월 8일로, 최흥원은 바로 하관하였다.[453] 이는 그가 장지 선택과 장례와 관련된 문제를 해결하는 데 시간을 더 소모하였기 때문이다.[454] ❷에서 종숙모 장례는 5월 7일에 행해졌다.[455] ❸은 4월 19일,[456] 하관을 4월 28일에 했다.[457] ❹에서 이상정의 장례는 1782년(정조 6) 3월 28일에 행해졌다.[458] ❺에서 황윤석은 1782년(정조 6) 2월 14일에 발인을 하고,[459] 2월 15일에 하관을 하였다.[460] ❻은 7월 8일,[461] 하관은 7월 11일이다.[462]

우제의 경우, ❶에서 초우와 삼우의 기록은 없고, 재우는 7월 9일이다.[463] ❸에서 초우는 4월 28일이다.[464] 초우가 늦어진 이유는 장지로

---

450) 『湖溪答問』, "十二日庚辰 因朝奠成服 門人具哀".
451) 『頤齋亂藁』 卷34, "二十五日癸巳 午時 始殯 因夕上食成服 罔極".
452) 『泣血錄』 卷2, "初九日 辰時 成服".
453) 『曆中日記』 卷1, "初八日 子時發引 冒雨行喪 至龍巖 … 卽下棺".
454) 정진영, 앞의 논문, 2019, 536~540쪽.
455) 『大山日記』, "初七日 巳時 葬從叔母于險谷".
456) 『泣血錄』 卷1, "四月十九日 丑時 遷柩奉詣門外 奉于靈車行遣奠進發".
457) 『泣血錄』 卷1, "二十八日 辰時 下棺".
458) 『湖溪答問』, "壬寅三月二十八日 巳時 葬于鶴駕山下廣興東亥坐之原 會者千四百餘人".
459) 『頤齋亂藁』 卷34, "十四日辛巳 巳時 遣奠發靷".
460) 『頤齋亂藁』 卷34, "十五日壬午 寅時 下棺".
461) 『泣血錄』 卷3, "初八日 丑時 啓殯".
462) 『泣血錄』 卷3, "十一日 … 巳正一刻 奉柩于內杠木上 仍爲下棺".
463) 『曆中日記』 卷1, "初九日 行再虞".
464) 『泣血錄』 卷1, "二十八日 午時 行初虞".

이동하는 시간이 길었고, 하관이 늦었기 때문이다. 재우는 4월 29일,[465] 삼우는 5월 2일이다.[466] ❺에서 초우는 2월 15일,[467] 재우는 2월 16일,[468] 삼우는 2월 17일이다.[469] ❻에서 초우는 7월 11일,[470] 재우는 7월 13일,[471] 삼우는 7월 14일이다.[472]

졸곡의 경우, ❶은 7월 12일,[473] ❸은 5월 4일,[474] ❺는 2월 19일,[475] ❻은 7월 16일이다.[476] 부의 경우, ❶은 7월 13일,[477] ❸은 5월 5일,[478] ❺는 2월 20일,[479] ❻은 7월 17일이다.[480] 발인부터 부까지의 절차를 살펴보면, 장례와 관련된 일 때문에 절차가 지연된 점을 제외하고 나머지 절차는 순서대로 진행되었다.

소상의 경우, ❶은 1741년(영조 17) 4월 4일,[481] ❻은 1799년(정조 23) 5월 6일이다.[482] 대상의 경우, ❺는 1782년(정조 6) 12월 26일이다.[483] 담의 경우, ❺는 1783년(정조 7) 2월 1일이다.[484] 사례마다 소상

---

465) 『泣血錄』 卷1, "二十九日 卯時 … 行再虞".
466) 『泣血錄』 卷1, "五月初二日 質明 行三虞".
467) 『頤齋亂藁』 卷34, "十五日壬午 寅時 下棺 … 以未時乃返魂 至本家 行初虞".
468) 『頤齋亂藁』 卷34, "十六日癸未 朝上食 兼行再虞".
469) 『頤齋亂藁』 卷34, "十七日甲申 朝上食 兼行三虞".
470) 『泣血錄』 卷3, "十一日 未時 … 行初虞".
471) 『泣血錄』 卷3, "十三日 質明 行再虞祭".
472) 『泣血錄』 卷3, "十四日 質明 行三虞祭".
473) 『曆中日記』 卷1, "十二日 … 今行卒哭".
474) 『泣血錄』 卷1, "初四日 質明 行卒哭".
475) 『頤齋亂藁』 卷34, "十九日丙戌 朝上食 兼行卒哭".
476) 『泣血錄』 卷3, "十六日 質明 行卒哭祭".
477) 『曆中日記』 卷1, "十三日 … 行祔祭".
478) 『泣血錄』 卷1, "初五日 質明 祔于祖考都正公 仍行祭".
479) 『頤齋亂藁』 卷34, "二十日丁亥 朝上食 兼祔于曾祖妣 就外廳行祀."
480) 『泣血錄』 卷3, "十七日 丑時 祔于祖妣贈貞夫人李氏 行祭".
481) 『曆中日記』 卷1, "初四日 晴 質明行事已矣".
482) 『泣血錄』 卷3, "初六日 行小祥".

에서 담까지의 절차를 진행하였으나 기재하지 않는 경우가 대부분이고, 만약 상주가 이를 기록하였다면 그 날짜가 『가례』와 정확히 일치하였다. 위 경우들을 표로 정리하면 아래와 같다.

〈표 7〉 18세기 사족의 상례 설행

<table>
<tr><th colspan="2" rowspan="2"></th><th>최흥원 처</th><th>이상정 종숙모</th><th>윤염</th><th>이상정</th><th>황윤석 모</th><th>윤행임 모</th></tr>
<tr><th>❶</th><th>❷</th><th>❸</th><th>❹</th><th>❺</th><th>❻</th></tr>
<tr><td colspan="2">몰년</td><td>1740년</td><td>1762년</td><td>1771년</td><td>1781년</td><td>1781년</td><td>1798년</td></tr>
<tr><td colspan="2">초종</td><td>4/4</td><td>3/1</td><td>2/21</td><td>12/9</td><td>12/22</td><td>5/6</td></tr>
<tr><td colspan="2">소렴</td><td>4/5</td><td>-</td><td>2/22-
목욕, 습, 소렴</td><td>-</td><td>12/23</td><td>5/7</td></tr>
<tr><td colspan="2">대렴</td><td>4/6</td><td>3/3</td><td>2/25-
관 마련 지연</td><td>12/11</td><td>12/24</td><td>5/8</td></tr>
<tr><td colspan="2">성복</td><td>4/7</td><td>3/4</td><td>2/26</td><td>12/12</td><td>12/25</td><td>5/9</td></tr>
<tr><td colspan="2">발인</td><td rowspan="2">7/8</td><td rowspan="2">5/7</td><td>4/19</td><td rowspan="2">1782/3/28</td><td>1782/2/14</td><td>7/8</td></tr>
<tr><td colspan="2">하관</td><td>4/28</td><td>2/15</td><td>7/11</td></tr>
<tr><td colspan="2">반혼</td><td>-</td><td>-</td><td>4/29</td><td>-</td><td>2/15</td><td>7/12</td></tr>
<tr><td rowspan="3">우제</td><td>초우</td><td>-</td><td>-</td><td>4/28</td><td>-</td><td>2/15</td><td>7/11</td></tr>
<tr><td>재우</td><td>7/9</td><td>-</td><td>4/29</td><td>-</td><td>2/16</td><td>7/13</td></tr>
<tr><td>삼우</td><td>-</td><td>-</td><td>5/2</td><td>-</td><td>2/17</td><td>7/14</td></tr>
<tr><td colspan="2">졸곡</td><td>7/12</td><td>-</td><td>5/4</td><td>-</td><td>2/19</td><td>7/16</td></tr>
<tr><td colspan="2">부제</td><td>7/13</td><td>-</td><td>5/5</td><td>-</td><td>2/20</td><td>7/17</td></tr>
<tr><td colspan="2">소상</td><td>1741/4/4</td><td>-</td><td>-</td><td>-</td><td>-</td><td>1799/5/6</td></tr>
<tr><td colspan="2">대상</td><td>-</td><td>-</td><td>-</td><td>-</td><td>1782/12/26</td><td>-</td></tr>
<tr><td colspan="2">담제</td><td>-</td><td>-</td><td>-</td><td>-</td><td>1783/2/1</td><td></td></tr>
</table>

483) 『頤齋亂藁』 卷35, "二十六日癸未 … 當此終祥之後 益切哀悵".

484) 『頤齋亂藁』 卷35, "二月一日丁巳 曉 奉先妣神主 出就廳事 行禫祀訖 還奉于祔位 因舊罔極".

위 표[485]를 참조하면, 우선 초종에서 성복 전까지의 경우 17세기에는 사족이 유교 상례 절차를 규정과 다르게 하였다. 구체적으로 이들은 소렴과 대렴에 해야 할 절차를 시행하지 않거나 날짜를 다음으로 미루어 성복과 같은 날에 진행하였다. 18세기 사족은 유교 상례의 주요 절차를 준용하여 소렴, 대렴, 성복을 각자 다른 날에 행하였다.

한편 17세기에는 발인부터 부까지의 절차와 순서가 상이했다. 예를 들어 사족은 발인을 기한에 따라 행하지 않거나, 우제를 장례 지낸 날 낮에 지내야 하는데 이를 다음 날로 미루기도 하였다. 18세기에는 장지 선정으로 상례가 지연되기도 하였지만, 절차대로 상례가 진행되었다. 마지막 소상부터 담까지의 경우, 17세기 사족은 대상과 부제를 같이 시행할 때도 있었으나, 18세기 사족은 그와 달리 지침에 따라 절차를 행하고자 하였다.

특징을 정리하면, 이 시기 사족은 유교 상례에서 제시하는 주요 절차를 준용하였다. 일부 절차만 일치하던 이전 시기의 상례와 달리 그 상례 절차의 거행 시기, 예를 들어 대렴과 성복, 발인, 우제의 거행 시기가 『가례』에서 제시하는 시기와 일치하였다. 특히 대렴과 성복의 경우, 18세기 이후 조선의 사족은 대렴을 한 다음 날 성복을 하였다.[486] 이처럼 사족이 상례를 실천할 때 『가례』를 준용하려는 경향은 ❼ 안정복(安鼎福, 1712~1791)의 상에서도 드러난다.[487]

18세기 조선 사족의 이러한 경향은 중국과 비교하면 더욱 분명해진다. 명나라처럼 청나라도 관인과 상민의 상례를 법으로 제정하였다. 관인의 상례는 유교 상례 규정과 일치하고,[488] 상민의 상례는 관인의 상례

---

485) 이는 18세기 사족의 상례 설행 사례를 바탕으로 작성된 것이다.

486) 『研經齋全集』 卷26, 「禮論5」, "今之成服 無貴賤尊卑 皆於喪之第四日".

487) 김경숙, 앞의 논문, 2017, 236쪽 참조.

488) 『淸史稿』 卷93, 「志68 禮12 凶禮2」.

에 비해 간략하였지만 규정을 따랐다.489) 이와 함께 이들은 화장과 상례 지연 행위를 금지하여 유교 상례를 지향하였으나,490) 규정과 실제는 달랐다. 이는 청나라 습속에 대한 조선 사족의 기록, 청나라 지배층의 기록, 지방지에서 확인된다.

청나라 습속에 대해 기록한 조선 사족에는 유수원(柳壽垣, 1694~1755), 유언술(兪彦述, 1703~1773), 이덕무(李德懋, 1741~1793), 이규경(李圭景, 1788~1856)이 있다. 조선의 사족은 대체로 이전부터 연행 기록에 중국과 조선의 상례가 상이하다고 하면서,491) 조선의 유교 문화가 청나라보다 우수하다고 설명했다.492) 이 가운데 유수원, 유언술, 이덕무, 이규경의 기록이 당시 청나라의 습속을 구체적으로 기록하고 있으므로 주목할 필요가 있다.

유수원은 중국 사람들 가운데 유교 상례를 준용하는 사람이 드물다고 하였다. 그에 따르면, 중국의 습속에서는 대체로 장례를 지내지 않는 경우가 많았다.493) 유언술은 당시 청나라는『가례』에서 권장하는 상복 재

---

489)『淸史稿』卷93,「志68 禮12 凶禮2」; 馮爾康,『淸代宗族史論』, 天津人民出版社, 2019, 274~278쪽.

490)『大淸律例』卷17,「禮律 喪葬【職官庶民 三月而葬】」, "凡有尊卑喪之家 必須依禮定限安葬 若惑於風水及托故 停柩在家 經年暴露 不葬者 杖八十 若棄毁死屍 又有本律 其從尊長遺言 將屍燒化 及棄置水中者 杖一百 從卑幼並減二等 … 其居喪之家 修齋設醮 若男女混雜 … 飮酒食肉者 家長杖八十 僧道同罪還俗".

491) 何淑宜,「十七、十八世紀朝鮮使節的中國禮俗觀察」,『國學硏究』16, 2010, 10쪽; 이근석,「조선사대부의 눈에 비친 중국의 유교문화 - 연행록(燕行錄)을 중심으로 -」,『인문과학연구논총』36(2), 2015 참조.

492) 김성근,「연행록과 조선사행원의 대청인식 소고 - 연행록선집을 중심으로 -」,『江原史學』21, 2006; 이성형,「燕行使들의 間文化的 體驗에 대한 認識 樣相 考察 - 壬亂 收拾期 喪葬禮와 文物 認識을 중심으로 -」,『漢文敎育硏究』35, 2010 참조.

493)『迂書』卷10,「論變通規制利害」, "以喪制言之 短喪之後 中國之人 鮮能守制 而我東庶民 皆服親喪三年 五胡以後 中國之俗 不葬者多 而我東葬事 罕踰三月 則此乃中國不及我東處也".

료를 사용하지 않고, 삼년상도 화장 때문에 제대로 지켜지지 않는다고 서술한다. 더불어 그는 부모 모두에게 참최삼년복을 입어 자최삼년복이 없어졌고, 시체를 길거리에 버려 제대로 처리하지 못한다고 한다.[494] 이처럼 시체를 길거리에 버려두는 습속은 이덕무[495]와 이규경의 기록[496]에서도 보인다.

다음 청나라의 지배층이 기록한 습속의 경우에는 만사동,[497] 왕복례, 왕당,[498] 양장거[499]의 사례가 있다. 그 가운데 왕복례는 1702년(강희

494) 『松湖集』 卷6, 「雜著 燕京雜識」, "風俗大抵尙鬼崇佛 所經村庄 皆有佛舍 或廟堂雜於人家 … 喪服之制 一依家禮 以白大布爲之 其典禮雖如此 而多不能用之 父母喪未殯 水漿不入口 旣殯則飮酒食肉如常 或云漢人尙用三年之制 淸人用易月之制 淸人皆火葬 漢人不火葬云 而近來則漢人亦或火葬 雖火葬者 皆入棺燒火 收其骨納器瘗之 聚土爲小堆而祭之 凡城邑村落 多有露處之棺 或於棺上 壓之以石 任其朽敗者有之 此是貧不能葬 或客死不能歸者也 此則畢竟皆燒火云 … 雖父母之喪 在遠則無專人通訃之事 在官者遇喪過百日 卽爲行公云 或云文官遞職終喪 武臣用百日之制云 出於重金革之意耶 會典有父母喪斬衰三年之制 而習俗如此 制禮之意安在 可笑可駭 子爲父母 皆服斬衰三年 而無齊衰之制云".

495) 『靑莊館全書』 卷66, 「入燕記上」, "二十三日癸丑 … 留瀋陽日 舌官趙明會 問諸副使所館主人 則城中民家千餘戶 通計滿漢軍人 則五六千戶 幷計商賈店舖 爲萬餘戶 人口不下五六萬人 問如此大都會 應多墳墓 而沿路所見 絶無而僅有 無乃棄而不埋乎 答墳墓之離大道 或十里二十里 問路傍棺多露置 白骨縱橫 或寄在佛寺 竟不掩土 何也 答此係貧富不等 若無子孫親戚 則隣里朋友 捐財備棺 放在閒地 遠方客人死於他鄕 則寄置廟堂 其親屬載歸故土者 亦多矣 問富貴家葬祭之法 答父母之喪 停柩七七四十九日 每七日 請僧誦經 衆親戚隣里朋友 皆賻錢帛 亦饋茶飯 墳墓之制 上下四方 築之以甎 外以土掩 土上塗白灰 祭之之禮 正朝淸明七夕十月朔日及忌日 祭以猪羊鵝鴨魚鷄餠麵 而節日則上墳 忌日則祭于家廟".

496) 『五洲衍文長箋散稿』, 「人事篇 論禮類 喪禮 燕都喪禮辨證說」.

497) 『群書疑辨』 卷4, 「七七百日」, "古之喪禮 無所謂七七百日之說也 降及後世 自天家以迄民俗 靡不用之".

498) 『燕在閣知新錄』 卷18, 「七七誤用虞禮」, "虞禮 今人多不行 … 又按 … 今日逢七日必祭 七七凡四十九日得七祭 皆因虞禮 而誤用之也 明朝大臣論祭 亦用七七 或曰人生四十九日而七魄全 死四十九日而後七魄散 故曰七七".

499) 『退庵隨筆』 卷9, 「家禮2」, "古人旣葬有反哭之禮 今人不講久矣 今人葬畢 賓易服拜於墓 主人亦易墨衣 禮畢奉主而歸 賓迎於郊 入門升堂 主人俯伏不哭 賓皆以吉服拜主前 夫古人以反哭之弔爲哀之至 而今人乃以爲賀此其於禮也 … 孟瓶菴師云

41)에서 1707년(강희 46)까지 저술한 『가례변정』에서 불교와 도교가 서로 섞이지 않는데, 오직 유가만 주공과 공자의 글을 읽고 죽어서는 바로 불교와 도교의 방식을 사용한다고 지적한다.[500] 나아가 그는 상갓집에서 습속에 따라 칠칠재를 지내고 조문객이 오면 북과 악기를 연주하고, 고기를 대접한다고 비판한다. 이뿐 아니라 상갓집에서 장례를 지내지 않고 화장을 하여 상례에 지나치게 사치하다고 주장하였다.[501] 1793년 무선신(武先愼, ?~?)의 저술인 『가례집의』에도 이러한 내용이 수록되었다. 그러나 이 책의 저자는 『가례』를 준용하되 승려와 도사에게 관직을 주어 장례 때 그들을 동원하자는 종전과 다른 주장을 하기도 하였다.[502]

이를 살펴보면, 중국에서는 송나라부터 지배층이 계속해서 불교, 도교적인 요소들을 지양하고 유교 상례를 지향하였다.[503] 하지만 앞선 것들을 보면 그것은 실효를 거두지 못하였고, 청나라 사람들도 유교 상례의 해이 혹은 일탈을 지적하면서도 당시 습속에 맞추어 상례를 실천하였다.[504] 나아가 유교 상례를 규정에 따라 잘 실천하지 않거나, 유교를 기

古者士踰月而葬 是未及今之七七也 大夫三月而葬 是未及今之百日也 葬期近故衰麻不脫於身 哭泣不絶於口 今鄕俗之葬斷無在三月五月之內 遲或數十年或數年 近亦三年或期年 朱子云今人卒哭之後 遂墨其衰 則在宋時已不能行古禮 習俗相沿 奉主到家之日 遂不復以衰麻從事矣 又古必三虞成事 始以吉祭易喪祭 此禮亦久廢不行 今惟存虞祭之禮 在親友以成墳爲喪事之終 在主人當以反亡爲哀痛之至 存其實而變其文可也 若欲使世人盡行反哭之弔 恐習俗一時難以驟更耳".

500) 『家禮辨定』 卷5, 「喪禮 禁用異敎」, "釋老追薦之說 誠爲誑世 然僧死不用道 道死不用僧 今儒家讀周孔之書 死乃用釋老之薦 豈非惑歟".

501) 『家禮辨定』 卷5, 「喪禮 習俗當禁」, "杭俗初終鼓聲 浴水冷孝子飮少許 … 作佛事做七七 弔客至鼓樂葷 … 出殯吹唱鬧材 棺久不葬 或火化 喪事奢靡"; 『家禮辨定』 卷7, 「喪禮 異敎荒唐」; 『家禮辨定』 卷7, 「喪禮 釋道以七七惑人」; 『家禮辨定』 卷7, 「喪禮 火化水葬當禁」.

502) 『家禮集議』, 「喪禮 治喪」, "不作佛事 遵家禮也 然僧道二司 設官授職 出殯日用以送葬 於制無礙".

503) 小島毅 저, 신현승 역, 『사대부의 시대』, 동아시아, 2004b, 154~161쪽.

504) 小島毅 저, 김용천 역, 『유교와 예』, 동과서, 2007, 76쪽.

준으로 불교와 도교를 포섭하는 등의 다양한 모습이 등장하였다.[505)]

지방지[506)]에서는 이것이 더욱 분명하게 드러난다. 본 연구는 18세기 사례들을 권역 당 두 가지씩 선별하여 설명하고자 한다. 우선 1768년(건륭 33) 합서성 『석천현지』[507)]와 1773년(건륭 38) 사천성 『공현지』[508)]를 보면, 이 지역에서는 상례 중에 칠칠재를 지내거나 승려와 도사를 불러 재를 행하였다. 오히려 예를 안다는 집안에서도 습속을 많이 따라 이를 개혁할 수 없었다.

다음 1776년(건륭 41) 합서성 『임동현지』[509)]와 1783년(건륭 48) 합서성 『부곡현지』[510)]에서는 신사의 집안에서는 『가례』를 따르긴 하지만 49일, 100일, 3년마다 지인들을 모아 제사를 지내거나, 승려와 도사를 불러 불사를 행하였다. 1747년(건륭 12) 하남성 『형양현지』[511)]와 1788년(건륭 53) 하남성 『기현지』[512)]에서도 상을 치를 때 습속에서는 7일마다

505) 何淑宜, 앞의 책, 2000, 130쪽; 小島毅 저, 김용천 역, 위의 책, 2007, 59쪽; 徐吉軍, 앞의 책, 2012, 398쪽.

506) 부록의 '17~18세기 중국 각 지방의 상례 설행 양상' 표를 참고하면, 총 141건 중 B(서남권)는 7건, C(서북권)는 7건, D(중남권)는 37건, E(화동권)는 46건, F(화북권)는 44건이다. B의 경우 가례는 2건(29%)이고, 불교는 5건(71%)이다. C의 경우 가례는 2건(29%)이고, 불교는 5건(71%)이다. D의 경우 가례는 14건(38%), 도교는 1건(3%), 불교는 22건(59%)이다. E의 경우 가례는 11건(18%), 불교는 35건(76%)이다. F의 경우 가례는 21건(48%), 불교는 23건(52%)이다. 각 지방에서 불교의 설행 건수가 50% 이상이다. 해당 표를 통해 도출된 여섯 권역의 가례, 도교, 불교 설행 양상의 수치는 소수점 첫 번째 수를 반올림한 것이다.

507) 『石泉縣志』(淸乾隆33年刻本) 卷4, 「風俗」, "初死 遇七必祭 七七乃止 … 又遇七爲七期 謂之坐七".

508) 『珙縣志』(淸乾隆38年刻本) 卷15, 「風俗」, "其有惑于風水 久停不葬者 人必指其不孝 獨用浮屠 設齋醮 雖詩禮家 尙多從俗 未能驟革也".

509) 『臨潼縣志』(淸乾隆41年刻本) 卷9, 「風俗」, "紳士家倣家禮 … 七七百日三周 親友各稱力具儀及牲醴來奠問 俗喜延僧道作佛事".

510) 『府谷縣志』(淸乾隆48年刻本) 卷4, 「風俗」, "每七日必以虞祭之禮奠于柩前 或作佛事 七七而止 百日小祥大祥及禫皆然".

511) 『滎陽縣志』(淸乾隆12年刻本) 卷12, 「風俗」, "喪日計至七 用浮屠教飯僧施食".

승려를 불러 시식을 하였다. 아울러 그들은 장례를 오랜 기간 지내지 않고 술과 고기로 조문객을 접대하였다.

1758년(건륭 23) 상해 『봉현현지』[513]와 1773년(건륭 38) 절강성 『봉화현지』[514]에서는 승려와 도사를 상례에 동원하고, 칠칠재를 지내거나 시신을 화장하기도 하였다. 이는 1789년(건륭 54) 하북성 『대명현지』[515]와 1712년(강희 51) 광동성 『용문현지』[516]에서도 비슷하였다. 상갓집의 상주는 총 49일 동안 칠칠재를 지내기도 하고, 승려를 불러 3일 밤낮으로 불경을 외기도 하였다. 청나라에서는 대체로 이전과 마찬가지로 유교 상례에서 지양하는 행위들이 잔존하고 있었다.

아울러 이들의 『가례』 준용 여부를 살펴보면 같은 시기 중국의 사람들은 종종 『가례』를 준용하였으나,[517] 이를 준용하지 못하는 경우가 더 많았다. 대체로 이들은 소렴, 대렴, 성복을 진행하지 않거나,[518] 혹은 제

---

512) 『杞縣志』(淸乾隆53年刻本) 卷24, 「風俗」, "初亡 以七計日受弔 … 葬多逾期 酒肉供客 斯數者實爲悖禮 然沿習既久 竟不以爲怪".

513) 『奉賢縣志』(淸乾隆23年刻本) 卷10, 「風俗」, "其喪紀 雖士夫之家必用僧道 葬信風水 甚有因拘忌而竟至不克葬者 至用火化尤爲可憫".

514) 『奉化縣志』(淸乾隆38年刻本) 卷14, 「風俗」, "初死 遇七必祭 或作佛事 謂之做七".

515) 『大名縣志』(淸乾隆54年刻本) 卷40, 「風俗」, "用浮屠氏數七之說 七日爲斷 至七七四十九日而止 其日或作佛事 或營齋供".

516) 『龍門縣志』(淸康熙51年刻本) 卷16, 「風俗」, "延僧誦經 或三晝夜 … 誦佛華 然后下葬".

517) 『良鄕縣志』(淸康熙39年刻本) 卷8, 「風俗」; 『湯陰縣志』(淸乾隆3年刻本) 卷10, 「風俗」; 『葉縣志』(淸乾隆11年刻本) 卷8, 「風俗」; 『南和縣志』(淸乾隆14年刻本) 卷12, 「風俗」; 『河間縣志』(淸.乾隆25年刻本) 卷6, 「風俗」; 『獻縣志』(淸乾隆26年刻本) 卷20, 「風俗」; 『武昌縣志』(淸乾隆28年刻本) 卷10, 「風俗」; 『大同府志』(淸乾隆47年刻本) 卷33, 「風俗」; 『歸善縣志』(淸乾隆48年刻本) 卷18, 「風俗」.

518) 『陝西通志』(淸雍正13年刻本) 卷100, 「風俗」, "喪 三日成服 四日卽弔奠"; 『夏津縣志』(淸乾隆6年刻本) 卷10, 「風俗」, "初喪被發徒跣 以次小斂大斂 挂紙受弔 三日親族會送香燭盒酒 名曰送三 后乃成服 設魂帛 … 營葬儀節 頗如家禮"; 『嚴州府志』(淸乾隆21年刻本) 卷35, 「風俗」, "喪 大率用文公家禮 惟不行斂 不用布絞 墓多砌磚爲槨 … 皆于旬日之內擧殯 先是受親友賻弔 葬畢孝子服麻經踵門謝之"; 『衡水

때 하지 않고 동시에 치르기도 하였다.[519] 심지어 몇몇에서는 상주가 사흘째 소렴을 하고 사람이 죽은 지 열흘째 되는 날에 대렴과 성복을 하거나,[520] 또는 상주가 사흘째 염을 하고서 그로부터 4일, 7일 후에 성복을 행하기도 하였다.[521] 나아가 1755년(건륭 20)의 하남성 『지현지』에 따르면, 상을 당한 사람들은 사흘째 대렴을 하지 않고 성복을 하고, 발인하는 과정에서 추령(芻靈)이라는 볏짚 인형을 앞세워 북을 치고 피리를 불었다. 그리고 반곡 이후의 과정을 무덤에서 진행했다.[522] 이는 조선과 비교하였을 때 명확히 다른 양상이라 할 수 있다. 지역 간 차이는 있지만 청나라 사람들은 유교 상례 규정을 준수하기보다 이전의 관습을 고수하려는 경향이 강했고, 조선의 사족은 대체로 상례 거행 과정에서 종종 변례가 발생하기도 하였으나 규정을 지키고자 하였다.

縣志』(淸乾隆32年刻本) 卷14, 「風俗」, "無大小斂 三日蓋棺成服"; 『諸暨縣志』(淸乾隆38年刻本) 卷44, 「風俗」, "喪 大率用文公家禮 惟不行小斂 不用布絞 其壙塋多砌磚爲槨"; 『新鄭縣志』(淸乾隆41年刻本) 卷31, 「風俗」, "大小斂之屬久不行 餘自始死至服終 與家禮不甚相遠 但用樂爲異耳".

519) 『平原縣志』(淸乾隆14年刻本) 卷10, 「風俗」, "喪禮 被發徒跣 卽斂成服 挂紙受弔 … 營葬儀節 略如家禮 芻靈明器 稱家有無"; 『任邱縣志』(淸乾隆27年刻本) 卷12, 「風俗」, "親終設于正寢 卽位而哭 訃告親友 三日具棺入斂 行成服禮 … 或五日或七日發引 … 至塋 祠后土 点神主 安葬 葬歸 安靈俱如家禮 期年而小祥 … 再期而大祥 … 三月禫告祠堂 服除".

520) 『武威縣志』(淸乾隆14年刻本) 卷1, 「風俗」, "初終 披麻臥草 三日小斂 十日大斂成服".

521) 『卽墨縣志』(淸乾隆29年刻本) 卷12, 「風俗」, "初喪易服 斂后四日或七日成服".

522) 『汲縣志』(淸乾隆20年刻本) 卷14, 「風俗」, "始卒 孝子披發徒跣 三日成服 … 啓殯就途 鼓吹旌幢及芻靈之具前列 孝子負柳枝 上挂引魂幡 匍匐柩前 親友畢送于郊或至墓所 … 旣葬 孝子封墓畢 仍用鼓吹幢幡舁神主以返 … 次日 孝子拜墓 … 三日復往祭".

2) 적통의 정립

18세기에 사족이 유교 상례 규정을 준용하려는 움직임은 유교 상례의 2차 층위인 종법에서도 볼 수 있다. 17세기 후반 사족의 경제력 약화는 상속제의 변화를 야기하여 남녀균분 상속에서 적장자 우대 상속으로 전환되었다.[523] 이는 17세기부터 축적되어온 사족의 종법 및 유교 의례에 대한 이해와 맞물려 조선의 사족 사회에 종법이 정착될 수 있는 원인을 제공하였다. 당시의 경향은 서손의 자최삼년복 착용 논의와 부조 방식의 변화에 영향을 주었다.

서손의 자최삼년복 착용 논의의 경우에는 17세기에 서손이 첩인 할머니를 위해 자최삼년복과 자최부장기복을 모두 입을 수 있다는 결론은 삼년복에 있어서 적통이 정립되지 못하였음을 의미한다. 하지만 18세기에는 이 사안이 조정에 등장하며 이전과 다른 방향으로 전개된다.

> 주강에 거둥하시자, 지사인 민진후가 아뢰었다. "Ⓐ 어떤 집안의 첩자가 그 어머니보다 먼저 죽으면, 그 어머니가 죽었을 때는 장손이 대신 (자최)삼년복을 입는 것이 옛날에 두루 행해지던 법입니다. Ⓑ 선정신 김장생, 김집과 신의 외조부인 송준길이 논한 것이 모두 그렇습니다. 선정신 송시열은 이것이 적통을 계승하지 않은 것이라 (자최)삼년복을 입어선 안 된다고 한 적이 있었고, 대사헌 권상하도 그 스승의 가르침이 맞다고 하였습니다. Ⓒ 이 때문에 요즘에는 (자최)삼년복을 입지 않는 사람이 많이 있지만, 어떤 사람은 '적통을 계승하지 않았으니 (자최)삼년복을 입어선 안 된다는 말이 정말 엄하다고는 하지만 두루 행해진 지 이미 오래되었으므로 어떻게 갑자기 바꿀 수 있겠는가' 합니다. 또 '예는 마땅히 두터움을 따르는 의리가 있다'고 하여 여전히 (자최)삼년복을 입는 사람이 있습니다. Ⓓ 삼년상은 상례에 있어서 가장 중요한 것인데 각자 자기 마음 가는 대로 하여 간혹 (자최)삼년복을 입거나 안 입거나 하니 이 사안이 매우 편치 않습니다. 예관에게 명하시어 대신들과 의논하여 결정하셔서 일대의 제도를 완성하게 하소서."[524]

523) 권내현, 앞의 논문, 2018, 294~308쪽 참조.

위는 서인 노론이자 인현왕후의 오빠인 민진후(閔鎭厚, 1659~1720)가 1713년(숙종 39) 3월 16일에 주강에서 숙종에게 말한 내용이다. 그에 따르면 Ⓐ 한 집안의 서얼이 자기 어머니보다 먼저 죽고 없을 때 그 어머니가 죽으면 서얼의 장자, 즉 장손이 대신 그 할머니를 위해 자최삼년복을 입는 것은 예전부터 행해지던 것이라 하였다. 이는 전술한 Ⓑ 김장생, 김집, 송준길의 대화에서 엿볼 수 있는 부분이다. 송시열의 주장으로 인해 Ⓒ 이후 몇몇 사족은 서손이 자최삼년복을 입지 못하게 하였다. 어떤 사족은 갑작스럽게 자최삼년복을 입는 습속을 바꿀 수 없다고 하거나 또는 고례에서 두터움을 따라야 한다는 말을 근거로 삼아 자최삼년복을 입도록 하였다. Ⓓ 이처럼 자최삼년복과 자최부장기복이 병용되는 상황에서 민진후는 삼년상의 중요성을 강조하며 숙종에게 관련 규정을 제정하길 건의했다.

이후 같은 해 5월 1일 예조가 이 사안에 대하여 여러 신하와 논의하였다.[525] 여기에는 이여(李畬, 1645~1718), 이유(李濡, 1645~1721), 김창집(金昌集, 1648~1722), 서종태(徐宗泰, 1652~1719), 이이명(李頤命, 1658~1722), 조상우(趙相愚, 1640~1718), 최석정(崔錫鼎, 1646~1715), 윤증, 윤지완(尹趾完, 1635~1718), 권상하(權尙夏, 1641~1721)가 있었다. 이들의 의견은 아래 표[526]에 보인다.

524) 『肅宗實錄』 卷53, 肅宗 39年 3月 16日 1번째 기사, "御晝講 知事閔鎭厚曰 人家妾子 先其母而死 則其母之死 長孫代服三年者 在昔通行之法也 先正臣金長生金集臣之外祖宋浚吉所論皆然矣 先正臣宋時烈嘗謂此非承重 不當服三年 大司憲權尙夏亦以其師敎爲是 故今則多有不服三年者 而或以爲非承重不當服之說固嚴 而通行已久 何可猝變 亦有以禮宜從厚之義 仍服三年者 三年之喪 在喪禮最重 而各以其心或服或否 事甚未安 宜令禮官 議大臣稟定 以成一代之制矣".

525) 『肅宗實錄』 卷53, 肅宗 39年 5月 1日 2번째 기사, "禮曹因閔鎭厚筵白 以妾孫其父死後 服其祖母三年服當否 問議諸大臣".

526) 이는 18세기 조선의 조정에서 논의한 서조모복 논의를 정리한 것이다.

〈표 8〉 18세기 서조모복 논의

<table>
<tr><th>인명</th><th>상복</th><th>삼년복</th><th>예서 출처</th><th>비고</th></tr>
<tr><td>민진후</td><td>-</td><td>-</td><td>-</td><td>조정에 서조모복 제정 건의</td></tr>
<tr><td rowspan="2">이여</td><td rowspan="3">자최부장
기복</td><td rowspan="3">승중복</td><td>『예기』「상복소기」
『의례』「상복」</td><td>-</td></tr>
<tr><td>-</td><td>송시열, 박세채 주장 지지</td></tr>
<tr><td>권상하</td><td>-</td><td>송시열 주장 타당함
자기 집안 사례 제시</td></tr>
<tr><td>조상우</td><td>자최삼년복</td><td>비승중복</td><td>-</td><td>송준길 자손과 사람들이 삼년복 착용</td></tr>
</table>

우선 이여는 자신의 주장을 크게 두 가지로 나누어 설명하였다. ❶ 첫째, 그는 『예기』「상복소기」의 첩인 어머니는 대대로 제사 지내지 않는다는 경문과 『의례』「상복」의 공자는 자기 어머니를 위해 누인 베로 만든 관, 시마로 만든 수질과 요질, 소공의 베로 만든 분홍색 가선을 입는다는 기(記)를 근거로 들어 서자의 아들은 첩인 할머니를 위해 자최부장기복을 입어야 한다고 주장하였다.

이여는 전자에 대하여 첩인 어머니가 정통이 아니기 때문에 제사를 대대로 지내지 않고,[527] 첩에 대한 제사가 서손에게 이르는 것은 예에 어긋난다고 설명한다. 후자에 대해서는 첩인 어머니가 적처에게 눌리기 때문에 상복을 달리 입는다고 하였다. 또한 서자가 아버지를 계승하면 첩인 어머니에 대해 적통 계승(승중)의 의리로 논할 수 없으니, 서손은 첩인 할머니에게 자최삼년복을 입을 수 없다고 한다. 이어서 그는 서자가 입을 상복을 서손이 대신 입는 것은 적통을 계승한 경우에만 해당된다고 주장하였다.[528] 이는 적통을 계승, 즉 승중과 자최삼년복을 연관

527) 『禮記正義』卷33, 「喪服小記」, "慈母與妾母 不世祭也【鄭注】以其非正 春秋傳曰 於子祭 於孫止".

528) 『肅宗實錄』卷53, 肅宗 39年 5月 1日 2번째 기사; 『睡谷集』卷8, 「收議 妾祖母承重服當否議」.

짓는 주장으로 송시열의 주장과 대동소이하다.

❷ 둘째, 이여는 후대에 이에 대한 여러 주장이 혼재한다고 보았다. 그는 김장생, 김집, 송준길, 박세채, 송시열의 주장이 상이하지만, 송시열의 주장과 박세채가 제시한 첩인 어머니를 대대로 제사지내지 않는다는 문장을 참고하는 것이 적절하다고 하였다. 이여의 주장에 대하여 이유, 김창집, 서종태, 이이명이 동의하였다.[529]

조상우는 김장생과 송준길의 대화에 주목하였다. 그는 당시 송준길의 논지는 할아버지를 계승한 사람이 첩인 할머니를 위해 3년 동안 심상을 하는 것이 옳은가에 대한 것이었다고 한다. 즉 자최삼년복 착용 여부를 따지는 것이 아니라고 한 것이다. 아울러 그는 송준길의 자손들과 세상 사람들이 자최삼년복을 입고 있다고 하면서 이러한 습속은 갑자기 바꾸기 어려운 것이라 주장하였다.[530]

권상하는 송시열의 주장이 적합하다고 하고, 그가 말한 것처럼 손자가 자최삼년복을 입는 것은 할아버지를 계승하였기 때문이라고 설명하였다. 즉 서손이 자최부장기복을 입는 것이 적합하다고 본 것이다. 그는 자기 집안의 서종제(庶從弟)가 자최부장기복을 입었다는 일을 들어 서손이 자최삼년복을 입지 않는 것이 옳다고 하면서[531] 송시열, 이여처럼 적통 계승과 자최삼년복의 연관성을 강조한다.[532] 이 논의 이후 숙종은 5월 1일을 기점으로 서손이 첩인 할머니를 위해 자최삼년복을 입는 것을 금지하였다.

이에 대하여 서얼들은 반발하였다. 그 예가 1718년(숙종 44) 김윤(金

529) 서종태의 주장은 김진우, 「18세기 庶祖母服 논의에 대한 庶孼의 服制觀」, 『지역과 역사』 53, 2023b, 121쪽 참조.

530) 『肅宗實錄』 卷53, 肅宗 39年 5月 1日 2번째 기사.

531) 『肅宗實錄』 卷53, 肅宗 39年 5月 1日 2번째 기사; 『寒水齋集』 卷3, 「收議 妾孫爲其祖母代服當否及泰英事議【癸巳五月】」.

532) 『寒水齋集』 卷4, 「書 答李治甫【癸巳】」.

潤, ?~?) 등의 상소이다.[533] 그들은 서손이 첩인 할머니를 위해 아버지를 대신하여 자최삼년복을 입어야 한다고 주장하였다. 서얼들은 1713년(숙종 39)에 민진후가 아뢴 내용을 바탕으로 한 논의는 첩인 어머니를 대대로 제사 지내지 않는다는 경문에서 기인한다고 하면서, 할아버지의 첩인 할머니를 위해 손자가 삼년복을 입고 제사를 지낼 수 있게 허락해야 한다고 주장하였다.

이어서 그들은 예에 의해 손자 대에서는 제사도 복상도 할 수 없다고 하면 그만이라고 하였다. 그러나 만에 하나 서얼이 상복을 입고 제사를 지낼 수 있는 의리가 있는데도 습속에 따라 핍박당하여 그 의리를 펼칠 수 없다면 이는 억울한 일이므로 이를 풀어달라고 말한다.[534]

이들 주장의 요점은 결국 상복을 입는 것과 제사를 지내는 것은 한 가지 일이므로 제사 지낼 수 있으면 상복을 입을 수 있다는 것이었다.[535] 이는 곧 예에서 규정하는 첩인 어머니를 대대로 제사 지낼 수 없다는 원칙을 벗어나 인정을 따르자는 말이었다. 여기서 그들은 자최삼년복을 입어서는 안 되는 주장에서 의심되는 내용을 크게 두 가지로 나누어 설명하였다.

> "집안에 후처 소생의 아들이 있었는데, 그 아들이 어머니보다 먼저 죽었으면, 그 손자는 대신 상복을 입을 수 없다. 이처럼 이미 (손자가 아버지) 대신 상복을 입을 수 없으니, 더욱이 서손이 어찌 감히 그 할머니를 위해 (아버지)

533) 『葵史』 卷乾, "四十四年【戊戌】 別提金潤等 上書邸宮【景宗代理時】 請庶孫爲所生祖母 代父服三年".

534) 『葵史』 卷乾, "臣等竊伏念 若祭若服 禮果不可 則固無所憾 萬有一可祭可服之義 而爲人子孫 內疚其情 外牽時制 怵迫抑塞 終不得伸 則天下之至冤 宜無過於此者 一人之抱此冤 猶足以上干天和 况所謂庶類者 殆半於國中乎 生者之抱此冤 猶是以上干天和 况其死者有子有孫 而終爲無主之喪不祭之鬼 靡所依泊 鬱結悲泣 於冥冥之中乎".

535) 『葵史』 卷乾, "臣等請先略加陳卞然後 證以所引之文焉 大抵世祭代服 便是一串事 祭可以世 則服亦可代 服不可代 則祭亦不可以世".

대신 상복을 입을 수 있겠는가?"라고 합니다.[536]

서얼들은 한 집안에 후처 소생 아들이 있었지만, 그 아들이 어머니보다 먼저 죽었으면 손자가 할머니를 위해 아버지 대신 상복을 입을 수 없다는 점에 의문을 가졌다. 이에 두 가지를 반박하였다. ❶ 우선 후처인 어머니의 상을 전처의 적자손이 주관하기 때문에 후처의 손자가 적자손과 같이 주관할 수 없다는 것이다. 이 경우 상주가 두 명이 되기 때문에 부적합하였다.

❷ 다음은 서자인 아버지가 죽어 서손이 첩인 할머니의 상에 자최삼년복을 입지 못하면 그 상에 상주가 없다는 것이다. 서자인 아버지가 죽었으면, 서손이 첩인 할머니의 상에 상주가 되므로 자최삼년복을 입어야 했다. 이것이 종래의 습속이었다.[537]

> "손자가 (돌아가신 아버지를) 대신하여 상복을 입는 까닭은 (아버지가) 할아버지의 적통을 계승했기 때문이다. 서손은 이미 계승받을 적통이 없으니, 당연히 단지 본복인 기년복만 입어야 할 따름이다"라고 하는 것입니다. 이것은 바로 송시열의 주장이지만 같은 시기 김장생도 다르게 주장하기도 했으니, 이 사람도 어찌 근거 없이 말한 것이겠습니까?[538]

서얼들은 송시열과 김장생의 상이한 주장에 의문을 가졌다. 송시열은 서손에게는 계승받을 적통이 없으니, 첩인 할머니를 위해 본복인 자최부장기복을 입어야 한다고 하였다. 서얼들은 김장생의 주장도 근거 없는

---

536) 『葵史』 卷乾, "一則曰人家後妻有所生子 而其子之死先於其母 則所生之孫不得代服 此旣不代服 則庶孫尤安敢代服其祖母云".

537) 『葵史』 卷乾, "蓋後妻之喪 旣有前妻之嫡子孫主之 故後妻所生之孫 固不宜疊服以招二孤之議矣 至若庶孫之祖母喪 其父旣沒已亦不服 則喪誰爲主嫌 果何在而忍而不服乎 此固流俗之談 本不著見於文字 則臣等於此 又不必多費辭說矣".

538) 『葵史』 卷乾, "一則曰以孫代服 以其承祖之統也 妾子之子 旣無所承之統 則當只服本期云 此乃先正之論 而同時先正 亦或有所論之不同者 則此亦豈無所據而發也".

것은 아니므로 이에 대해서 재고해야 한다고 주장하였다. 이와 함께 그들은 조선과 중국의 선례를 근거로 들었다. 이는 아래 표[539]로 정리된다.

〈표 9〉 서얼들의 자최삼년복 주장 근거

근거		내용	출처	비고
조선	이황	골육의 은혜에는 적서 구분 없음	『퇴계집』「서 답김지숙【기○기사】」	인정
			『퇴계집』「서 답정자중별지」	
	김집	김장생의 주장과 상이	『신독재전서』「의례문해속 성복 승중첩자지자위기부지소생모복」	
	송시열	노비의 할머니 상에 자최삼년복 허용	『규사』	
중국	자모	아버지 명을 존중해 자모에게 삼년상	『의례』「상복」	인정
	서모	서자를 서모의 후사로 세움	『예기』「상복소기」	인정
	조서모	서자를 조서모의 죽은 아들의 후사로 세움		대복
	왕기	㉠ 서손이 상복을 단독으로 눌러 입을 이유 없음	『통전』「서조모자조모복의」	대복
		㉡ 할머니에겐 적서 구분 없음		인정
		㉢ 서모의 죽은 아들의 후사가 되면 자최삼년복 가능		대복
		㉣ 손자가 할머니에게 상복을 못 입을 이유 없음		인정
	설신	서손의 아버지 계승, 父死爲母 적용	『의례경전통해』「삼년지상」	대복

조선의 경우에는 이황이 『가례』, 『대명률』, 『의례경전통해』에 첩인 할머니에 대한 상복 조항이 없을 뿐 아니라 골육의 은혜에는 적서 구분

539) 이는 서얼이 주장한 서조모복 관련 내용을 정리한 것으로, 김진우, 앞의 논문, 2023b, 133쪽 표를 수정한 것이다.

을 두지 않는다고 한 것, 김장생과 김집의 주장, 송시열 노비의 사례가 있다.[540]

중국의 경우에는 ❶『의례』, ❷『예기』, ❸『통전』, ❹『의례경전통해』가 있다. ❶『의례』「상복」의 자최삼년 조항은 자모(慈母)를 위해서 친어머니처럼 자최삼년복을 입는다는 것이다.[541] 그 경문의 전에 따르면, 자모가 됨은 아버지가 자식이 없는 첩과 어머니가 없는 서자를 어머니와 자식으로 여기게 하는 것이다. 이후 그녀가 죽으면 서자는 모자 관계로 맺어준 아버지의 명을 존중하여 친어머니처럼 삼년상을 한다.[542] 서얼들은 이를 근거로[543] 서손이 할아버지의 적통을 계승하면 첩인 할머니를 위해 삼년상을 지내지도 못하고 자최삼년복을 입을 수 없지만, 적통을 계승하지 않았으므로 자최삼년복을 입을 수 있다고 보았다.[544]

여기에 서얼들은 ❷『예기』「상복소기」와 ❸『통전』「서조모자조모복의」, ❹『의례경전통해』「삼년지상」을 추가 근거로 제시하여 서손은 할아버지의 후사가 되지 않으니 자최삼년복을 입을 수 있으며, 서손이 적장자가 아니므로 아버지의 무거운 상복을 받을 필요가 없다고 설명한다.[545]

---

540) 자세한 내용은 김진우, 앞의 논문, 2023b, 125~126쪽 참조.

541)『儀禮注疏』卷30,「喪服」, “齊衰三年 慈母如母”.

542)『儀禮注疏』卷30,「喪服」, “齊衰三年 慈母如母 傳曰 慈母者何也 傳曰 妾之無子者 妾子之無母者 父命妾曰 女以爲子 命子曰 女以爲母 若是則生養之終其身如母 死則喪之三年如母 貴父之命也”.

543)『葵史』卷乾, “臣等謹按儀禮齊衰三年條 有爲庶母後子之服 子夏傳之曰 若父之妾有子而子死 己命己之妾子後之 又其疏曰 旣爲後亦服之三年”.

544)『葵史』卷乾, “臣等於此竊伏念 昔之庶孫服其祖庶母者 元非以承祖統 而然則今之爲庶孫者 雖不承祖統 而獨服其祖母 恐亦有所據矣 祖庶母三年之文 旣如是明的 而使今人遭此喪 依禮經服三年 則朝家其將或禁之乎 同一庶孫而養孫之爲祖庶母服三年者 果不可禁 則所生系之 爲所生祖母服三年者 抑獨何禁乎 臣等竊以爲庶孫若承其祖統 則自不得爲其祖母三年 今以不承祖統之 故正欲伸重於其祖母 而若又以不承祖統 而不許伸重 則是爲庶孫者 終無報本伸情之道 反不若養孫之於祖庶母 恐無如此之理矣”.

❷『예기』「상복소기」는 서자가 자모의 후사가 된다면 서모를 위해 후사가 되는 것도 가능하고, 조서모의 후사가 되는 것도 가능하다는 것이다.[546] 이것은 아버지가 명하여 모자 관계가 된 경우이다. 서자가 아버지의 명에 따라 자모의 후사가 된 것처럼 서모, 조서모의 경우도 서자는 아버지가 명하면 두 사람의 후사가 될 수 있었다.[547]

여기서 서모의 후사가 된다는 것은 첩에게 아들(A)이 있었지만 그 아들(A)이 죽고 다른 첩에게 아들(B)이 많으면, 아버지가 다른 첩의 아들(B)을 아들이 죽은 첩의 후사로 삼는 경우이다.[548] 한편 조서모의 후사가 된다는 것은 자기 아버지의 첩에게 아들이 있었으나 죽으면, 자기가 자신의 서자를 아버지 첩의 후사로 세우는 경우이다. 서자가 그녀의 죽은 아들의 후사가 되었다면 그녀를 위해서 자신의 어머니처럼 자최삼년복을 입을 수 있다. 그러나 이는 첩에게 아들이 있는 것을 전제로 하니, 아들이 없는 첩은 후사를 둘 수 없으므로 서자는 그녀를 위해 자최삼년복을 입을 수 없었다.[549]

❸『통전』「서조모자조모복의」는 첩인 할머니(庶祖母)와 첩 중 자모

545)『葵史』卷乾, "臣等又按杜氏通典晉王廙論 庶孫之爲祖母服曰 … 又謹按儀禮通解 宋朝寶元二年 集賢校理薛紳 遭其祖母王氏喪 … 蓋爲祖後 則不得服庶祖母也 非長子之不得受父重也 禮官之議 正以紳不承祖統 而受父之重 故謂當申三年 而衆官之言 亦以王氏爲伸之所生祖母 尤親於祖庶母 故謂當服之也".

546)『禮記正義』卷33,「喪服小記」, "爲慈母後者 爲庶母可也 爲祖庶母可也".

547)『禮記正義』卷33,「喪服小記」, "爲慈母後者 爲庶母可也 爲祖庶母可也【鄭注】謂父命之爲子母者也 卽庶子爲後 此皆子也 傳重而已 不先命之與適妻 使爲母子也 緣爲慈母後之義 父之妾無子者 亦可命己庶子爲後".

548)『禮記正義』卷33,「喪服小記」, "爲慈母後者 爲庶母可也 爲祖庶母可也 …【疏】… 爲庶母後者 謂妾經有子 而子已死者 餘他妾多子 則父命他妾之子爲無子之妾立後 與爲慈母後同也 故云 爲庶母後可也".

549)『禮記正義』卷33,「喪服小記」, "爲慈母後者 爲庶母可也 爲祖庶母可也 …【疏】… 爲祖庶母可也者 … 祖庶母者 謂己父之妾 亦經有子 子死今無也 父妾旣無子 故己命己之妾子與父妾爲後 故呼己父之妾爲祖庶母 旣爲後亦服之三年 如己母矣 必知妾經有子者 若無子 則不得立後故也".

인 할머니(慈祖母)의 상복에 대한 논의이다. 서조모는 첩인 할머니로 서손, 서자와 혈연관계에 있는 사람이고, 자조모는 첩인 할머니로 서손을 길러준 사람이다.

김윤은 여기서 진나라의 유계지(劉系之, ?~?)와 왕기(王冀, 271~322)의 논의를 제시하였다. 그 내용을 살펴보면 유계지가 서조모를 위한 상복은 경문에 관련 문장이 없어서 어떠한 상복을 입어야 할지 모른다고 하자, 왕기는 서조모를 위한 상복은 경문에 없지만 상복이 없어서는 안 되니 인정에 따라 추론해야 한다고 하였다.

이 추론은 네 가지이다. ㉠ 첫째, 왕기는 예에서는 첩의 손자는 아버지가 죽으면 상복을 단독으로 눌려 입을 이유가 없으므로 첩인 할머니에게 자최삼년복을 입을 수 있다고 하였다. 설령 적처인 할머니가 살아있더라도 자최삼년복을 입을 수 있었다. 아울러 예에서 부인에게는 상복을 굽히질 않으므로 서손은 첩인 할머니를 위해 굽힐 필요가 없었다.[550]

㉡ 둘째, 그는 예에서 오직 할머니에 대한 문장만 적서의 구별이 없는 이유가 모두 남자의 조상을 높이는 의리를 밝히려는 것이기 때문이라고 보았다.[551]

㉢ 셋째, 왕기는 자모의 후사가 된 사람은 서모와 서조모를 위해서 후사가 될 수 있다고 한 것[552]을 근거로 들었다. 그는 이 문장을 통해 첩인 할머니와 자모인 할머니에게 아들이 없어서 아버지가 자기 자식에게 그녀들의 죽은 아들의 후사가 되게 했으므로 죽은 아들의 후사가 된

---

550) 『通典』 卷98, 「禮58 庶祖母慈祖母服議」, "晉劉系之問 爲庶祖母服 經無其文 不知爲有服否 王冀答曰 庶祖母服 經誠無文 然亦無不服之制 以情例推之 謂自應服 何以言之 禮 妾子父沒 爲母伸三年 子既得伸 孫無由獨屈 假令嫡祖在 禮 婦人不厭則無復所屈".

551) 『通典』 卷98, 「禮58 庶祖母慈祖母服議」, "按禮唯有祖母文 無嫡庶之別 蓋以明尊尊之義 而人莫敢卑其祖也".

552) 『禮記正義』 卷33, 「喪服小記」, "爲慈母後者 爲庶母可也 爲祖庶母可也".

자식은 그녀들을 위해 자최삼년복을 입을 수 있었다. 이에 후사가 된 자식은 오직 그의 항렬에 따라서만 그녀의 아들이나 손자가 되니 아버지의 명령을 받고 후사가 되었다면 삼년복을 못 입을 이유가 없었다.553)

㉣ 넷째, 왕기는 간혹 첩이 후사가 없을 때 다른 사람에게 후사가 될 것을 부탁하여 첩을 위해 상복을 입어주는데, 하물며 가까운 자신의 손자도 그녀들에게 자최삼년복을 입을 수 있다고 주장한다.554)

왕기의 추론은 부자 관계에 따라 서손이 아버지의 자최삼년복을 대신 입어야 한다는 것과 첩인 할머니에 대한 서손의 인정에 기인해 자최삼년복을 입어야 한다는 것으로 나뉜다.

❹ 『의례경전통해』의 「삼년지상」은 송나라 1039년(보원 2)에 설신(薛紳, ?~?)의 일이다. 그는 아버지인 요경(耀卿, ?~?)이 죽고 할머니인 왕씨가 돌아가시자 자신이 그녀를 위해 입을 상복 제도가 정해지지 않아 고민하였다. 이에 예관은 『의례』와 『통전』을 들어 설신이 할머니 왕씨의 손자이면서 아버지 요경을 계승한 사람이므로 그녀를 위해 자최삼년복을 입을 수 있다고 하였다. 서자가 아버지가 돌아가신 후 자기 어머니가 돌아가시면 그녀에게 자최삼년복을 입을 수 있는 것처럼 서손도 할머니에게 자최삼년복을 입을 수 있었다.555)

---

553) 『通典』 卷98, 「禮58 庶祖母慈祖母服議」, "禮記云 爲慈母後者 爲庶母可也 爲庶祖母可也 此謂二妾無子 父命子爲之後 或子或孫 唯其班第 旣受命爲後 則服之無嫌".

554) 『通典』 卷98, 「禮58 庶祖母慈祖母服議」, "由此言之 妾之無後而託後於人者 猶爲之服 況親之己之孫而可有不服之義邪 制服爲允".

555) 『儀禮經傳通解』 卷16下, 「三年之喪」, "度支判官集賢校理薛紳 言祖母萬壽縣太君王氏卒 祖母王氏是先臣所生母 服紀之制 罔知所適 伏乞申詔有司 檢詳條制 俯降朝旨 庶知遵守 詔送太常禮院詳定 禮官言五服年月敕齊衰三年 爲祖後者祖卒則爲祖母 注云 爲曾高祖母 亦如之 又曰 齊衰不杖期 爲祖父母 注云 父之所生庶母亦同 唯爲祖後者 乃不服 又案通禮義纂 爲祖後者 父所生庶母亡 合三年否 記云 爲祖母後三年 不言嫡庶 然奉宗廟 當以貴賤爲差 庶祖母不祔于皇 始已受重于祖 當爲祭主 不得申於私恩也 又曰 禮 無服庶祖母之文 有爲祖庶母後者之服 晉王冀義曰 受命爲後 則服之無嫌 婦人無子 託後族人 猶爲之服 况其子孫人 莫敢卑其祖也 且妾

중국의 선례는 인정과 대복으로 구분된다. ❶『의례』「상복」은 아버지의 명으로 모자 관계가 형성되어 서자가 자모에게 자최삼년복을 입으니 서손 또한 적통을 계승하지 않으면 그녀에게 자최삼년복을 입을 수 있다는 것이다. ❷『예기』「상복소기」는 서자와 자모의 모자 관계 형성을 서모와 조서모에 대입하는 것이다. 서모는 아들이 죽은 첩에게 다른 첩 소생의 아들을 후사로 세우는 것이고, 조서모는 첩의 죽은 아들(A)의 후사로 다른 첩 소생의 아들(B)을 죽은 아들(A)의 후사로 삼는 것이다. 두 가지는 자최삼년복 착용이 가능하다. ❸『통전』「서조모자조모복의」는 부자 관계로 인해 서손이 죽은 서자를 대신해 자최삼년복을 입어야 할 뿐 아니라 첩인 할머니에 대한 인정으로 자최삼년복을 입어야한다는 것이다. ❹『의례경전통해』「삼년지상」은 서손이 서자의 장자라면 자최삼년복을 입을 수 있다는 것이다.

자최삼년복을 입어야 한다는 사람들의 공통 논점은 네 가지이다. ① 첫째는 습속에 따르고자 하는 점이다. 이들은 대체로 종래 이황의 발언을 비롯한 조선의 습속이 예와 다르더라도 습속을 고수하자는 입장이다. ② 둘째는 선례를 참작한다는 점이다. 중국의 선례에는 앞서 언급한 여러 경전들이 있고, 조선의 선례에는 김장생, 김집 등의 주장이 있다. ③ 셋째는 대복의 관점에서 접근한다는 점이다. 대개 이들은 서자인 아버지의 상복을 서손인 아들이 대신 입을 수 있다는 주장이다. ④ 넷째는 양육 등의 인정에 따르려는 점이다. 구체적으로 자모, 서모, 조서모 관련 경전을 거론해 모자 관계 형성, 양육 등의 인정에 따라 승중과 관련 없이 자최삼년복을 입고자 하는 것이다.

자최부장기복을 입어야 한다는 사람들의 공통된 논점은 세 가지이다. ① 첫째는 자최삼년복을 적통과 관련된 상복(승중복)과 연관 지었다는

子父沒爲母 得申三年 孫無由獨屈 當服之也 今薛紳係爲庶孫 不爲祖後 受重于父 合申三年之制";『宋史』 卷125,「志78 禮28 凶禮4」.

점이고, ② 둘째는 『예기』「상복소기」의 '첩인 어머니를 대대로 제사 지내선 안 된다'라는 구절에 주목한다는 점이다. 다시 말해 이들은 대대로 제사 지내는 것은 적통을 계승(승중)한다는 의미인데, 적통을 계승하지 않은 서손에게 첩인 할머니를 대대로 제사 지낼 의무가 없다고 보았다. ③ 셋째는 적처와 첩의 관계에 주목한다는 점이다. 만일 서자나 서손이 할아버지의 적통을 계승하면, 그의 적처를 자기 어머니 혹은 할머니로 삼기 때문에 첩인 할머니는 적처에게 눌리기 때문에 그녀에게 자최삼년복을 입어서는 안 된다고 한다. 자최삼년복의 경우엔 습속, 선례, 인정, 대복의 관점에서, 자최부장기복의 경우엔 승통, 적첩 간 관계의 관점에서 각 주장이 제기된다.[556]

여러 사례를 근거로 제시한 김윤 등은 서손이 서자 대신 상복을 입는 것이 이전부터 습속이 되어 서얼이 자최삼년복을 입을 수 있었지만, 1713년(숙종 39)에 제도로 정해진 이후로 나라에서 그 일을 금지하였으니 다시 해결해달라고 부탁하였다.[557] 하지만 이에 대한 예조의 대답은 달랐다. 예조는 삼년복을 입는 일을 다시 따지는 것은 1713년(숙종 39) 논의와 임금의 명령에 어긋나는 것이고 부적합한 처사라고 주장하였다.[558]

다시 말해 이는 예조가 서손의 자최삼년복 착용에 있어서 다른 여지를 주지 않고 적통을 강조한 것이다. 적통의 강조는 18세기에 이르러 유교 상례와 종법이 조선에 정착했다는 의미이고, 이를 통해 사족이 혈통

---

556) 서손의 자최삼년복 착용에 관한 18, 19세기 서인(노론, 소론), 남인계 사족들의 주장은 후속 연구를 통해 다루고자 한다.

557) 『葵史』 卷乾, "臣等又竊伏念 代服一節 姑舍歷代之所曾行 自癸巳定制之前 已成國俗 而自癸巳定制之後 更爲邦禁".

558) 『葵史』 卷乾, "禮曹回達 … 癸巳年間 因筵臣陳達 人家妾孫之爲其祖母喪代服當否 議于諸大臣 諸大臣之議 不無異同之說 而判付內 從不宜代服之議施行 今此金潤等之書如此 朝家旣已定制 則今不當擧論第三年之服".

적 순수성을 앞세워 집단의 영속성을 유지하고자 했다는 뜻이다.

적통의 정립은 서손의 자최삼년복 착용뿐 아니라 입후를 통해서도 확인할 수 있다. 입후, 즉 후사를 세우는 것은 본래 적통의 영속성을 유지하기 위해 대종만 가질 수 있는 권한이다. 이것은 조선 후기 사회에 성행하였는데,[559] 사족은 심할 때는 적처 소생의 아들이 없고 첩 소생의 서얼만 있다면 이들을 배제하고 예사문서를 속여 다른 사람을 후사로 세웠다.[560] 그리고 적서 구분을 사족의 집안 명분이라 하여 서자 차별의 이유로 강조하고 서자 계승보다 입후를 선호하였다.[561]

당시 조선의 분위기는 이익(李瀷, 1681~1763)의 발언에서도 볼 수 있다. 그는 조선의 사족은 대종인지, 소종인지 따지지 않고 무분별하게 후사를 세워 그 본 의도가 어그러졌다고 지적하였다. 특히 그는 이들 소종은 입후할 때마다 대종처럼 '적통을 전한다'고 핑계를 댄다고 주장하였다.[562] 이는 조선의 사족이 적통의 영속성을 유지한다는 말을 핑계 삼아

559) 권내현, 앞의 논문, 2009 참조.

560) 『葵史』 卷乾, 「附通塞問答」, "有許多妾子 不肯委以祀事 至於粧撰 禮斜文書以爲嫡妾俱無子 而取他子 請之者莫知其非 許之者亦莫知其非也 以是上達 而自不覺歸於欺君之科 因循苟且 遂成謬規 擧世皆然 雖有見識者知而不改 此不惟欺君 其自欺欺人 甚至於欺其祖先 而恬不知愧 究厥所由 則不過爲門戶計耳"; 『明齋先生疑禮問答』 卷1, 「通禮」, "人家或有以妾子奉祀者 或有舍妾子而立後者 或有以妾子只奉己祀爲一支 而祖以上祀 則移奉於次子者 惟在其家長之處置而已 然有妾子 則不立後以妾子奉祀者 禮之正也 下二款 則國俗也"; 박종천, 「성호학파의 立後설과 변등론적 사회의식」, 『조선 후기 사족과 예교질서』, 소명출판, 2015, 374쪽 참조.

561) 『喪禮四箋』 卷11, 「喪期別6 出後7【有妾子則立之 不取他人之子】」, "庶子承統 天理則然 而我邦卑庶太甚 雖才德竝隆 不許淸官 於是庶子盈庭 而必取族人之子 以爲人後 傷天彝而斁人紀 未有甚於此者也"; 김진우, 앞의 논문, 2019a 참조.

562) 『星湖僿說』 卷24, 「經史門 漢法不立後」, "據禮 別子爲祖 繼別爲宗 是爲大宗 百世不遷 無子則族人以昭穆爲後 所謂爲人後者爲之子也 古者繼後 惟大宗有之 自高祖以下小宗 則祖遷於上 宗易於下 其宗子雖絶其親 未盡者承其祀 未有立後之例 古道然也 後世不論宗庶 無人不立後 其義甚踳 小宗猶諉以四宗之傳重 彼支子何所託而效顰 … 近世無論遠近 輒養族人爲後 有財故也"; 『星湖僿說』 卷24, 「經史門 與爲人後」, "爲後之禮 聖人不得已也 旣立大宗 萃聚人心 百世不祧 有君道焉 不可

대종만 할 수 있는 후사를 세우는 권한을 남용하였음을 의미한다.[563] 이를 통해 사족들은 적서 구분을 한 집안의 명분으로 삼아[564] 혈통적 순수성과 그에 따른 지위를 유지하고자 하였다.

사족의 신분적 우위가 동요됨에 따라 사족은 집안에서 혈통적으로 그들의 명분을 강화하여 사족 내부의 질서를 확립하고자 한 경향[565]은 전술한 적통의 확립 등의 사례와 일맥상통하는 부분이다. 다시 말해 입후의 성행, 적통의 확립 등은 18세기 조선의 사족이 적통을 강화하고 혈통적인 측면에서 각 집단의 영속성을 유지하려는 움직임으로 해석할 수 있다. 이는 사족이 영속성뿐 아니라 사족끼리 상호 부조하여 집단의 결속력을 강화하려는 모습에서도 보인다.

2. 사족 중심 상호 부조와 결집

1) 부조 대상의 축소

조선의 사족이 이 시기에 혈통적인 측면에서 각 집단 혹은 집안의 영속성을 유지하는 모습은 그들 간 결속력을 강화하는 방향으로 이어졌다. 이는 18세기 사족이 종전과 달리 사족의 거주지, 즉 촌락 단위에서 자신

以遽絶 故爲立後之禮 惟大宗有之 自繼高祖以下 祖遷于上 宗易于下 故上遷其祖則宗罷矣 安用爲後 … 後世不探其本 徒循俗情 多因利欲而行之".

563) 김진우, 「조선 후기 사회 기본 구조의 특징과 그 의의 - 家, 宗, 族을 중심으로 -」, 『한국학논총』 52, 2019b 참조.

564) 『通塞撮要』 卷1, "肅廟丙辰 大司憲李袤上疏曰 … 一則名分不可紊 … 古所謂曰嫡曰庶之名分 卽私家宗族之名分也 曰貴曰賤之名分 卽公家官位之名分也 其實各異 其可混指私家之名分 而歸之於公家之名分乎 … 一則周公制禮 嫡庶是嚴 … 此亦臣所謂宗族之名分 非爵人之名分也".

565) 김진우, 앞의 논문, 2018 참조.

들의 영향력을 강화하여 사족 내부의 결속을 다지려는[566] 현상으로 표출되었다. 이를 위해 사족은 동성촌락과 문중을 형성하고[567] 족계, 동약 등을 활성화하였다. 본 연구는 족계와 동약에 수록된 부조 물품과 그 대상 등을 분석하여 조선의 사족이 상례를 통해 결집하는 양상을 고찰하고자 한다.

관련 표[568]를 참고하면 우선 족계의 경우, 18세기에 사족이 친족 혹은 사족 간 결집을 강조하는 경향이 두드러지면서 사족의 족계가 성행하였다.[569] 이는 1766년(영조 42) 11월에 만들어진 『동양신씨문회록』과 1777년(정조 1)의 『상주박씨족계』에 나타난다.[570] 전자의 동양 신씨 집안사람들은 동족이 길흉사에 서로 돕지 않으면 길거리에 있는 사람들과 같다고 하면서[571] 길흉사에 친족 간에 물질적으로 서로 도울 것을 강조하였다. 후자의 상주 박씨 집안사람들은 친족을 규합한다는 것은 돈독함에 근간을 두고 있다고 하였다.[572] 나아가 이들은 돈독함을 닦기 위해서는 친족을 규합해야 하고,[573] 친족을 규합하기 위해서는 조상을 존중해야 한다고 주장한다.[574]

566) 이해준·김인걸 외 저, 『조선시기 사회사 연구법』, 한국정신문화연구원, 1993, 282~283쪽.

567) 김필동, 「17세기 사족 문중의 형성 - 파평윤씨 魯宗派의 사례 -」, 『사회과학연구』 20, 2000; 이해준, 「조선후기 문중화 경향과 친족조직의 변질」, 『역사와 현실』 48, 2003 참조.

568) 부록의 '18세기 사족의 부조' 표 참조. 이는 본론의 내용을 바탕으로 작성된 것이다.

569) 常建華, 「족계(族契)를 통해 본 조선시대의 宗族조직화 - 中·韓 族譜와 宗族制度의 비교를 중심으로 -」, 『韓國系譜研究』 1, 2010, 206쪽.

570) 『동양신씨문회록』의 사례는 경상도 문경, 『상주박씨족계』의 사례는 경상도 상주에 해당된다.

571) 『東陽申氏門會錄』, 「金龍寺門會時約條」, "一 篤同族者 吉凶大事 患難疾病 若不相救相護 則此便是路人 惟我諸宗皆各揚會 或以躬造 或以書問 勿至相忘之域者".

572) 『尙州朴氏族契』, 「立議」, "一 合族者欲講修睦之道 結契者欲一惕勵之心事".

573) 『尙州朴氏族契』, 「立議」, "一 修睦之道在於收族".

574) 『尙州朴氏族契』, 「立議」, "一 收族在尊祖".

이들을 통해 확인할 수 있는 점은 18세기 족계의 경우, 이전과 달리 이들이 부계 친족 간의 돈독함을 강조하여 규합을 도모한다는 점이다. 또한 조상을 존중하고(敬宗) 친족을 규합하는(收族) 종법의 전반적인 내용을 강조한다는 것이다. 이는 조선에 종법이 정착되었다는 의미로, 상례에서 친족 간 부조하여 각 집단의 영속성과 결속력을 유지하는 근거가 확립된 것이다.

이에 친족 가운데 상이 발생하면, 유사 또는 공원(公員)이 다른 친족들에게 부고를 보내 상이 발생했음을 알리고,[575] 부고를 들은 친족들은 성복 등 특정 일자에 상갓집에 조문 간다.[576]

특히 상주 박씨의 경우, 계에 가입한 이 집안 친족들은 부고를 들은 날에 각자 돈을 내어 부장(賻狀)에 쓸 종이를 사서 공원에게 건네준다. 공원은 부조 물품과 그것을 적은 문서를 상갓집에 보낸다.[577] 친족들은 장례를 지낼 때 각자 쌀 3승을 부의로 보내고, 발인 전에 모여 밤을 새우면서 호상을 맡아 상갓집을 도왔다.[578]

한편 1724년(경종 4) 6월에 작성된 남평 문씨 집안의 『소종계안』[579]에서는 이들보다 더 다양한 부조 물품을 제공하였다. 우선 남평 문씨 집안사람들은 상례에 예를 다해야 함을 강조하면서[580] 상례에 지급할 관을 구입하여 그 날짜를 기록하고, 이를 부의 물품으로 보냈다.[581] 기본

---

575) 『尙州朴氏族契』, 「立議」, "一 自喪家通訃于公員 公員遍告族中事".

576) 『宗稧完議座目』, 「宗稧節目」, "一 稧員中遭喪 則宗有司發文 成服日 一齊來弔事".

577) 『尙州朴氏族契』, 「立議」, "一 聞喪之日 人各出一蚨 買紙束隨數 以公員名寫賻狀 致賻于喪次事".

578) 『尙州朴氏族契』, 「立議」, "一 及其葬也 家各出白米三升致賻 … 族人不可不會 發靷前徹夜臨護事".

579) 『小宗契案』의 사례는 전라도 영암에 해당된다.

580) 『小宗契案』, 「小宗契序」, "人子之道 莫大於愼終追遠 愼終者 喪盡其禮之謂也".

581) 『小宗契案』, 「約條」, "一 棺板貿得時 年月日書于板中 掌議着署 致賻時 考其年月 次序 而勿擇善惡事".

적으로 남평 문씨 집안은 부모, 자신, 처의 상에 쌀 이외에 관에 쓸 목재와 관 안에 집어넣을 물품을 부의 물품으로 지급하였다.[582] 이들은 관에 쓸 목재 이외에 세부 조항을 마련하여 다른 부조 물품을 주기도 하였다.

아버지와 아들, 형과 동생이 모두 계에 가입한 경우에는 계에서 상례에 쓸 베로 생마를 지급하였다.[583] 옛 계원의 처가 아버지를 이어 계에 가입할 아들을 낳지 않고 죽으면, 계원에게 부의하듯이 관에 쓸 목재를 부조 물품으로 보냈다. 만일 계원이 게을러서 곡물을 내지 않으면 남평 문씨 집안은 그들에게 관에 쓸 목재만 제공하였다.[584] 이는 계에서 쫓겨난 사람도 마찬가지였다.[585]

이와 함께 이들은 상례 절차에 사용할 물품을 상갓집에 제공하였다. 구체적으로 그 물품은 금(衾), 도색주(塗色紬), 고백주(袴白紬), 전미(奠米), 심의, 엄(掩), 리(履), 복건(幅巾), 원삼(圓衫), 혼상(魂箱), 멱모(瞑帽), 금대(錦帶), 악수(握手)이고, 처의 상일 때 부의 물품은 망건(網巾), 고백주, 대대(大帶), 생마, 명정, 백지, 목화, 상포(喪布)이다.[586] 이것들은 대체로 습과 염에 사용하는 것이다. 『가례』에서는 습하기 전에 집사와 그의 시종이 머리를 감쌀 엄과 복건 1개,[587] 귀를 막을 충이 2개, 얼굴을

582) 『小宗契案』, 「約條」, "一 父母己妻之喪 棺材一件及棺中所入 致賻事".

583) 『小宗契案』, 「約條」, "一 父子兄弟俱入之員 則喪布生麻外 只從一員例事".

584) 『小宗契案』, 「約條」, "一 舊契員妻無繼入之子 則一從契員例盡賻 而若所掌穀物慢不能備納 則只賻棺材事".

585) 『小宗契案』, 「約條」, "一 損徒之員 則棺材外勿賻事".

586) 『小宗契案』, 「喪賻謄錄」, "棺板壹件【餘同上】衾俱內壹件三十二尺 塗色紬依所入十二尺 袴白紬貳拾陸尺 奠米十斗 深衣壹領二十七尺 掩壹件 履壹件 幅巾壹件 圓衫壹件 魂箱紙一件 瞑帽俱內壹件 錦帶壹件 握手俱內壹件【內喪】網巾壹件 袴白紬貳拾肆尺 大帶壹件 生麻壹斤 銘旌壹度三戔五分 白紙參卷 木花柒斤 喪布壹百尺".

587) 『儀禮注疏』 卷35, 「士喪禮」, "掩 練帛廣終幅 長五尺 析其末【鄭注】掩 裹首也"; 『喪禮通載』 卷1, "遷尸 …【襲事之具】… 掩一【古用練帛 今用黑繒 亦可 廣終幅 長五尺 析其兩末 將結於頤下 又還結於項中 女喪所以代幅巾者】".

덮을 멱목, 손을 감쌀 악수, 심의 1벌, 큰 띠 1개, 신 2켤레, 솜을 넣은 긴 옷인 포, 솜을 넣은 짧은 옷,[588] 바지를 가리키는 고 등을 준비한다.[589]

남평 문씨 집안은 상갓집에 습을 마치고 시신을 덮을 이불,[590] 관을 덮을 명주, 포로 쓰일 흰 명주, 전으로 올릴 쌀, 심의, 머리를 감쌀 엄과 복건, 신, 웃옷인 원삼, 발인과 그 이후에 쓸 혼백 상자, 얼굴을 덮을 멱목, 비단으로 만든 띠, 손을 감쌀 악수를 부조 물품으로 제공하였다.

한편 처의 상에 남평 문씨 집안은 부녀자들이 주로 착용하는 약두(掠頭)인 망건,[591] 포로 쓰일 흰 명주, 큰 띠, 생마, 명정, 흰 종이, 목화, 상에 쓸 베를 보낸다. 초상 때 계원들은 이렇게 구체적인 물품을 보내어 습을 돕는다.

이는 이전과 다른 부분이다. 이전에는 부조 물품을 명시하지 않거나, 쌀만 상갓집에 보냈다. 하지만 여기서 남평 문씨 집안은 관에 쓸 목재를 기본 부조 물품으로 정하되, 상례 절차에 쓸 부의 물품을 더 지급하기도 하여 상갓집에 부조 물품을 다양하게 제공하였다.

1781년(정조 5) 전라도 남원의 삭녕 최씨 집안은 계원 가운데 부모, 자신, 처의 상이 발생하면, 집안의 계에서는 돈 3량을 우선 제공하고 장례 때 돈 1량을 지원하였다.[592] 이전과 달리 이들은 돈을 부의 물품으로 상갓집에 주었다.

이 시기 족계의 구성원은 대체로 부계 혈연을 공유하는 친족이다. 이

---

588) 『家禮增解』 卷3, 「喪禮」, "袍襖 …【按】或曰 袍有絮長衣 襖有絮短衣".

589) 『家禮』 卷4, 「喪禮 初終」, "陳襲衣【注】幅巾一 充耳二 用白纊如棗核大 所以塞耳者也 幎目帛方尺二寸 所以覆面者也 握手用帛長尺二寸廣五寸 所以裹手者也 深衣一 大帶一 履二 袍襖汗衫袴襪勒帛裹肚之類 隨所用之多少".

590) 『家禮』 卷4, 「喪禮 初終」, "侍者卒襲 覆以衾".

591) 『沙溪全書』 卷27, 「家禮輯覽 喪禮」, "註頭須掠頭 … 河西曰 掠頭如今之網巾".

592) 『崔氏宗中宗契案』, 「戊戌完議」, "一 稧員遭喪【父母己妻】則齊會護喪 各有所助而給錢三兩 至其葬時亦給一兩錢事".

들은 친족 간의 돈독함을 강조하여 규합을 도모한다. 그래서 족계의 구성원들은 상례 때 상호 간 부조를 해야 한다고 강조하였다.

청송 심씨, 남평 문씨, 삭녕 최씨 등의 사례들은 대체로 초상과 장례에 계원들이 해야 할 행동과 그들이 상갓집에 부조해야 할 물품을 규정하였다. 이전에 쌀과 베 등의 간단한 물품을 지급한 것과 달리 이 시기에는 상갓집 사람들에게 그들이 상례 절차를 행할 때 필요한 물품을 보냈고, 부의 지급 대상이 구체적으로 구분되었다. 이들은 상의 종류를 부모, 자신, 처의 네 가지로 나누고 이에 따라 부조 물품을 다르게 지급하였다. 위의 족계에서는 대체로 부계 혈연을 공유하는 친족으로 부조 대상이 축소되었고, 부조 물품이 다양하게 지급되었다. 그리고 상호부조의 근거로 종법, 즉 조상을 존중하고 친족을 규합하는 것이 강조되었다.

동약의 경우도 족계와 비슷하였다. 여기서 동약은 사족이 자신들의 결속력을 강화하기 위해서 기존의 향약을 변화시킨 것이다.[593] 여기에는 ❶ 1701년(숙종 27) 김간(金榦, 1646~1732)이 충청도 예산의 각 마을의 습속을 바로 잡기 위해 배포한[594] 『반시각면동계약조』가 있다. 김간은 습속 중 상장례를 가장 중시하였다. 그는 사람들이 상장례에 온 힘을 다해 서로 도와야 한다고 주장한다. 이 때문에 그는 상례와 장례 한 조항을 따로 만들어 조문하고 부의하는 절차를 상세히 기록했다.[595] 김간은 부조해야 할 친족의 범위를 부모와 조부모, 자신, 자신의 처, 처의 부모, 나에게 맡겨진 여러 부모와 형제자매, 성인이 된 아들과 조카까지

593) 이해준, 앞의 논문, 1993b, 271~280쪽.

594) 『厚齋集』 卷38, 「雜著 割鷄錄【辛巳任禮山時】 頒示各面洞契約條」, "自各洞謄置一本 依其約條 相與講行 磨以歲月 持之悠久 則其於明倫厚俗之道 或不無少補 惟我境內諸君子 曷不於此焉勉之哉".

595) 『厚齋集』 卷38, 「頒示各面洞契約條 敦風俗 喪葬」, "倫理旣正 風俗可敦 故敦風俗次之 風敎所關 固非一端 然其大者 莫如養生送死 而送死爲尤大 故人於是必盡其力 而隣里爲之相助 此厚道也 故特就喪葬一條 以弔賻等節 列于下".

규정하였다.[596]

㉠ 초상 시, 상갓집은 바로 상유사에게 알리고 상유사는 계원에게 통문을 돌린다. 이후 상유사는 삼소임(三所任), 즉 동장(洞長), 집강(執綱), 풍헌(風憲)을 데리고 가서 성복 전까지 호상을 맡는다. 사족은 하계원들의 상에 자신의 노비를 대신 보내 조문을 하지만 상계원의 상에는 빈을 만들기 전까지 가서 나무와 볏짚 등의 물품으로 빈청을 만들어 준다.[597] 부의 물품은 각자 여력에 맞게 보내야 하는데,[598] 여기서 주목해야 할 점은 부조 물품이 나무 자재와 볏짚이라는 것이다. 사족은 초상 때 나무 자재와 볏짚을 각자 지참하여 상갓집에 빈청을 만들었다.

㉡ 장례 시, 그 하루 전 조문객은 쌀을 지참하고,[599] 당일에 계원들은 술과 과일, 횃불을 지참한다. 술과 과일은 장례에 전을 올릴 물품이고, 횃불은 발인하기 전에 빈에서 관을 꺼낼 때 사용하는 물품이다.[600]

김간의 사례에서는 계원들이 상례에 필요한 물품을 상갓집에 보냈다. 그리고 이들은 나무, 볏짚, 술, 과일, 횃불 등을 해당 절차에 맞게 부조하였고 성복 이후에 조문객으로 상갓집에 조문하였다. 이것의 특이점은 부조 대상이 축소되었다는 점이다. 계원들은 사족의 상에 조문하고 빈소를 만들어 주었으나, 상민의 상에는 노비를 대신 보내 조문할 뿐 자신들이

---

596) 『厚齋集』 卷38, 「頒示各面洞契約條 敦風俗 喪葬」, "凡同契之人遭喪 勿限數顧見如約 【喪謂父母祖父母己妻及妻父母及諸父母諸兄弟姊妹托我及諸子姪輩成人以上者】".

597) 『厚齋集』 卷38, 「頒示各面洞契約條 敦風俗 喪葬」, "契中有喪 則 【喪家卽通于上有司 上有司發文通告于契中】 上有司率三所任往弔之 因爲護喪 以至成服 【若下契喪則上有司代奴行弔禮而已 ○上契喪 趁成殯前 契中各持材木蓋草等物 造給殯廳而有司及三所任終始看役】".

598) 『厚齋集』 卷38, 「頒示各面洞契約條 敦風俗 喪葬」, "凡同契者 爲之各出物以賻之 【多少 稱其有無】".

599) 『厚齋集』 卷38, 「頒示各面洞契約條 敦風俗 喪葬」, "往會喪家 以助其役 【葬前一日 有司率同契 各持飯米會喪家】".

600) 『厚齋集』 卷38, 「頒示各面洞契約條 敦風俗 喪葬」, "及葬各持酒果炬火".

직접 가지 않았고 물품도 부조하지 않았다. 이는 17세기에 확대된 부조의 대상이 18세기에 이르러 축소되었음을 의미한다. 부조 유형은 Ⓐ 첫째, 초상 시 개인 부조, 장례 시 개인 부조이고, Ⓑ 둘째, 상하 부조가 없으며, Ⓒ 셋째, 초상 시 물품 부조, 장례 시 물품 부조이다.

❷ 1706년(숙종 32) 전라도 남원부 둔덕방에서 작성된 『삼계계안』에서 계원들은 유사의 부고를 받으면 초상과 장례 때 상갓집에 역군과 연호군을 동원하였다. ㉠ 초상 시, 이들은 역군 1명, 연호군 5명, ㉡ 장례 시, 묘를 만드는 역군 1명과 연호군 10명, 상여를 메는 연호군 10명을 상갓집에 보냈다. 이와 함께 계원들은 계원 본인, 부모, 처의 상에는 벼 15두, 삼베 1필, 명정 1개, 생마 3근을 부의 물품으로 제공하였다.[601]

여기에는 세 가지 특징이 있다. 첫 번째, 상민의 상에 부조하는 조항이 삭제되었다. 17세기 해당 마을에서는 상민의 상에 관한 조항이 수록되었다. 종전에는 사족과 상민이 상호 공동 부조를 받고 노동력을 동원하였으나, 18세기 이 마을에는 그에 관한 조항이 없어졌다.

두 번째, 개인 부조가 삭제되었다. 17세기에는 개인적으로 부의 물품을 부조하고 노동력을 동원하여 계원들이 사족과 상민의 상을 도왔다. 하지만 18세기에는 이들이 개인 부조 대신 공동으로 상갓집을 부조하여 개인 부조 조항이 삭제되었다.

세 번째, 부의 물품에 상례 절차를 행할 때 필요한 물품이 추가되었다. 17세기에 이 계의 구성원들은 구체적인 상례 물품이 아닌 벼, 삼베, 생마 등의 기본 물품을 상갓집에 부조하였다. 하지만 이 시기에 이르면 이들은 명정을 보낸다. 이는 18세기의 특징인 부의 물품의 다양화와 일맥상통하는 부분이다.[602] 이 계의 부조 유형은 Ⓐ 첫째, 초상 시 공동

601) 『三磎稧案』, 「喪葬條」, "契員初喪葬時 有司預爲出文通告 而役夫則初喪造墓軍各一名 … 烟軍則初喪五名 造墓十名 擔持十名 元定事 ○ 四喪 扶助租十五斗 麻布一疋 銘旌一件 生麻三斤 爲定事".

602) 『三磎稧案』, 「喪葬條」, "○ 四喪 扶助租十五斗 麻布一疋 銘旌一件 生麻三斤 爲

부조, 장례 시 공동 부조, Ⓑ 둘째, 상하 부조가 없으며, Ⓒ 셋째, 초상 시 물품·노동력 부조, 장례 시 물품·노동력 부조이다.

❸ 1708년(숙종 34) 경상도 상주에서 이만부(李萬敷, 1664~1732)가 작성한 『노곡향약』이다. 약원들은 상민들의 상례에도 부의 물품을 지원하였다. ㉠ 초상 시, 사족의 상에 그들은 모두 모여 상례를 돕고[603] 빈 쌀가마니 4장, 참깨 2두, 송진 1두씩 상갓집에 보낸다.[604] ㉡ 장례 시, 상갓집에 모여서 전을 올리고 상갓집의 장례 절차를 도우며,[605] 소상과 대상 때에도 상갓집에 모여 제사를 올렸다.[606]

㉠ 초상 시, 상민의 상에 계원들은 노비를 보내 노동력을 동원하거나, 조문을 가지 않고 단지 흰 쌀 8두, 누런 콩 4두, 참깨 1두만 부의 물품으로 보냈다.[607] 이들의 부조 유형은 Ⓐ 첫째, 초상 시 개인 부조, 장례 시 공동 부조, 상민 초상 시 공동부조이고, Ⓑ 둘째, 상하 부조이며, Ⓒ 셋째, 초상 시 물품 부조이다.

여기에는 두 가지 특이점이 있다. 첫 번째는 약원들이 상민의 상에 부조하는 방식이다. 17세기에는 상민들의 상에 초상 때 약원들이 모여 조문하거나 상갓집에 물품과 노동력을 제공하였다. 반면 이 사례에서는 사족인 약원들이 상민의 상을 조문하러 가지 않고 노비를 시켜 노동력과 물품을 보냈다. 이는 직접 조문에서 간접 조문으로 변한 것이다.

두 번째는 부의 물품의 다양화이다. 약원들은 사족의 상에 빈 쌀가마

定事".

603) 『魯谷鄕約』, 「永葬」, "一 初喪【齊會治喪】".

604) 『魯谷鄕約』, 「上員初喪」, "一 空石四葉式 收給事"; 『魯谷鄕約』, 「上員初喪」, "一 眞荏二斗 賻給事【各宅及下人處收合 存本取利上下事】"; 『魯谷鄕約』, 「上員初喪」, "一 松脂一斗 賻給事【春秋講信時 每一名一合式收合 藏置庫中 用時上下事】".

605) 『魯谷鄕約』, 「永葬」, "永葬【齊會致奠護喪】".

606) 『魯谷鄕約』, 「永葬」, "大小祥【齊會致奠 ◯內喪爲未升堂者否 惟治喪護喪 ◯如有不得已之故 不得進去 以狀告于有司 無故不赴者 講信時 面責事】".

607) 『魯谷鄕約』, 「下人葬時」, "一 白米八斗 黃豆四斗 眞荏一斗 賻給事".

니, 참깨, 송진을 보내고 상민의 상에 흰 쌀, 누런 콩, 참깨를 지급하였다. 이전과 달리 참깨, 송진, 누런 콩이 추가되었다. 여기서 송진은 관을 만들 때 사용하는 물품이고, 참깨, 누런 콩은 전을 올릴 때 사용하는 물품이다. 위 두 가지 특이점은 18세기의 특징이라 할 수 있다. 이는 이후 제시될 예에서도 빈번하게 등장한다.

❹ 1708년(숙종 34) 충청도 아산에 세거하던 홍중삼(洪重三, 1649~1709)의 『향약통변』[608]에서는 ㉠ 초상 시, 상을 들으면 직월(直月)은 바로 약원들에게 알리고 상갓집에 가서 곡하고 조문하며, 상갓집에서 부고를 내면 직월은 부고를 돌린다.[609] 이어서 그는 부조 물품을 적은 문서 등을 갖추어 상갓집에 간다.[610]

김간의 사례처럼 홍중삼의 사례도 성복을 기준으로 하였는데, 이들은 상갓집에서 부고를 내면 검은색 관, 흰 옷, 검은색 허리띠를 착용하도록 복장을 규정한다. 아직 성복을 하지 않았으면 조문객 중 친척이나 관계가 깊은 사람들은 상주를 보지 않고 상례에 쓸 기구만 준비했다가 성복 후 바로 그를 조문한다. 약원들도 성복 후 바로 물러났다가 흰 옷과 흰 띠를 입고 조문하러 간다.[611]

여기서는 이와 함께 약원들이 당한 상의 종류와 그 시기에 따라 차등을 두어 상갓집에 부조 물품을 지급하였다. 약원 본인의 상에는 초상 때

608) 본 연구에서는 통변(通變)이라는 이름 아래 당시 습속과 조선의 여러 학자의 설을 인용한 부분, 즉 권1의 내용을 분석하였다. 다른 권의 내용은 후속 연구를 통해 다루고자 한다.

609) 『鄉約通變』 卷1, 「禮俗相交」, "及卒哭及小祥及大祥 皆常服弔之【通變】… 喪事【同約及父母妻子】則聞喪 直月卽周告同約 往哭弔 喪家訃告 直月則出文".

610) 『鄉約通變』 卷1, 「禮俗相交」, "約員之喪【約員父母妻子喪】直月預定期日 周告同約 備祭物 具祭文賻狀 先使人通于喪家 家會外次 皆素服素帶".

611) 『鄉約通變』 卷1, 「禮俗相交」, "及卒哭及小祥及大祥 皆常服弔之【通變】… 喪事【同約及父母妻子】則聞喪 直月卽周告同約 往哭弔 喪家訃告 直月則出文 通論玄冠素服黑帶 未成服 親戚及分厚者 不敢入見喪主 但在外治喪具而已 成服後乃弔 約員同議凡百經營之事 成服後乃退 素服素帶行弔".

삼베 3필을 기본으로 주고, 약원들 각자 쌀 5승, 빈 쌀가마니 3장을 지참한다. 성복 이후 조문 갈 때 그들은 부조 물품을 적은 문서와 무명 5필, 쌀 10승을 갖고 간다.

약원의 부모 상에는 초상 때 삼베 2필을 기본으로 주고, 약원들 각자 쌀 5승, 빈 쌀가마니 2장을 지참한다. 성복 이후 조문에 그들은 부조 물품을 적은 문서와 무명 3필, 쌀 5승을 갖고 간다.

약원의 처자식 상에는 초상 때 삼베 1필을 기본으로 주고, 약원들 각자 쌀 1승, 빈 쌀가마니 1장을 지참한다. 이 경우 자식이 10세 이하라면 약원은 조문 가되 물품을 지참하지 않는다. 성복 이후 조문에 그들은 부의 물품을 적은 문서와 무명 1필, 쌀 3두를 갖고 간다.[612)]

약원들은 같은 동네에 살지 않는 약원에게도 부조 물품을 지급하였다. 우선 먼 곳에 사는 약원의 상에 약원들은 무명 3필, 삼베 1필을 심부름꾼을 통해 지급한다. 다른 마을에 사는 약원의 상에 그들은 사람을 보내 전을 올리거나, 무덤에서 전을 올리는 것으로 대신한다.[613)]

부조 유형은 Ⓐ 첫째, 초상 시 공동·개인 부조, Ⓑ 둘째, 상하 부조가 없으며, Ⓒ 셋째, 초상 시 물품 부조이다. 또한 여기에는 세 가지 특이점이 있다. 첫 번째는 약원들이 상의 종류에 따라 부조 물품을 달리 지급하였다는 점이다. 구체적으로 이들은 부모·자신·처·자식의 상으로 나누고 그에 따라 부조 물품을 보냈다. 물품은 대체로 상례를 진행할 때 쓰이는 삼베, 무명 등을 지참하였다.

---

612) 『鄉約通變』 卷1, 「禮俗相交」, "喪家賻物 約員喪 麻布三疋 同約各出米五升 各出空苫三葉【以上 初喪給】綿布五疋 米十斗【以上賻物 具狀呈納】約員父母喪 麻布二疋 各出米五升 空苫二葉【以上 初喪給】綿布三疋 米五升【以上賻物 具狀呈納】約員妻子喪【子弟滿十歲 則弔而不賻】麻布一疋 同約各出米一升 各出空苫一葉【以上 初喪給】綿布一疋 米三斗【以上賻物 具狀呈納】".

613) 『鄉約通變』 卷1, 「禮俗相交」, "遠居約員喪 綿布五疋 麻布三疋 同約各出米三升 具奠物遣 年少者一人 操文致奠 父母喪 綿布三疋 麻布一疋 送伻傳納 約員居異鄉者 聞同約喪慶 亦隨力所及 或專人致奠【已奠 則奠于墓】".

두 번째는 약원들이 부조 물품의 지급 시기를 구분하였다는 점이다. 구성원들은 성복을 기준으로 그 전후에 상갓집에 지급해야 할 물품을 구분하였다. 다만 장례 시 부조는 없다.

세 번째는 부조 지급 대상이 사족으로 한정되어 있다는 점이다. 이는 전술한 경우와 비슷한 양상이다. 상민의 상에 부조하는 조항이 사라지고 사족의 상에 부조하는 부분이 조항에 주로 수록되었다. 이것의 세 가지 특이점은 앞서 제시한 것들과 대체로 일치한다고 할 수 있다.

전라도 영암군 영암읍 장암리에서 남평 문씨, 거창 신씨 등에 의해 작성된 『장암동계』[614]에서는 계원들이 부조 물품에 관한 규정을 자세하게 기록하였다. 우선 ❺ 1703년(숙종 29)에 작성된 『동계안』에서는 계원들이 초상부터 성복, 계빈부터 매장까지의 과정에 동원되어 호상을 맡도록 규정하고 있다. 장례를 지낸 후에 계원들은 소상, 대상에 상갓집에 다시 가서 조문하였는데, 조문에 불참한 계원에게는 벌금을 부과하여 반드시 조문하게 하였다.[615]

한편 계원들에게 지원해주는 상례의 범위는 부모부터 자신과 처까지이다. ㉠ 초상 시, 계원들은 관 값에 해당하는 벼 10석을 지급하고, 1두라도 부족하면 노비를 매질하였다.[616] 이때 이들은 벼 10석과 함께 관을 덮을 청록색 명주를 상갓집에 제공하고[617] 상갓집에서 전을 올릴 때 각자 흰쌀 1두를 내어 유사를 통해 상갓집에 보낸다. 이 또한 계원들이 내지 않으면 나머지 계원들이 그들의 노비를 매질하였다.[618]

---

614) 이와 관련된 추가 정보는 정구복, 앞의 논문, 2000 참조.

615) 『洞契案』, 「契憲」, "一 契員 自初喪至成服 自破殯至延燔 齊會護喪 大小祥亦齊進慰問 而若無緣不叅 則行罰禮事".

616) 『洞契案』, 「契憲」, "一 契員 父母己妻四喪 棺價正租十石 有司聞喪 即時輪轉計納喪家 而如或一斗未準 則笞奴十度後行罰禮事".

617) 『洞契案』, 「契憲」, "一 初喪 塗棺紬青綠".

618) 『洞契案』, 「契憲」, "一 致奠時 若或有故 則白米一斗 有司收合計納喪家 而若不即納 則笞奴十五度事".

ⓛ 장례 시, 계원들이 각자 술, 떡을 갖고 가서 전을 올리고[619] 상갓집에 볕을 가리는 흰 장막[620]을 제공하기도 하였는데, 이는 계원의 집에서 손님맞이, 상장례, 소상, 대상, 수연(壽宴)을 거행할 때만 지급하는 물품이다. 만약 이를 빌려 간 사람이 장막을 파손하면 빌려 간 사람이 이를 보상하였다.[621] 또한 계원이 이 물품을 빌린 지 3일이 지나도 반납하지 않으면 유사가 벼 5두를 내야 했다.[622] 이는 1713년(숙종 39) 해당 마을의 『동헌』에서도 유지되었다.

해당 사례의 부조 유형은 Ⓐ 첫째, 초상 시 공동·개인 부조, 장례 시 공동·개인 부조이고, Ⓑ 둘째, 상하 부조가 없으며, Ⓒ 셋째, 초상 시 물품 부조, 장례 시 물품 부조이다. 이 또한 특이점이 있다. 구체적으로 이 계의 구성원은 사족인데, 장암리에 사는 남평 문씨 집안사람들이 구성원이기 때문에 상민들의 상에 관한 조항이 없는 것이다. 뿐만 아니라 계원들이 청록색 명주, 흰 장막을 상갓집에 제공하여 부조 물품이 다양해졌다.

❻ 1735년(영조 11) 장암리 사람들은 『동헌』의 조항을 구체화하여 일전에 약조(約條)라고만 하던 조항을 부상조(賻喪條), 이부조(移賻條), 곡물조(穀物條), 집물조(什物條), 호상조(護喪條)로 세분화하였다. 그 중 상례에 부의하는 조항은 상례에 보낼 부의 물품에 관한 것이다. 계원은 종전처럼 다른 계원의 네 가지 상, 즉 부모, 자신, 처의 상에 한하여 부의 물품을 보냈다.[623]

㉠ 초상 시, 구성원들은 종전에 명주만 지급하던 것과 달리 이 시기에

---

619) 『洞契案』, 「契憲」, "一 葬時具酒餠致奠 而若不滿一斗米 則僉會處笞婢十度事".

620) 『四禮便覽』 卷5, 「喪禮3 及墓」, "親賓次 … 諸具 … 白幕【俗用遮日】".

621) 『洞契案』, 「契憲」, "一 遮日 契員家延客喪葬大小祥壽宴外 勿爲出給 而若有破裂處 則自本家補綻事".

622) 『洞契案』, 「契憲」, "一 遮日借用後 三日內若不還送 有司家則罰租五斗徵捧事".

623) 『洞憲』, 「賻喪條」, "一 契員父母己妻限四喪 致賻事".

는 구체적으로 습과 염에 쓸 물품들을 제공하였다.[624] 그리고 유사가 상갓집에서 부고를 들으면 부조 물품을 단자에 적어서 상갓집에 보내는 절차가 추가되었다.[625] 이는 부조 물품과 유사의 역할이 추가된 것이다.

아울러 장례에 관한 조항도 추가되었는데, 1703년에는 상갓집에서 장례를 지낼 때 계원들은 각자 술, 떡을 갖고 가서 전을 올렸다. 하지만 이 시기 조항에서는 ㉡ 장례 시, 계원들은 각자 전으로 올릴 쌀 대신 벼 3석을 지참하였다.[626] 1735년(영조 11) 장암리의 부조 유형은 Ⓐ 첫째, 초상 시 개인 부조, 장례 시 개인 부조이고, Ⓑ 둘째, 상하 부조가 없으며, Ⓒ 셋째, 초상 시 물품 부조, 장례 시 물품 부조이다. 특이점은 이전과 달리 해당 조항에 습과 염에 쓸 물품을 추가하여 부조 물품이 다양해졌다는 점이다.

❼ 1716년(숙종 42) 경상도 내성현에서 안동 권씨 등의 사족들이 작성한 『사약절목』에는 구체적인 물품이 수록되지 않았으나, 촌락에 거주하는 사족 가운데 상이 발생할 때 행할 조항이 있다.[627] ㉠ 초상 시, 약

---

624) 『洞憲』, 「賻喪條」, "一 初喪時 上衣塗棺具白紬四十尺 上衣緣具黑紬一件【內喪則無】大帶中綃一件 幅巾黑繒一件【內喪則女帽】緄巾中綃一件 瞑帽幄手黑繒俱內【藍紬】各一件 覆具搗練紙俱表藍紬一件 斂布四十尺一疋【七升紬織者】及租二石 錢十兩 致賻事".

625) 『洞憲』, 「賻喪條」, "一 初喪時 賻物兩有司聞喪後 即時列書單子 幷爲着署 計納喪家".

626) 『洞憲』, 「賻喪條」, "一 契員家葬時 各員奠米代租三石 自契中許賻事".

627) 『社約節目』, 「禮俗相交」, "其二有凶事則弔之 … 凡弔慶之類 雖已見主人致慰賀者亦可隨 約中齊進 若喪事 則月有司聞喪 即時周告同約往弔【喪事謂約員及約員父母妻子之喪也 死之日 喪家卽赴告月有司 月有司回文通約中 卽往弔 若先聞訃 則不待回文先往 ○ 幼者之喪 則尊者哭而不拜】且議喪禮及助其凡百經營之事【弔時爲首者致辭 主人拜則旅拜答之】其三若是同約契員之喪 則有致奠 月有司議定期日與同約收備奠物【各以附近 定收送有司 收備同居者 不別收】… 葬及小祥大祥皆弔之【葬時齊進會葬 尊者使子弟會葬】… 右禮俗相交之事 月有司主之 有期日者 定期相通 當糾集者 督其違慢不如約者 以告于契長 而詰之齊會時 衆規之重者 書于過籍".

원들은 상갓집으로부터 10리 내에 사는 약원들은 모두 조문하게 하였고 ㉡ 장례 시, 상갓집으로부터 10리에서 20리까지 거주하는 약원들은 가옥 당 1명을 동원하여 장례를 도왔다.[628] 내성현의 예에서 사족인 약원들은 상갓집에 보내야 할 물품은 없었으나 상갓집과 약원들의 거리에 따라 상갓집에 노동력을 제공했다. 아울러 이것의 부조 유형은 Ⓐ 첫째, 공동·개인 부조가 없고, Ⓑ 둘째, 상하 부조가 없으며, Ⓒ 셋째, 물품·노동력 부조가 없다.

❽ 1719년(숙종 45) 경상도 합천 옥계동의 『옥계정계안』에서는 구체적인 조항을 수록하지 않았지만, ㉠ 초상 시 사족인 계원들은 상을 당한 계원에게 각자 흰 쌀 2승에 들깨 1승을 추가하여 이를 상갓집에 주었다.[629] 여기에는 들깨가 추가되었다. 뿐만 아니라 이것의 부조 유형은 Ⓐ 첫째, 초상 시 개인 부조이고, Ⓑ 둘째, 상하 부조가 없으며, Ⓒ 셋째, 초상 시 물품 부조이다.

❾ 1743년(영조 19) 전라도 영암 구림마을에서 연주 현씨 등의 사족에 의해 작성된 『영암구림대동계』에서 상례 관련 조항을 보면, 먼저 상갓집이 유사에게 부고를 전하고 유사는 통문을 돌려서 계원에게 알린다. 계원들은 상갓집에 가서 상주를 위로하고 서로 번갈아 호상을 맡는다. 성복하는 날에는 모두 모여 전을 올리기 위해 쌀을 마련한다.[630] ㉠ 초상 시, 유사는 긴 나무, 이엉, 빈 쌀가마니 등을 마련하여 상갓집에 보내

---

628) 『社約節目』, 「契中立約」, "一 喪事成服前齊進 亦限十里內 而父子兄弟同室居者 或值雨泥難於步行 則亦難齊進 許呈單於護喪 所若居在十里內 無故過一朔闕弔慰 則殊無同契之義 月有司糾之 記于過籍 雖三四十里間 無故過三朔闕弔慰者 亦書過籍 老病之人不以無故論 葬時 同居齊護 亦限十里內 十里之外至二十里內 則一室一人進護".

629) 『玉契亭契案』, 「洞案【己亥年修正】完議」, "一 洞員昏喪之時 每員各出白米貳升 水荏壹升 收合扶助事".

630) 『靈巖鳩林大同契』, 「洞憲 癸亥春講信重修」, "一 喪家傳訃有司 有司則出回文通告于契員 契員齊進致慰 相續護喪 而至成服日 齊會致奠 或以米代納".

고 계원들을 동원하여 빈청을 만들었다.[631]

여기서는 부조 물품을 지급해야 할 대상의 범위가 확대되었다. 이전 사례들은 대개 계원들이 네 사람의 상을 기준으로 부조 물품을 지급하였다. 그러나 이 경우에는 그들 이외에 증조부모, 조부모, 외조부모, 처부모, 동성 삼촌숙부모, 고모, 자식과 며느리, 동모(同母)인 형제자매, 형제의 처, 형제의 자식 상까지 지급 범위가 확대되었다.[632]

부조 물품도 다양해졌는데, 계원들은 부모·자신·처의 상과 나머지 친족들의 상을 구분하여 부조 물품을 지원하였다. 부모·자신·처의 상, 즉 조항 내의 상에 대하여 이들은 품질 좋은 무명 15필, 쌀 15두, 복건 1장, 망건 1장,[633] 심의 1벌, 명주로 만든 큰 띠 1개를 주었다. 어머니·처의 상인 내상(內喪)에는 머리를 싸는 엄 1개,[634] 부녀자의 웃옷인 원삼 1벌,[635] 큰 띠 1개[636]를 준비한다. 아울러 계원들은 네 가지 상에 초종 때 사용할 얼굴을 가릴 멱목 1개,[637] 시신을 감싸는 모(帽) 1개,[638] 손을

631) 『靈巖鳩林大同契』, 「洞憲 癸亥春講信重修」, "一 喪出翌日契員各出 長木一 … 飛乃一 空石一 藁索十五把 齊送喪次 有司一一看審計把收捧 使本鄉徒造殯廳 而四物中用奸者 有司不察而現露 則笞奴十五箇 遠處【二十里限外】則彼此幷不擧行事".

632) 『靈巖鳩林大同契』, 「洞憲 癸亥春講信重修」, "第一喪葬相賻 父母己妻四喪賻給 而四賻中有缺 則曾祖父母 祖父母 外祖父母 妻父母 同姓三寸叔父母姑及子女婦 同生兄弟姉妹 兄弟之妻 兄弟之子女喪".

633) 『喪禮通載』 卷1, "遷尸 …【襲事之具】… 網巾一【皀紵爲之】".

634) 『儀禮注疏』 卷35, 「士喪禮」, "掩 練帛廣終幅 長五尺 析其末【鄭注】掩 裹首也"; 『喪禮通載』 卷1, "遷尸 …【襲事之具】… 掩一【古用練帛 今用黑繒 亦可 廣終幅 長五尺 析其兩末 將結於頤下 又還結於項中 女喪所以代幅巾者】".

635) 『喪禮通載』 卷1, "遷尸 …【襲事之具】… 上服【 … 婦人圓衫】".

636) 『喪禮通載』 卷1, "遷尸 …【襲事之具】… 大帶一".

637) 『家禮』 卷4, 「喪禮 初終」, "陳襲衣【注】… 幎目 帛方尺二寸 所以覆面者也"; 『喪禮通載』 卷1, "遷尸 …【襲事之具】… 幎目一".

638) 『儀禮注疏』 卷35, 「士喪禮」, "冒 緇質 長與手齊 經殺 掩足【鄭注】冒 韜尸者 制如直囊 上曰質 下曰殺 質正也 其用之 先以殺韜足而上 後以質韜首而下 齊手"; 『喪禮通載』 卷1, "遷尸 …【襲事之具】… 冒一".

감싸는 악수 1개,[639] 갓끈에 쓸 명주 10개, 명정 1개, 이불 등을 부조하고 소렴과 대렴에 쓸 베 42척, 목화 15근, 상포 100척, 비를 막아줄 두꺼운 기름종이 1개, 큰 줄 1개, 작은 줄 1개,[640] 생마 3근, 참기름 4승, 꿀 3승, 밀가루 2두, 촛불 1쌍, 관 값으로 벼 10석을 건네주기도 한다.[641]

그 이외의 상에 대하여 계원들은 품질 좋은 무명 10필, 복건 1개를 주고, 내상에는 엄을 추가하여 준다. 여기에 멱목 1개, 악수 1개, 갓끈에 쓸 명주 10개, 명정 1개, 소렴과 대렴에 쓸 베 42척, 상포 100척, 비를 막아줄 두꺼운 기름종이 1개, 큰 줄 1개, 작은 줄 1개, 생마 3근 등의 부의 물품이 지급된다.[642]

㉡ 장례 시, 발인에 필요한 대여와 요여를 내어준다. 대여는 계원이 발인하거나, 그의 증조부모, 조부모, 부모, 처를 이장할 때 내어주는 것이다. 이는 발인과 이장이 겹치면, 발인에 먼저 제공되었다. 요여는 영거(靈車)로[643] 여기서는 신주를 옮길 때 내어주었다.[644] 아울러 계원들은

639) 『家禮』 卷4, 「喪禮 初終」, "握手 用帛長尺二寸廣五寸 所以裹手者也"; 『喪禮通載』 卷1, "遷尸 …【襲事之具】… 握手二".

640) 『喪禮通載』 卷1, "【大斂之具】… 大索十托【熟麻爲之 所以結棺轝移者】小索四十托【生熟麻俱可 所以裹結油芚者】".

641) 『靈巖鳩林大同契』, 「洞憲 癸亥春講信重修」, "一 科內一喪 上木十五疋 上契米十五斗 下契米七斗五升 … 幅巾一次 網巾一次 深衣一次 紬大帶一次【內喪掩圓衫錦大帶各一次 綱巾深衣圓衫大帶 雖父子兄弟俱入 一喪只給一賻】幎帽幄手具內一次 纓紬十片 銘旌一度 衾具內及領東正一次 塗棺紬一次 … 大小斂布并四十二尺 … 木花十五斤 喪布百尺 油芚一度 大小朔各一次 生麻三斤 眞油四升 淸三升 眞末二斗 燭一雙【六兩】棺價租十石【一喪只給一次】賻給而深衣圓衫則本家如欲以或紬或價願受 則聽許事【深衣圓衫大帶綱巾棺價五件皆追定 故一喪只給一次】".

642) 『靈巖鳩林大同契』, 「洞憲 癸亥春講信重修」, "一 科外一喪 上木十疋 … 幅巾一次【內喪掩】幎帽幄手具內各一次 纓紬十片 塗棺紬一次 … 銘旌一度 大小斂布四十二尺 喪布百尺 油芚一度 大小朔各一次 生麻三斤賻給 而父母妻遷葬 則油淸眞末棺價租加給 … 而出文通告事".

643) 『喪禮通載』 卷1, "【轝機俗制】… 靈車二【卽俗腰轝】".

644) 『靈巖鳩林大同契』, 「洞憲 癸亥春講信重修 大輿腰輿條附」, "一 大轝契員曾祖父母祖父母父母妻遷葬 皆爲出給 而若與科內喪葬日相値 則給科內 且科內喪葬日相値

대여와 요여를 계원의 형제와 자식, 며느리, 숙부와 조카의 상에도 빌려 주었다.[645]

다만 대여와 요여가 안장(安葬)하는 날 새벽이슬을 맞아 채색이 변한다면 대여한 상갓집에 그 책임을 묻지 않고 유사에게 책임을 물어 그가 채색을 고치게 하였다.[646] 유사가 대여와 요여 등의 물품 관리를 담당하였다. 만약 그가 제대로 감독하지 않아서 보내서는 안 되는데 보내거나 보내야 하는데 보내지 않으면, 유사는 계원들에게 벌주를 받고 그 유사의 노비가 대신 처벌을 받았다.[647]

이 예시의 부조 유형은 Ⓐ 첫째, 초상 시 개인 부조, 장례 시 공동 부조이고, Ⓑ 둘째, 상하 구분이 없으며, Ⓒ 셋째, 초상 시 물품 부조, 장례 시 물품 부조이다. 여기서도 제시한 것들처럼 부조 물품이 다양해지고 그 대상도 사족으로 축소되는 경향이 있다. 특히 부조 물품의 경우 계원들은 습과 염에 쓸 물품과 장례에 필요한 수레 등을 상갓집에 제공한다.

특이점은 부조할 상례의 범위가 확대된다는 점이다. 일반적으로 계원들이 부조해야 할 상례의 범위는 네 종류이다. 이 경우에서는 그 범위가 부모, 자신, 처에서 증조부모, 조부모, 외조부모, 처부모, 동성 삼촌숙부모, 고모 및 자식과 며느리, 동모인 형제자매, 형제의 처, 형제의 자식으로 확대된다.

⑩ 1744년(영조 20) 강원도 원주목 수주면에서 원주 이씨, 원주 원씨,

則從重從長出給 且腰轝契員家 家廟移安時亦出給事".

645) 『靈巖鳩林大同契』, 「洞憲 癸亥春講信重修 大輿腰輿條附」, "一 契員之兄弟子女婦叔姪喪葬時 大轝以舊錦裝出給 而腰轝亦爲出給事【若喪出於外處 返柩於本家同 而限同科外】".

646) 『靈巖鳩林大同契』, 「洞憲 癸亥春講信重修 大輿腰輿條附」, "一 大轝腰轝 永葬時爲曉露 所濕采色渝變 則不責於喪家 有司改爲塗采事".

647) 『靈巖鳩林大同契』, 「洞憲 癸亥春講信重修」, "一 喪賻凡物 有司不能致察 或有不當給而給者 或有當給而不給者 則有司酒罰公事員 笞奴二十箇事".

청주 곽씨 등의 사족들이 결성한 요선계(邀僊契)[648] 『좌목』의 특징은 크게 두 가지이다. 첫 번째는 부조 대상이 확대된다는 점이다. 이는 상민까지 지원하는 부조가 아니라 사족 내부의 친족 부조 범위가 확대된다는 뜻이다. 우선 이들은 부모, 처의 부모, 자신, 처의 상에 부조한다.[649] 많은 사람에게 지원하지 않지만 기존 네 가지 상에서 여섯 가지 상으로 확대되었다.

두 번째는 개인 부조와 공동 부조가 존재한다는 점이다. 전자의 경우에 ㉠ 초상 시 이들은 초상 때 빈 쌀가마니 1장, 전을 올릴 3칸짜리 제청(祭廳)을 상갓집에 제공하고, ㉡ 장례 시 묘를 만드는 역군을 동원한다.[650] 이것은 계원들이 상갓집에 개인적으로 보내는 것이다.

후자의 경우에는 마을에서 공동으로 관리하는 상례 물품이 있다. 상여 2개, 요여 2개, 우비 3개, 요령(搖鈴) 1개, 풍경(風磬) 4쌍, 명정, 널을 닦을 때 쓰는 공포(功布) 등이 그것이다.[651] 이것의 부조 유형은 Ⓐ 첫째, 초상 시 공동·개인 부조, 장례 시 개인 부조이고, Ⓑ 둘째, 상하 구분이 없으며, Ⓒ 셋째, 초상 시 물품 부조, 장례 시 노동력 부조이다.

⓫ 1747년(영조 23) 충청도 보은에서 작성된『향약조목』은『영암구림대동계』보다 부의 물품이 소략한 편이다. 우선 마을에서 상이 발생하면, 별검(別檢)이 계장에게 가서 부고를 전한다. ㉠ 초상 시 약원들은 각자 쌀 1승, 빈 쌀가마니 1장을 부의 물품으로 보내고, ㉡ 장례 시 장정 1명을 내어서 장례를 도왔다.[652] 이것의 특이점은 부조의 대상이 대체로

---

648) 오영교, 「조선후기 洞契의 구조와 운영 - 寧越 邀僊契를 중심으로 -」, 『朝鮮時代史學報』 24, 2003, 33쪽.

649) 『座目』, 「立約」, "凶禮六喪扶助 而親父母 妻父母 己妻中許給事".

650) 『座目』, 「立約」, "一 洞規相承傳世 初喪時 空石一立 祭廳三間 造給永葬時 擔持造墓軍 許給事".

651) 『座目』, 「喪禮具」, "喪轝新舊一部 腰轝新舊二部 雨備三件 搖鈴一介 風磬四雙 銘旌 功布 懸鳳頭木二介 雲扇插蓮花木一雙 藏木物大几二坐 錦帳藏几二坐 文書小几一坐 大門鎖鐵一介 開金一介".

사족이었으나 별검이 유사의 역할을 담당한다는 것과 부의 물품이 소략하다는 것이다. 이는 Ⓐ 첫째, 초상 시 개인 부조, 장례 시 개인 부조이고, Ⓑ 둘째, 상하 구분이 없으며, Ⓒ 셋째, 초상 시 물품 부조, 장례 시 노동력 부조이다.

⓬ 1744년(영조 20)에 강원도 춘천의 사족들이 시행한 『수춘향약』에서도 구성원인 사족들은 본인의 상에만 부조하였는데, ㉠ 초상 시 직월 1명을 호상으로 삼고 각자 쌀 1승씩 부의 물품으로 보냈고 전에 올릴 물품 등을 준비하여 상갓집에서 장례 전에 전을 올렸다.[653] 한편 구성원의 부모 상에는 별다른 부의 물품을 제공하지 않고, 단지 별유사가 호상을 맡았다.[654] 이 사례는 Ⓐ 첫째, 초상 시 개인 부조이고, Ⓑ 둘째, 상하 구분이 없으며, Ⓒ 셋째, 초상 시 물품 부조이다. 이들의 특징은 본인의 상에만 부조 물품을 제공할 뿐 다른 상에는 부조 물품을 보내지 않았다는 점이다.

⓭ 1756년(영조 32) 경기도 광주부 경안면의 사족인 광주 안씨 집안에 의해 작성된 『광주부경안면이리동약』에서는 당시 습속 중 합당한 것을 참작한 조항이 있다.[655] 여기에는 부조 물품과 관련된 조항을 적지 않고, 상갓집을 도와주는 것은 정의 후하고 박함, 재물의 많고 적음 등을 따져서 한다고 규정한다. 다만 자신이 도와줄 여력이 있으면 상갓집을 도와주지만, 자신이 여력이 없으면 상갓집에 성의만 보여준다고 하였다.[656] 부조 유형에는 Ⓐ 첫째, 공동·개인 부조가 없고, Ⓑ 둘째, 상하

652) 『鄕約條目』, “里中有喪事 別檢奔告契長 同約之人 各出米一升空石一葉 賻之 … 永葬時 各出壯丁一名 助之”.

653) 『壽春鄕約』, 「約條」, “禮俗相交 … 約員當身喪 則直月一人往護喪 約中各出米一升 具奠物撰祭文 致奠葬前”.

654) 『壽春鄕約』, 「約條」, “禮俗相交 … 約員遭父母喪 則本面別有司往護喪”.

655) 『順菴集』 卷15, 「雜著 廣州府慶安面二里洞約」, “按 … 酌以今俗之宜 而略爲附條如右”.

656) 『順菴集』 卷15, 「雜著 廣州府慶安面二里洞約 禮俗相交」, “附條 … 一 慶弔贈遺

구분이 없으며, Ⓒ 셋째, 물품·노동력 부조가 없다.

경상도 대구 부인동의 예에서는 1739년(영조 15), 1783년(정조 7)에 작성된 것들이 있다. 우선 경주 최씨 최흥원이 1739년(영조 15)에 작성한 ⓮『부인동동약절목』은 경상도 대구 부인동의 중산리, 부남리, 무산리, 근전리를 대상으로 하는 것이다.[657]

해당 마을에서 상이 발생하면 모두 모여 조문하러 가는데, 유사 1명과 부임(副任) 2명이 호상을 맡고 장례를 지낼 때도 그들이 호상을 맡는다.[658] ㉠ 초상과 ㉡ 장례 시 사족들은 각자 노비 2명을 내어주고, 상민은 그들 가운데 1명을 역군으로 뽑는다.[659] 여기에는 상민의 상도 수록되었는데, 하유사 2명이 호상을 담당하고 사족들은 상민의 상에 노비 1명을 내어주었다.[660]

이 동약에서는 매년 10월마다 약원들이 쌀과 콩 5승, 빈 쌀가마니 2장을 거두었다가[661] 상이 있을 때 거둔 것 가운데 쌀 8두 혹은 6두, 콩 5두, 빈 쌀가마니 15장을 지급하되,[662] 오직 부모, 자신, 처의 상에만 제공하였다.[663]

之禮 當隨情分厚薄 而從其多寡 亦量己之家力而爲之 若彼家窮貧無賴 而己財能周則當拔力相助 若己窮貧 雖不以貨財爲禮 當盡其誠意".

657) 『百弗菴集』 卷12, 「雜著 夫仁洞洞約節目」, "洞有四里【中山里 夫南里 舞山里 芹田里】".

658) 『百弗菴集』 卷12, 「雜著 夫仁洞洞約節目」, "一 約中有喪 上下齊會往弔 定護喪有司一員副任二人 以護初喪 永葬時亦如之".

659) 『百弗菴集』 卷12, 「雜著 夫仁洞洞約節目」, "兩班則各出壯奴二名 常人則出役夫一名".

660) 『百弗菴集』 卷12, 「雜著 夫仁洞洞約節目」, "下人喪則令約中齊會往弔 定下有司二人護喪 兩班則出壯奴一名".

661) 『百弗菴集』 卷12, 「雜著 夫仁洞洞約節目」, "每歲十月 收米太五升 少不下二升 空石二葉 別爲藏置".

662) 『百弗菴集』 卷12, 「雜著 夫仁洞洞約節目」, "有喪則米八斗或六斗 太五斗空石十五葉 量宜出給".

663) 『百弗菴集』 卷12, 「雜著 夫仁洞洞約節目」, "惟父母喪當身妻喪外 其餘否".

여기서 특이점은 두 가지다. 첫 번째는 약원들이 상민의 상을 기록하였다는 점이다. 하지만 사족들은 상민의 상에 노비 1명을 대신 보냈다. 사족이 직접 조문을 가지 않고 노비를 대신 보내는 부분은 위의 몇몇과 유사한 점이다.

두 번째는 부조의 공동 지급과 개인 지급이 나뉜다는 점이다. 매년 10월마다 약원들은 쌀, 콩, 빈 쌀가마니를 거두고 이를 부모, 자신, 처의 상에 지급하였다. 한편 개인 지급은 물품 지급이 아니라 노동력 제공이다. 구체적으로 약원들은 초상에는 호상을 뽑고, 장례에는 노비와 역군을 동원하여 상갓집을 도왔다. 이 사례는 Ⓐ 첫째, 초상 시 공동 부조, 장례 시 개인 부조이고, Ⓑ 둘째, 상하 구분이 있으며, Ⓒ 셋째, 초상 시 물품 부조, 장례 시 노동력 부조이다.

⓯ 1783년(정조 7) 『부인동지』에서는 1739년(영조 15)의 조항이 대부분 유지되지만 일부 조항에서 차이가 있다. 이전 조항에서 약원들이 상민들의 상에 부조 물품을 지원한 것과 달리 이 조항에서 이들은 ㉠ 초상 시, 사족의 상에만 흰 쌀 10승, 채소 값으로 쌀 1두, 콩 6두, 장 값으로 콩 1두를 부조 물품으로 보내고 상민의 상에는 이전과 달리 노비를 보내지 않았다.[664)]

이 경우에도 두 가지 특이점이 있다. 첫 번째는 이전에 기록되어 있던 상민의 상에 관한 부분이 생략되었다는 점이다. 이전에 약원들이 상민의 상에 노비를 보낸 점과 달리 여기서는 상민의 상에 노비를 보낸다는 조항이 삭제되었다. 이는 부조 대상의 축소를 의미한다.

두 번째는 부조 물품이 추가되었다는 점이다. 이전에 약원들은 쌀, 콩, 빈 쌀가마니를 부조하였지만, 『부인동지』에서는 구성원들이 채소 값으

664) 『夫仁洞誌』, "四曰 患難相恤 約中有喪上下齊會往弔 定護喪有司一員【勤檢信實人】副任二人【年少明敏者】以護初喪 葬時 有司率二副任 於喪家近處別設所供辦【自洞約出白米十斗 蔬菜價米一斗 太六斗 醬價太一斗】… 下人喪 則令約中齊會往弔 定下有司二人護喪".

로 쌀을, 장 값으로 콩을 지급하여 부조 물품이 다양해졌다. 이것의 부조 유형은 Ⓐ 첫째, 초상 시 공동 부조이고, Ⓑ 둘째, 상하 구분이 없으며, Ⓒ 셋째, 초상 시 물품 부조이다.

이상을 공통점과 차이점으로 나누어 정리하면, 우선 공통점은 세 가지이다. ① 첫째는 부조 대상의 축소이다. 17세기에 부조 대상이 사족에서 상민으로 확대되는 경향과 달리 18세기에는 그 대상이 사족으로 축소되는 경향이 있다. 간혹 상민의 상을 조항에 기재한 경우에는 사족이 그들의 상에 노비를 대신 보내고, 이전 시기와 달리 사족이 조문하거나 부조 물품을 보내지 않았다.

이점은 전술한 동성촌락과 문중의 형성과 궤를 같이한다. 18세기 사족은 종전과 달리 군현 단위의 통제력을 유지하지 못하고 사족의 거주지, 즉 촌락 단위에서 사족 간의 결속력을 강화하고자 하였다. 이러한 의도는 사족의 동성촌락과 문중의 형성, 족계와 동약 등의 활성화, 부조 대상의 축소로 표출되었다. 이에 사족은 같은 촌락에 거주하는 사족들, 또는 그들의 친인척의 상에 부조하고 유교 상례 설행에 사용할 부조 물품을 제공하여 사족 간의 결속을 다졌다.

② 둘째는 부조 물품의 다양화이다. 17세기에 부조 물품은 대체로 쌀, 베, 나무, 빈 쌀가마니 등이다. 이 부조 물품은 18세기에도 공통으로 등장하지만, 여기에 다른 물품들이 추가된다. 구체적으로 품질 좋은 무명, 원삼, 엄, 망건, 멱목, 악수, 흑색 악수, 청록색 명주, 관을 덮을 비단, 갓끈에 쓸 명주, 명정, 기름종이, 공포, 풍경, 요령 등이다. 이들은 대체로 습과 염, 빈청 축조, 장례에 쓰이는 것들이지만, 초록색 명주는 유교 상례 지침에는 없는 물품이다. 이는 사족이 유교 상례에서 규정하는 물품과 유교 상례 지침에 없는 사치스러운 물품을 사용하였음을 뜻한다. 이러한 경향은 다른 예에서도 등장하는데, 구체적으로 1742년(영조 18) 신도삼(申道三, 1695~1742)의 상, 1760년(영조 36) 김유행(金由行, 1706~

1760)의 상, 1773년(영조 49) 완산 이씨(?~1773)의 상, 1771년(영조 47) 정택조(鄭宅祚, 1702~1771)의 상이다. 이들은 대체로 유교 상례에서 규정하는 물품을 주요 절차에 사용하였다. 하지만 종종 지침에 없는 물품, 즉 흑색 명주로 만든 유건, 옥색 명주로 만든 신발, 자주색 명주로 만든 이불, 청색 도포, 다홍색 명주로 만든 요와 베개, 곶감, 전복, 석류, 문어, 홍어(신도삼의 상), 창의(敞衣), 중치막(김유행의 상), 견막지(肩莫只), 솜(완산 이씨의 상), 사모(紗帽), 이모(裡帽), 용봉두(龍鳳頭), 유소(流蘇), 연잎(荷葉)(정택조의 상) 등이 사용되었다.[665]

이처럼 상을 당한 사족에게 제공되는 부조 물품이 다양해지거나, 혹은 유교 상례 지침에 없는 물품을 부조하는 까닭은 사족의 토지 소유 형태의 변화, 집단 결속의 강조와 관련 있다. 17세기 후반 상민이 소유한 토지의 영세화는 이후에 사족이 적장자 위주로 상속제를 전환하고 적통을 확립하며 문중이 동족의 화합을 강조하게 하였다. 그리고 토지를 공동 관리하는 종가형 지주와 병작을 기반으로 하는 지주제의 등장을 초래하였다.[666] 토지 소유 변화를 통한 지주제의 발달은 18세기 사족의 경제력을 향상시켰고 사족이 다양한 부조 물품을 상갓집에 공급할 수 있게 하였다.

③ 셋째는 사족이 초상, 장례, 소상, 대상 등 유교 상례의 주요 절차를 준용하고, 초상과 장례에 부조한다는 기존의 방식을 유지한다는 점이다. 이는 17세기의 상황과도 유사한 점이다. 사족인 계원들이 유교 상례에서 제시하는 주요 절차를 고수하고, 상주와 상갓집이 상례를 치르다가 망할 것을 염려하여 이들을 지원해주는 모습은 17, 18세기 내내 등장하는 경향이다.

---

665) 부록의 '18세기 신도삼, 김유행 등의 상례 물품' 표 참조. 이는 한국고문서자료관 제공하는 신도삼, 김유행 등의 상례 물품을 바탕으로 작성된 것이다.

666) 김건태, 『조선시대 양반가의 농업경영』, 역사비평사, 2004 참조.

한편 차이점은 네 가지이다. ① 첫째는 물품 및 노동력 지급에 있어서 부조 유형이 다르다.

〈표 10〉 18세기 부조 유형(물품 및 노동력)

	물품	노동력	물품·노동력
초상	❶, ❸, ❹, ❺, ❻, ❽, ❾, ❿, ⓫, ⓬, ⓮, ⓯	-	❷
장례	❶, ❺, ❻, ❾	❿, ⓫, ⓮	❷

위 표[667]를 참조하면 여기에는 계원들이 상갓집에 ㉠ 초상에 물품 지급, ㉡ 초상에 노동력 제공, ㉢ 초상에 물품·노동력 제공, ㉣ 장례 시 물품 지급, ㉤ 장례 시 노동력 제공, ㉥ 장례 시 물품·노동력 제공이 있다. ㉠에는 『반시각면동계약조』(❶)·『노곡향약』(❸)·『향약통변』(❹)·『동계안』(❺)·『동헌』(❻)·『옥계정계안』(❽)·『영암구림대동계』(❾)·『좌목』(❿)·『향약조목』(⓫)·『수춘향약』(⓬)·『부인동동약절목』(⓮)·『부인동지』(⓯), ㉡에는 사례가 없다. ㉢에는 『삼계계안』(1706, ❷), ㉣에는 『반시각면동계약조』(❶)·『동계안』(❺)·『동헌』(❻)·『영암구림대동계』(❾)가 있다. ㉤에는 『좌목』(❿)·『향약조목』(⓫)·『부인동동약절목』(⓮), ㉥에는『삼계계안』(1706, ❷)이 있다. 이는 17세기의 부조 지급 방식과 유사하지만, 부조 지급 방식이 같지 않고 사례마다 차이점이 있다.

〈표 11〉 18세기 부조 유형(개인 및 공동)

	개인	공동	공동·개인
초상	❶, ❸, ❻, ❽, ❾, ⓫, ⓬	❷, ⓮, ⓯	❹, ❺, ❿
장례	❶, ❻, ❿, ⓫, ⓮	❷, ❸, ❾	❺

② 둘째는 개인 및 공동 지급에 있어서 부조 유형이 다르다. 위 표[668]

667) 이는 18세기 부조 사례를 물품 및 노동력 지급 유형에 따라 분류한 것이다.

를 보면 여기에는 ㉠ 초상에 개인 부조, ㉡ 초상에 공동 부조, ㉢ 초상에 공동·개인 부조, ㉣ 장례 시 개인 부조, ㉤ 장례 시 공동 부조, ㉥ 장례 시 공동·개인 부조가 있다.

㉠에는 『반시각면동계약조』(❶)·『노곡향약』(❸)·『동헌』(❻)·『옥계정계안』(❽)·『영암구림대동계』(❾)·『향약조목』(⓫)·『수춘향약』(⓬), ㉡에는 『삼계계안』(1706, ❷)·『부인동동약절목』(⓮)·『부인동지』(⓯), ㉢에는 『향약통변』(❹)·『동계안』(❺)·『좌목』(❿)이 있다. ㉣에는 『반시각면동계약조』(❶)·『동헌』(❻)·『좌목』(❿)·『향약조목』(⓫)·『부인동동약절목』(⓮), ㉤에는 『삼계계안』(1706, ❷)·『노곡향약』(❸)·『영암구림대동계』(❾), ㉥에는 『동계안』(❺)이 있다.

③ 셋째는 지원해야 할 상례의 범위가 다르다는 점이다. 기본적으로 구성원들은 부모, 자신, 처의 네 가지 상을 부조하였다. 하지만 간혹 네 가지 상의 범위가 확대되어 사족 내부, 즉 사족의 친인척이 부조를 받기도 하였다. 17세기에 부조의 대상이 네 가지 혹은 세 가지 상을 기준으로 사족과 상민으로 확대되는 것과 달리 18세기에는 사족 내부로 그 범위가 달라짐을 확인할 수 있다.

③ 셋째는 지역별 특징이다. 17세기 경상도, 전라도, 황해도 지역에서는 구성원들이 상민들에게 『가례』를 바탕으로 유교 상례를 강요하지 않았으나, 함흥부와 관서 지역에는 구성원들이 『가례』를 언급하여 상민들에게 유교 상례를 강요하였다. 이러한 모습은 18세기와 다르다. 전라도 지역에서 부조 물품이 비교적 상세하다는 점과 강원도 지역에 공동 부조가 존재하거나 부조 물품이 소략하다는 점을 제외하고, 전반적으로 구성원들은 상례에 사족 간 부조를 권장하였다. 다시 말해 이는 18세기에는 대체로 사족 사회를 기반으로 하는 지방에서 사족 간 부조가 있었고, 이를 통해 자신들의 결속력을 강화하였음을 의미한다.

---

668) 이는 18세기 부조 사례를 개인 및 공동 지급 유형에 따라 분류한 것이다.

반면 삼남 이북 지방, 구체적으로 함경도, 평안도 등에서는 이러한 현상이 나타나지 않았다. 이는 사족 사회의 형성과 밀접한 관련이 있는데, 이들 지방에서는 농업생산력, 토지 소유 규모, 학문의 발전, 사회의 안정 등의 여러 요인으로 인해 사족 사회가 형성되기 어려웠다.[669] 사족 사회의 영향력 약화는 유교 상례를 통한 습속 교화와 사족 간 결집의 불가능을 야기하였다. 이는 18세기 여필희(呂必禧, 1679~?)의 상소에서도 드러나는데 관서 지역 특히 평안도에서는 천인들이 자신의 주인이 죽으면 마치 부모 상을 당한 것처럼 행동하였고, 아버지가 살아 계시는데 어머니의 상을 당한 사람들은 기년복을 입지 않고 삼년복을 입었다.[670] 여필희의 상소에서 확인할 수 있듯 해당 지방에서는 사족 사회의 영향력 약화로 인해 삼남과 달리 유교 상례의 정착과 사족 간 결속이 힘들었다.

이상 18세기 상호부조의 특징에는 일차적으로 부조 대상의 축소가 있고, 이차적으로는 부조 물품의 다양화가 있다. 17세기 후반 사족의 신분적 우위의 동요로 인해 사족은 집단의 영속성과 결속력을 강화하고자 하였고, 이는 사족 중심의 상호 부조 정착과 다양한 부조 물품의 제공으로 이어졌다.

2) 사족의 결속력 강화

> 천하에서 가장 아름다운 것은 사대부라는 이름이다. 그러나 사대부의 이름을 잃지 않는 까닭은 옛 성인의 법을 고수하기 때문이다. 사·농·공·고를 막론하고 모두 사대부의 행실을 닦아야 하지만, 이것은 예가 아니면 하지 못하고 예는 부유하지 않으면 안 된다. 이 때문에 집안을 세워 가업을 두고, 사례(四禮)로 윗사람을 섬기고 아랫사람을 길러 집안을 유지할 계책으로 삼지 않을 수 없는 것이다.[671]

669) 오수창, 『朝鮮後期 平安道 社會發展 硏究』, 일조각, 2002, 10~53쪽.
670) 『肅宗實錄』 卷55, 肅宗 40年 7月 26日 1번째 기사.

18세기를 살았던 이중환(李重煥, 1690~1752)은 위와 같은 말을 한다. 그는 천하에서 가장 아름다운 것은 사대부(사족)라는 이름이라고 하면서, 이를 잃지 않는 까닭은 성인의 법, 즉 예를 고수하기 때문이라고 판단하였다. 그래서 사례(四禮)를 집안을 유지할 계책으로 삼아야 한다고 주장하였다. 이중환의 발언은 사족의 유교 상례 준용 양상과 궤를 같이 한다.

17세기 사족은 호의호식하면서 타 신분을 통제하려는 집단이었지만, ❶ 18세기에는 그들의 신분적 우위가 약화됨에 따라 위 발언처럼 예를 행하는 것이야말로 사족이라는 이름을 잃지 않는 방법이자, 이것이 사족이라는 우월성을 강조하는 방법이었다. 이러한 강조는 의례 규정 준용의 이유 가운데 하나라 할 수 있다.

이 시기 사족들은 자신들의 결속력을 강화하기 위해 의례 준용을 통한 사족의 우월성 강조뿐 아니라 몇 가지를 추진한다. 이는 세 가지 방향에서 확인되는데, ❷ 사족의 상민 조문 조항 삭제, ❸ 사족의 사치스러운 상례 시행, ❹ 처벌 조항 수록이 그것이다.

❷ 사족의 상민 조문 조항 삭제의 경우에는 전술한 여러 사례에서 보인다. 18세기에는 ㉠ 사족과 상민이 모두 모여 사족의 상갓집을 방문하는 유형(『향중완의』(❷), 『삼계계안』(❼·❽), 『계상동계』(❿), 『서호향약안』(⓫), 『향약정규』(⓮))과 ㉡ 사족의 상에는 사족과 상민이 모두 조문하되 상민의 상에는 사족은 직접 조문하지 않는 유형(『반시각면동계약조』(❶),[672] 『해서향약』(⓭), 『향약정규』(⓮))이 등장한다.

---

671) 『擇里志』, 「四民總論」, "天下之至美好者 士大夫之名也 然其所以不失士大夫之名者 以其守古聖人之法也 毋論其爲士爲農爲工賈 當一修士大夫之行 而此非禮不能 禮非富不立 故於是乎不得不立家置業 以四禮爲仰事俯育 持門戶之計".

672) 『厚齋集』 卷38, 「頒示各面洞契約條 敦風俗 喪葬」, "契中有喪則【喪家卽通于上有司 上有司發文通告于契中】上有司率三所任往弔之 因爲護喪 以至成服【若下契喪則上有司代奴行弔禮而已 ○上契喪 趁成殯前 契中各持材木蓋草等物 造給殯廳 而

사족은 상민의 상에 노비를 보내 조문하거나, 길에서 서로 마주쳤을 경우 적절하게 조문과 위문의 뜻을 보내는 데에 그쳤다.[673] 이는 18세기에 두드러진 현상으로 사족이 기존의 상민에 대한 통제력을 잃고 사족끼리 상호 부조를 통해 결집하였음을 의미한다.

이런 현상은 의례 준용을 통한 우월성 강조와 함께 ❸ 사족의 사치스러운 상례 시행으로 이어진다. 17세기 사족들은 풍속 교화 및 상민 통제에 집중해 동의 법규를 지키고 권선징악 하는 데에 주목했다. 이에 반해 18세기 사족들은 풍속을 교화하고 권선징악 하는 데에는 무관심하고 오직 상례를 잘 치르는 데에만 관심을 가졌다.[674]

사족들은 여기서 그치지 않고 계를 만들어 거둔 계의 재산을 상례 치르고 지원하는 일에만 집중하였다. 심지어 상례만 지원하는 상계(喪契)를 조직하기도 하였다.[675] 이러한 움직임은 상례의 사치스러움, 즉 예에 활용되는 물품을 다양하게 동원[676]하는 양상으로 이어진다.

18세기에는 신분에 걸맞지 않게 화려하고 신기한 것을 추구하거나 많은 물품을 예를 행할 때 사용한다. 상례의 사치에 관한 문제는 시기를

有司及三所任終始看役】".

673) 『鄕約通變』 卷1, 「禮俗相交」, "按士族之於下人 雖無弔喪之禮 然死喪 人之大變也 不可全無節文 以阻上下之情 或使人致問 或相遇於道 隨宜以致弔慰之意"; 『順菴集』 卷15, 「雜著 廣州府慶安面二里洞約 禮俗相交」, "一 兩班之於下人 前此雖無弔喪之禮 然死喪人之大變 不可全無節文以助上下之情 或使人或相遇 以致弔慰之意".

674) 정진영, 앞의 논문, 2008, 371쪽.

675) 이들은 부모의 상이나 사상(四喪)의 상례(『洞中喪葬給物記』, 「完議」, "一 兩喪外切勿許給事"; 『板契』, 「立議」, "一 父母己妻四喪中一喪上下 而輪盡後 更爲上下事")에 쓸 수레(『蘿山集』 卷8, 「雜著 鄕約條例」, "患難相恤 … 及葬致賵【或以酒食犒其役夫】及小祥大祥皆弔之"), 술, 과일, 건어물 등(『洞中喪葬給物記』, 「完議」, "一 酒果與乾物米參升 從其願許給事"; 『板契』, 「立議」, "一 各員錢一兩式 收合結契事"; 『板契』, 「立議」, "一 葬事時 各員百米一斗式 賻助事")을 지원하였다.

676) 『論語正義』 卷3, 「八佾3」 "禮與其奢也寧儉 喪與其易也寧戚 … 奢者 爾雅釋詁 奢勝也 說文 奢 張也 勝張皆夸大之意".

막론하고 빈번하게 대두되는 것이었으나,[677] 해당 시기 조선에서는 사치스러운 상례와 그에 따른 신분의 문란 등이 주된 내용이었다.[678]

> 을묘년 정월 16일 유시, 주상께서 희정당에 거둥하여 소대를 할 때 … 유건기가 아뢰었다. "Ⓐ 자제들이 부형의 상에 마음과 정성을 다하여 유감이 없고자 하니 이는 정말 당연한 일입니다. 그런데 Ⓑ 근래에는 사치스러운 풍속이 상장에 경우에는 매우 심합니다. 관곽과 의금은 화려함에 힘써서 가난한 사람이라도 부유한 사람의 상사를 행하고자 하고, 천한 사람이라도 귀한 사람의 상사를 행하고자 합니다. (그래서) 한 번 상장을 치르면 곧장 (가산을) 탕진하니 이것은 정말 고질적인 폐단입니다. Ⓒ 설령 갑자기 금지할 수는 없더라도 당연히 신칙할 방법이 있어야 할 것입니다."[679]

당시 조정에서는 사족들이 상례에 쓸 물품으로 새롭고 기묘한 것에만 집중하여 매우 화려하다고 지적한다.[680] 이와 관련된 구체적인 사족의 상례 실행 양상은 1735년(영조 11)의 위 기사에서 드러난다. 유건기(兪健基, 1682~?)는 Ⓐ 사족들이 자식과 동생으로서 아버지와 형의 상례에 정성을 다하는 것은 당연하지만, Ⓑ 최근에 이 상례에 사치스러운 습속이 심하다고 비판하였다. 그에 따르면 소렴과 대렴에 쓸 옷과 이불을 마련할 때와 장례에 쓸 관과 곽을 준비할 때 사족은 화려한 물품을 쓰고자

677) 조선 초기 상례의 사치 문제는 안호룡, 앞의 논문, 1989 참조.

678) 『承政院日記』, 肅宗 32年 8月 15日; 『承政院日記』, 肅宗 34年 11月 20日; 『承政院日記』, 英祖 1年 9月 21日; 『承政院日記』, 英祖 19年 閏 4月 28日; 『英祖實錄』 卷60, 英祖 20年 10月 14日 2번째 기사; 『承政院日記』, 英祖 20年 11月 23日; 『英祖實錄』 卷60, 英祖 20年 11月 26日 1번째 기사; 『承政院日記』, 英祖 51年 1月 9日; 『承政院日記』, 正祖 6年 2月 13日.

679) 『承政院日記』, 英祖 11年 1月 16日, "乙卯正月十六日酉時 上御熙政堂召對時 … 健基曰 子弟於父兄之喪 殫心竭誠 欲其無憾者 此固當然之事 而近來奢侈之風 至於喪葬而尤甚 棺槨衣衾 務盡華美 貧者而欲行富人之事 賤者而欲行貴人之事 一經喪葬 輒至蕩敗 此誠痼弊 雖不可猝然禁斷 而宜有申飭之道矣".

680) 『英祖實錄』 卷38, 英祖 10年 8月 15日 3번째 기사, "副提學李宗城上疏略曰 … 以至婚喪之需飮食之費 爭奇鬪新 窮極其美".

했고 이 때문에 상례를 한번 치르면 가산을 탕진하였다. Ⓒ 유건기는 이러한 문제들을 고질적인 폐단이라 신칙해야 한다고 보았다.

> 좌부승지인 김하재가 상소하였다. " … 그러나 사치의 성행은 이전에 비해 더욱 심합니다. Ⓐ 위로는 조정부터 아래로는 여항까지 매우 화려하고 사치스러워 나날이 새롭고 다달이 성행합니다. Ⓑ 혼취에 쓸 물건과 상장에 쓸 물품의 경우에는 걸핏하면 만으로 계산하여 한절(限節)로 돌아가지 않아 오로지 겉모습만 힘쓰고 차등을 나누지 않습니다. Ⓒ 조금이라도 집안에 걸맞게 절약하고자 하는 사람이 있으면 사람들이 비웃고 욕하며 그를 인색하다고 합니다. 이 때문에 비록 전답을 팔고 돈을 빌려서라도 반드시 만족스럽고 부족함이 없게 한 후에야 그칩니다."681)

1779년(정조 3) 김하재(金夏材, 1745~1784)의 위 상소는 유건기의 상소와 동일하다. Ⓐ 18세기 조선에서는 조정부터 여항까지 사치 습속이 성행하였다. 이에 당시 조선 사람들은 Ⓑ 혼례와 상례에 쓸 물품을 과다하게 동원하여 그 신분에 맞는 재용으로 혼례와 상례를 치르려 하지 않았다. 간혹 Ⓒ 자기 집안의 사정에 따라 절약하려고 하면, 사람들은 오히려 그런 사람을 인색하다고 비웃고 욕하였다. 그래서 사람들은 집안의 전답을 팔거나 돈을 빌려서라도 혼례와 상례를 사치스럽게 행하였다.

유건기와 김하재의 상소를 살펴보면, 18세기 조선 사회에는 조정부터 상민까지 사람들이 상례에 사치스러웠다. 특히 사족은 상례에 정성을 다하고자 하여 가산을 탕진할 정도로 사치스러운 물품을 써서 상례를 치르거나 계를 통해 물품을 과다하게 동원하였다. ❹ 이에 이는 사족에게 내부 구성원들의 조문·부조 시행과 상례 참여를 독려하는 조항의 부기로

681) 『正祖實錄』 卷8, 正祖 3年 11月 27日 1번째 기사, "左副承旨金夏材上疏曰 … 然而侈風之盛 視前愈甚 上自朝廷 下及閭巷 窮巧極奢 日新月盛 至若婚娶之費喪葬之需 動以萬計 而無復限節 專務觀瞻 不分等威 稍欲有稱家節約者 則群嘲衆罵 目之鄙吝 故雖鬻田貸券 必適足無欠 而後乃止".

전개되었다.

> 상례는 사람에게 큰 변고이다. 『시경』(「곡풍」)에서는 "대개 상민들에게 상이 있으면, 기어가서라도 돕는다"라고 하였으니, 하물며 우리 종족은 어떠하겠는가? 상복을 입는 친족은 부고를 들은 날에 달려가서 곡을 하고 호상을 맡되 각자 두건과 띠를 두르고 조문 복장을 갖추어 조금이라도 성인의 경전을 어기지 말고 골육의 은혜를 중시해야 한다. 오대를 함께하는 친족이란 고조부의 아버지를 계승한 사람이다. (『예기』) 「왕제」에서 "단문(袒免)을 해야 하는데 단문을 하지 않으면 유사가 처벌한다"라고 하였다. 지금 단문에 해당하는 친족에게서 부고를 들으면 호상을 맡되 흰 두건과 베로 두른 문을 입고서 조문 복장과 다름을 드러낸다.[682]

1777년(정조 1) 상주 박씨 집안 족계에 수록된 조항 가운데 하나인 위 인용문은 강제적인 상례 참여를 보여주는 것이다. 상례는 사람에게 큰 변고이기 때문에 상이 있으면 친족들은 기어서라도 가야 했다. 오복에 해당하지 않는 사람, 즉 단문을 입는 사람이라도[683] 고조부의 아버지라는 같은 조상을 모시는 사람이므로 그에게 조문해야 했다.

이러한 참여 독려와 결속은 처벌을 통해 배가되었는데, 이는 ㉠ 상례 참여 관련 처벌, ㉡ 부조 관련 처벌로 구분된다. ㉠ 상례 참여 관련 처벌의 경우, 족계에서는 대체로 친족 간의 돈독함을 위해 길흉사에 서로 결집하라고 한다. 이들은 친족들이 모여 돈독함을 다지지 않은 것은 마치 길거리 사람들과 다를 바 없는 것이라 강조했다.[684] 구체적으로 상례를

682) 『尙州朴氏族契』, 「立議」, "一 死喪 人之大變 詩云 凡民有喪 匍匐往救 況吾宗族乎 服中之親 聞喪之日 奔哭臨護 而各具巾帶以成其服 無或背聖經 重骨肉之恩意 若其同五世之族 其承高祖之父者 王制曰 宜免不免 有司罰之 今於袒免之親 自聞喪臨護 而素巾布免 以示有異於弔服".

683) 『禮記正義』 卷34, 「大傳」, "四世而緦 服之窮也 五世袒免 殺同姓也 六世 親屬竭矣".

684) 『東陽申氏門會錄』, 「金龍寺門會時約條」, "一 篤同族者 吉凶大事 患難疾病 若不相救相護 則此便是路人 惟我諸宗皆各揚會 或以躬造 或以書問 勿至相忘之域者".

도와주지 않은 사람에게 상벌로 돈 30문을 내게 하고 자신들에게 술과 음식을 제공하게 하였다.[685] 이는 앞서 제시한 『예기』「문왕세자」의 상갓집을 조문하여 부조하지 않는 계원은 처벌받는다는 구절을 족계에서 구체화한 것이다.

> Ⓐ 상례와 장례 두 가지 일은 가장 중대하다. 만일 조항을 어기는 계원이 있으면, 조항마다 모두 2~3개월 내로 쫓아내거나 처벌을 논한다. Ⓑ 유사가 상례와 장례 두 가지 일을 힘써 거행하지 않으면 노비를 20대 때린다.[686]

동계 등에서는 위 인용문에 따르면, Ⓐ 조항을 어기는 계원은 모두 2~3개월 내로 내쫓기거나 처벌을 받았다. 계원뿐만 아니라 Ⓑ 유사도 상례와 장례의 일을 힘써 거행하지 않으면 계원들이 노비를 대신 벌하였다.

1735년(영조 11) 장암동 『동헌』에 호상에 관한 조항과 그 외의 사람들에 관한 조항에 참여 및 결속을 독려하는 조항이 있다. 호상의 경우에는 계에서 상이 발생하면 유사가 부고한 이후 계원들은 성복 전, 장례, 소상, 대상에 호상을 맡았다.[687] 여기서 호상은 60세 이상의 계원은 맡지 않고,[688] 대체로 60세 이하의 사람들이 호상을 하였다. 40세 이상인 계원 가운데 일이 있어 참여하지 못하는 사람은 자식이나 조카를 대신 보냈다.[689] 그 외의 사람들의 경우에는 호상을 제외한 나머지 구성원들은 초상부터 성복 전까지 상갓집의 상례를 도와주고, 노동력이 필요한

685) 『尙州朴氏族契』, 「立議」, "致賻時 公員發文收合 而不勤者用下罰 若於喪葬時 不爲看護 全失睦誼 用上罰事".

686) 『靈巖鳩林大同契』, 「洞憲 癸亥春講信重修」, "一 喪葬兩事最爲重大 如有違約之員 則每條皆二三朔損徒論罰 而有司喪葬兩事不勤擧行 則笞奴二十箇".

687) 『洞憲』, 「護喪條」, "一 契員家遭喪 則有司聞訃 卽時發文遍告 而限成服逐日護喪事"; 『洞憲』, 「護喪條」, "一 契員葬時 有司前期 發文通告 而破殯發靷延幡一齊進護事"; 『洞憲』, 「護喪條」, "一 契員大小祥 有司發文通告齊進慰問事".

688) 『洞憲』, 「護喪條」, "一 契員年踰六十 則除護喪事".

689) 『洞憲』, 「護喪條」, "一 契員四十歲以上 有故未叅 則使子弟侄代行事".

장례를 도와줬다. 장례 전에 조문하지 않는 사람이 있으면, 계원들은 그를 계에서 쫓아냈다.[690]

1743년(영조 19) 『영암구림대동계』에서는 계원들은 기한 내에 상갓집을 조문하지 않은 사람이 나오면, 3개월이 지난 후에 계에서 그를 축출하였다. 또한 그가 상을 치르고 있어서 다른 상갓집을 조문하지 못하면, 구성원들은 그를 대신하여 그의 노비를 15대 매질하였다.[691]

1748년(영조 24) 충청도 회덕현 내남면 송촌리에서 작성한 『대동계좌목』[692]에서도 계원들은 상갓집에 모이지 않은 사람은 상벌에 해당하는 쌀 3두[693]를 냈다.[694] 이뿐 아니라 이들은 장례에 불응하는 상하계원들을 15대 매질하였고, 상계원의 경우에는 그 대신 그의 노비를 처벌하였다.[695] 계의 구성원들은 상중에 상갓집에 모이도록 규정하되 이에 불응하면 매질 등으로 상례 참여를 강제해 결속을 다졌다.

㉡ 부조에 대한 처벌의 경우, 족계에서는 상주 박씨 사람들은 상갓집에 부조할 때 계원들에게 부고한 다음 계원들이 물품을 거두어 상갓집에 제공한다. 하지만 계원들은 계원 가운데 상갓집에 부조 물품을 제공하지 않는 사람에게 하벌에 해당하는 돈 10문을 내게 하고 그들에게 술과 음식을 대접하게 하였다.[696] 한편 남평 문씨 사람들 가운데 만일 어떤 사

---

690) 『洞憲』, 「護喪條」, "一 契員或有葬前不弔 則損徒事".

691) 『靈巖鳩林大同契』, 「洞憲 癸亥春講信重修」, "若不及限 則三朔損徒 雖在草土之員 笞奴十五箇事".

692) 황기준에 따르면, 송촌리에서 결성된 계 관련 자료는 크게 세 가지로 나뉜다. 1748년에 작성된 좌목, 1769년에 작성된 계첩, 1889년에 작성된 좌목이 바로 그것이다. 본 연구에서는 1748년에 작성된 좌목을 참고하고자 한다. 이와 관련된 내용은 황기준, 「18·19세기 懷德 宋村大同契 下契의 구성과 운영」, 『역사민속학』 52, 2017 참조.

693) 『大同契座目』, "極罰黜契 上罰米三斗 中罰米二斗 下罰米一斗 定式納契事".

694) 『大同契座目』, "凡于會集時 無緣不集者 用上罰事".

695) 『大同契座目』, "上下契員葬事時 有干人員 決笞十五度 而上契則代奴事".

696) 『尙州朴氏族契』, 「立議」, "上罰三十文 中二十文 下十文 … 進納後 加進酒饌事".

람이 정해진 기한 내에 부조할 곡식을 내지 않으면, 계원들은 그에게 시가에 상응하는 땅과 노동력을 내게 하여 그를 처벌하였다.697)

동약에서는 사족은 사족의 상에는 직접 가서 상갓집을 조문하고 물품과 노동력을 부조하였다. 이는 계에 가입한 구성원이라면 반드시 해야 하는 의무이다. 1701년(숙종 27) 『반시각면동계약조』에서는 장례 하루 전날 유사가 계원들을 이끌고 상갓집에 갈 때 계원들은 각자 밥 지을 쌀을 지참한다. 계원 가운데 이유 없이 이러한 부조에 참여하지 않는 사람은 처벌받았다.698) 장례 치를 때에도 구성원들은 술·과일·횃불을 지참하여 상갓집의 장례를 도와주지만, 이때 불참한 사람은 쌀 1두를 상갓집으로 보내야 했다.699) 장례가 유교 상례에서 주요 절차이기 때문에 구성원들은 불참하는 사람을 처벌하여 상갓집의 장례를 반드시 참여하게 하였다.

족계나 동계 등에서 그 구성원은 대체로 사족이다. 이들은 상민에 대한 통제력과 신분적 우위를 점하지 못하는 상황에서 다음과 같은 네 가지를 행하여 사족층을 결속하고자 하였다. ❶ 첫째, 사족은 사례(四禮)를 행하는 자신들이 다른 신분에 비해 우월하다고 강조하며, 다른 신분과 다르게 사족이라는 이름이 아름다운 까닭은 사례(四禮)를 행하기 때문이라고 주장한다. 이를 통해 이들은 상민에 대한 통제력을 잃은 상황에서 자신들의 신분적 우월성을 사례(四禮) 실천과 연관 짓고자 한 것이다. ❷ 둘째, 사족은 족계 및 동계 등에서 상민 조문에 관한 조항을 삭제하고 사족 간 부조로 방식을 바꾸었다. 만일 상민의 상이 발생하면, 사족은

---

697) 『小宗契案』, "一 凡諸穀物 過限不納之員 則從時直論價田民代納事".

698) 『厚齋集』 卷38, 「頒示各面洞契約條 敦風俗 喪葬」, "往會喪家 以助其役【葬前一日 有司率同契 各持飯米會喪家 及曉行喪至葬所 立役以終其日 或有故則呈狀 若無故而不參者罰之】".

699) 『厚齋集』 卷38, 「頒示各面洞契約條 敦風俗 喪葬」, "及葬各持酒果炬火【若闕者罰徵米 以歸喪家 一人准一斗 若有故而闕者 勿徵】".

직접 조문하지 않았다. ❸ 셋째, 이에 이들은 풍속 교화와 권선징악에 관심을 두기보다 상례를 잘 치르는 데에 집중하여 상례를 사치스럽게 지냈다. ❹ 넷째, 나아가 사족들은 족계 및 동계 등에 처벌 조항을 부기하였다. 이들은 상례 참여에 관한 처벌뿐 아니라 부조에 대한 처벌을 수록하였는데, 족계와 동계 등에서는 초상·장례 등에 구성원들의 참여와 부조를 처벌로써 강제하였다.

네 가지 양상은 이전까지 보이지 않았던 사족이 자신들의 결속력을 강화하는 방법이다. 이를 통해 사족은 상민과 신향의 성장, 조정의 개입으로 인해 약화된 자신들의 지위를 내부 결속을 통해 유지하고자 하였다.

종합하면, 17세기 후반 사족의 신분적 우위의 동요는 18세기 사족이 집안이라는 혈연공동체를 기반으로 사족이라는 신분적 명분을 강화하여 사족 내부의 질서를 확립하려는 움직임으로 전개되었다. 이러한 사족의 움직임은 이들이 유교 상례의 1차, 2차 층위를 규정에 맞게 설행하는 상황을 야기하였다.

1차 층위의 경우, 사족들은 17세기에 규정에 맞게 지내지 못한 상례 절차를 준용하기 시작하였다. 특히 17세기에 두드러졌던 대렴과 성복, 대상과 부의 설행이 날을 달리하여 따로 진행되었다.

2차 층위의 경우, 적통과 연관된 서손의 자최삼년복 착용 논의는 조정의 개입으로 인해 서손이 첩인 할머니에게 자최삼년복을 입지 못하는 방향으로 귀결되었다. 서얼들은 이에 반발하여 인정 등에 의해 자최삼년복을 입게 해달라고 주장했으나, 조정은 그들의 바람과 달리 자최부장기복을 착용하라고 지시한다. 이러한 결론은 적통이 정립되었다는 것이자, 조선 사회에서 적장자의 혈통적 순수성을 강조하는 것이라 할 수 있다. 이는 같은 시기에 발생한 입후의 성행, 적서 구분의 심화 등에서도 찾을 수 있다.

한편 부조의 경우에는 외손·상민 등이 부조 대상에서 제외되고 부계

친·사족 중심의 상호 부조로 전환되었다. 아울러 사족은 타 신분에 대한 신분적 우위를 점하지 못하는 상황에서 사례(四禮)를 행하는 사족만이 우월하다고 주장하고 상민을 조문하는 조항을 삭제하거나, 상례를 잘 치르고자 사치스럽게 지내고 상례 참여 및 부조를 독려하는 처벌 조항을 부기하였다. 이를 통해 이들은 신분적 우위와 통제력을 상실한 상황에서 상례의 시행으로 자신들의 결속력을 강화하고자 하였다.

제5장

결론

본 연구는 유교 상례의 1차(상례 절차), 2차 층위(종법)를 중심으로 17, 18세기 조선 사족의 유교 상례 활용 양상을 다루어 조선 후기 사족 사회의 특징을 고찰하였다. 17, 18세기는 세 가지 변화(❶ 예학의 발달, ❷ 종법의 정착, ❸ 사족지배 체제의 변화)가 발생하는 시기이다. 이 시기 사족의 상례 활용 양상을 다루는 작업은 유교 상례로 사족 사회의 특징을 확인하는 것뿐 아니라 그간 연구의 미진한 점을 보완하고 연구 방향의 다양화를 모색하는 시발점이다.

이에 본 연구는 본론을 세 장으로 구성하였다. 두 층위를 바탕으로 하는 유교 상례의 사회적 특징, 17세기 조선 사족의 유교 상례 변용과 상민 교화, 18세기 이들의 유교 상례 준용과 결속이 그것이다.

본론 2장에서는 유교 상례의 사회적 특징, 구체적으로 1차 층위와 2차 층위를 다루었다. 1차 층위인 상례 절차의 경우에는 유교 상례에서 상이라는 글자는 자식이 부모가 죽었다고 차마 말할 수 없어서 잃었다고 하는 데에서 유래한 것이다. 이에 기본적으로 유교 상례는 그 자식의 애통함이라는 감정을 바탕으로 진행된다.

상주의 감정을 바탕으로 진행되는 유교 상례는 시신의 공간 이동을 기준으로 세 단계로 구분된다. 구체적으로 막 사람이 죽은 초종 혹은 초상부터 발인하기 전에 전을 올리는 절차인 견전까지가 첫 번째 단계이다. 다음 시신이 무덤으로 이동하는 발인부터 무덤의 봉분을 만드는 성분까지가 두 번째 단계이다. 마지막으로 집으로 돌아와 곡을 하는 반곡부터 27개월째 지내는 제사인 담제까지가 세 번째 단계이다. 이 세 단계를 거치면서 죽은 사람의 자식은 그를 전송하고 점차 일상으로 돌아온다. 아울러 그 자식이 갖고 있던 애통함이라는 감정도 공경으로 바뀐다.

세 단계 가운데 주요 절차는 초종, 소렴, 대렴, 성복, 발인, 우제, 졸곡,

부, 소상, 대상, 담이라 할 수 있다. 주요 절차들에서 상주는 시신을 처리하고 다른 장소로 이동하며, 조문객을 맞이하여 상주로서 자신의 지위를 확인한다. 이 절차들이 유교 상례의 1차 층위로, 이를 할 수 있는 사람은 계급적으로 사이면서 혈통적으로는 적장자이다.

2차 층위인 종법의 경우에는 그것의 핵심 기능은 적통과 결집이다. 적통은 상주의 적장자에서 적장자로 이어지는 혈통적 지위를 가리킨다. 결집은 그 상주와 상갓집에 주변인들이 부조하여 결집하는 것을 의미한다. 이들은 성복, 조문, 부조를 통해 확인할 수 있다.

적장자에서 적장자로 이어지는 적통은 상주와 그의 친족들이 입는 상복을 통해 구현되는 것으로, 적통이 확립되기 위해서는 명확한 적서 구분이 필수적이다. 여기서 적서 구분은 종법과 상복 제도의 근간으로 적장자의 지위와 권위를 다음 적장자에게 순조롭게 이양하기 위해 생겨난 것이다.

종법에서는 적장자에서 적장자로 이양되는 계승 방식에 따라 집단의 특징이 구분된다. 가장 먼저 별자의 적장자가 자신의 아버지인 별자를 계승하는 대종이 있다. 한편으로는 별자의 나머지 아들이 자신들의 적장자에게 지위를 전해주는 소종이 있다.

대종과 소종은 총 다섯 가지이다. 대종은 대가 끊어져서는 안 되는 종이다. 한편 소종에는 고조부를 계승한 종, 증조부를 계승한 종, 조부를 계승한 종, 아버지를 계승한 종이 있다. 네 가지 종은 대종과 달리 5대가 지나면 그 5대째 되는 신주를 옮긴다.

대종과 소종 집단의 중심은 적장자다. 그는 조상의 정체이자 적통을 계승한 사람이다. 그의 혈통적 지위는 삼년복 착용에서 확인된다. 여기서 삼년복은 참최삼년복과 자최삼년복으로 나뉜다. 일반적으로 전자는 자식들이 아버지를 위해 입는 상복이고, 후자는 자식들이 어머니를 위해 입는 상복이다. 부모를 위해 입을 수 있는 삼년복은 그들의 자식이라면 모두 입을 수 있지만, 부모 이외에 대상을 위해 입는 삼년복은 다르다. 그 가운데 아버지가 적장자를 위해 입는 참최삼년복과 어머니가 적장자를 위해 입는 자최삼년복에서 적통과 삼년복이 밀접한 관련이 있음을 확인할 수 있다.

아버지의 적장자는 혈통적으로 조상의 정체를 이어받았고 적장자인 아버지가 돌아가셨을 때 아버지의 적통을 전해 받는다. 이 때문에 적장자인 아버지는 자신의 적장자가 먼저 죽었을 때 그를 위해 참최삼년복을 입는다. 반면 서자인 아버지는 자신의 장자를 위해 삼년복을 입을 수 없는데, 이는 서자인 아버지가 조상의 적통을 계승하지 않았기 때문이다.

아버지가 그의 적장자를 위해 한 단계 낮춰서 상복을 입지 않았기 때문에 어머니 또한 지존인 아버지를 따라 조상의 정체인 자신의 적장자를 위해 상복을 낮추지 못하였다. 이에 자식이 자신을 위해 입어줄 자최삼년복을 죽은 적장자를 위해 입었다. 죽은 적장자에게 부모가 입는 참최삼년복과 자최삼년복을 통해 이것들이 적통 계승과 관련된 상복임을 알 수 있다.

결집은 조문객이 조문과 부조를 통해 상주를 돕고 그를 중심으로 결속하는 것이다. 사람이 죽으면 조문객은 상주와 상갓집을 위로하고 그들에게 물품과 노동력을 부조한다. 이 점에서 조문 및 부조는 유교 상례의 특징이 구현되는 절차로, 이는 일차적으로 상갓집이 상례를 치르다가 과도한 지출로 망하고, 상주가 지나치게 슬퍼하여 자신의 몸을 상하는 것을 방지하려는 목적으로 조문객이 그를 돕는 것이다. 이차적으로 이 절차는 상주가 조문객과 돈독함을 도모하고 결집하는 것이다.

부조의 경우, 조문객이 지참하는 물품은 원래 부(재화), 봉(수레와 말), 함(옥과 구슬), 수(죽은 사람이 입을 옷), 증(진귀한 물건 또는 부, 봉, 함, 수의 통칭)이다.

『의례』에서는 이 물품들이 총 다섯 번 등장한다. 소렴 전에는 제후,

대공 이상의 친족, 서형제, 친구가 수를 보낸다. 소렴 후에는 소렴 이전에 보내지 못한 사람들이 수를 보낸다. 계빈을 한 이후에 제후, 빈, 상복을 입는 형제, 아는 사람이 장례를 돕기 위해 말과 수레를 제공한다. 마지막으로 관이 구덩이에 도착하기 전에 제후가 재부를 시켜 죽은 사람에게 증을 준다. 『의례』는 소렴, 장례에 옷·말·수레 등을 제공하도록 규정한다.

『가례』에서는 사람들이 사용하지 않은 까닭으로 위 물품들 가운데 성복 후에 하는 전·부와 발인 전 영구를 청사에 옮겨 놓고 하는 부만이 남았다. 『가례』는 돈·비단·향·차·초·술·과일을 지참하도록 한다.

향약에서 상례와 관련된 것은 예속상교와 환난상휼이다. 예속상교 가운데 경조사에 물건을 보내는 조항을 참고하면, 상이 발생하여 조문할 때 조문객은 돈과 비단을 물품으로 상갓집에 제공하였다. 그리고 같은 향약의 구성원들과 의논하여 그 수량을 정하였다. 아울러 이들은 장례 때 상갓집에 수레(대여, 요여)를 보내고 술과 음식으로 상여꾼을 위로하거나 관련 일을 담당하기도 한다. 이처럼 조문과 부조는 일차적으로 친족을 비롯한 조문객들이 상주와 상갓집이 상례를 치르다가 죽거나 망하는 것을 방지하는 절차이자, 유교 상례의 2차 층위인 종법이 집안에서 향촌으로 점진적으로 구현됨을 볼 수 있는 것이다.

조문객 결집의 경우, 상주와 조문객은 조문과 부조를 통해 결집한다. 조문객 종류의 경우에는 『예기』, 『의례』, 『가례』에 수록된 조문객의 종류는 상이하지만, 대체로 이들은 산 사람과 죽은 사람의 친족, 지인이다. 조문객은 초종 때 상갓집으로부터 부고를 받고 이후 부의를 지참하여 상갓집에 조문 간다. 조문객 가운데 친족은 혈연의 친소에 따라 자리를 달리하고, 지인은 친분의 정도에 따라 조문 갔다 각자 물러날 때를 달리하여 돌아온다. 이러한 친족, 지인의 조문은 바로 죽은 사람의 친족을 가까이하는 것이자, 죽은 사람과의 옛정을 이루는 것이다. 이를 통해 조문객은 상주가 상례를 진행할 수 있도록 돕는다. 나아가 조문객은 상주와 결속하여 돈독함을 다졌다.

조문객이 상갓집에서 하는 예의 경우에는 상주를 중심으로 조문객의 복장이 달라진다. 구체적으로 상주가 상복을 입지 않았으면 조문객은 평상복인 심의, 상복을 입었으면 조문객은 흰 옷을 입고 조문을 간다. 그리고 조문객이 상주를 모르면 조문하지 않고 죽은 사람을 모르면 조문 가서 곡을 하지 않는다. 이와 함께 상주와 조문객의 나이차에 따라 조문객이 상갓집에서 행할 예가 달라지거나, 죽은 사람과 조문객의 나이차에 따라 조문객이 상갓집에서 실천한 예가 구분되었다. 이러한 조항은 조문에 유교 상례의 특징이 구현됨을 보여주는 것으로 조문이 상주를 중심으로 진행되어 조문객이 그를 중심으로 결집함을 알 수 있게 한다.

본론 3장에서는 조선 사족이 이러한 특징을 지닌 유교 상례를 변용하는 양상을 확인하였다. 조선 초기부터 조정은 유교 상례를 정착시키기 위해 노력하였다. 유교 상례의 정착은 불교 등과 같은 습속의 전환을 우선으로 한다. 조정의 노력은 상례에서는 삼년상을 설행하고, 제례에서는 가묘를 설립하는 방향으로 이어졌다.

하지만 조선 초기 조정의 노력은 실효를 거두지 못하였다. 이는 실록뿐 아니라 문집에서도 나타난다. 실록과 문집에서는 유교 상례와 관련된 제도의 정비, 유교 상례의 불사 지양, 유교 상례에 배치되는 습속을 지적하였다.

유교 상례의 규정과 습속의 길항 상태는 17세기까지 지속되었는데, 습속 가운데 불사는 예학의 발달에 따라 유교 상례 실천에서 점차 배제되었다. 불사 지양에도 불구하고 당시 사족의 상례 설행 양상은 유교 상례 규정과 달랐다. 본 연구에서 살펴본 김기, 신응순, 윤이후, 김천석 등의 경우에 성복 전까지의 특징은 사족이 일부 절차를 변용하였다는 점이다. 예를 들어 이들은 소렴과 대렴에 해야 할 절차를 시행하지 않거나 일부 절차를 다른 날로 미루었다. 이에 사족은 유교 상례 규정과 다르게 이 절차들을 성복과 같은 날에 행하였다.

발인부터 부까지의 특징은 절차의 순서가 상이하다는 점이다. 예를 들어 발인 시행 날짜가 규정과 달랐다. 발인은 죽은 지 3개월째 되는 날에 거행되는데, 관련 사례들에서는 발인이 3개월째에 진행되지 않았다. 우제는 장례 지낸 날 낮에 지내야 하지만 다음 날로 미루어졌다. 그리고 이들은 부제를 죽은 지 2년째 되는 날에 대상과 같이 지내기도 하였다.

이는 같은 시기 명나라, 청나라 사람들의 상례 실천 양상과도 달랐다. 명나라, 청나라에서는 사람들이 유교 상례를 규정대로 실천하지 못 하고 불사를 병행하거나 승려와 도사를 동원하는 경향이 두드러졌다. 반면 조선에서는 불사는 더 이상 병행하지 않았다. 다만 유교 의례에 해박한 일부 사족들을 제외하고 대부분의 사족들은 규정과 다르게 유교 상례를 시행했다. 이들은 날짜를 미루어 해당 날짜에 해야 하는 절차를 하지 않거나, 습속에 따라 특정 절차를 두 번 시행하기도 하였다. 이러한 현상은 규정과 습속의 길항 사이에서 사족들이 상례 절차의 일부를 변용하였음을 뜻한다.

사족의 유교 상례 변용은 절차뿐 아니라 종법에서도 드러난다. 조선에서는 종법을 초기부터 정착시키고자 하였으나 쉽지 않았다. 이는 서손의 자최삼년복 착용 논의와 부조 대상의 확대에서도 보인다. 서손의 자최삼년복 착용 논의는 서자인 손자가 첩인 자신의 할머니를 위해 자최삼년복을 입을 수 있는가를 두고 발생한 것이다.

자최삼년복은 적통과 관련된 상복으로 적장자가 죽은 후 적처인 그의 어머니가 돌아가셨으면 적장자의 아들인 적손이 그녀를 위해 입는 상복이다. 적손은 아버지를 대신해 할아버지와 아버지의 적통을 계승하였기 때문에 할머니를 위해 자최삼년복을 입을 수 있는 것이다. 이에 할아버지와 아버지, 즉 적통을 계승하지 않은 서손은 자신의 할머니를 위해 자최삼년복을 입을 수 없었다.

이 논의에는 송준길, 김장생, 김집, 송시열, 박세채가 등장한다. 우선 송준길, 김장생, 김집의 주장을 정리하면, 송준길은 상복을 입지 않고 3년 동안 심상하는 것이 적절하다고 보았다. 김장생은 일전에는 가계를 계승한 서손이 자최삼년복을 입을 수 있다고 주장하였으나, 이후 송준길과의 대화에서 상복을 입지 않고 심상 1년을 하는 것으로 의견을 바꾸었다. 김집은 첩인 할머니의 상에 상주가 없어서는 안 되므로 서자의 차자가 상주가 되어 자최삼년복을 입어야 한다고 하였다. 송준길, 김장생의 주장은 자최삼년복을 승중복, 즉 적통을 계승한 자가 입을 상복이라 본 데에서 기인한 것이다. 김집의 주장은 인정에 의해 서자의 차자에게 삼년복 착용을 용인한 것이다.

송시열은 적통 계승과 자최삼년복을 강조하여 할아버지와 아버지의 가계를 계승한 적손만 적처인 자신의 할머니를 위해 자최삼년복을 입을 수 있다고 보았다. 그는 서손은 할아버지와 아버지를 계승한 사람이 아니므로 첩인 할머니를 위해 삼년복을 입을 수 없다고 주장한다. 송시열의 주장은 자최삼년복을 적통의 계승의 상복(승중복)이라 강조한 것이다.

박세채는 이 사안의 핵심은 『예기』「상복소기」의 첩인 할머니를 대대로 제사 지내지 않는다는 경문에 있다고 하였다. 그는 이 경문에 대한 주희의 언급들에 오류가 있으므로 서손이 자최삼년복을 입을 수 있다고 보았다. 이후 조선 사람들은 자최삼년복과 자최부장기복 착용을 병행하였다.

이 논의는 자최삼년복이 적통을 계승한 사람이 입을 수 있는 상복이라는 유교 상례의 규정과 조선의 습속이 상이하였음을 보여주는 사안이자, 조선의 사족이 유교 상례에서 제시하는 것을 인정 등 당시 습속에 의해 변용한 것 중 하나이다. 나아가 이는 17세기 조선에서 적통이 정립되지 못한, 이원화된 상황에 대한 방증이다.

이러한 변용은 부조 대상의 확대에서도 확인할 수 있다. 17세기 조선에서는 부조 대상이 부계 혈연을 공유하는 친족에서 내외손으로 확대되거나, 사족에서 상민으로 확대되었다. 부조 대상이 부계 혈연을 공유하는 사람들뿐 아니라 이를 공유하지 않는 외손으로 확대됨은 17세기 조선의 사족이 친족 내부의 통제력을 확대하고자 하였음을 의미한다.

한편 사족과 상민으로 확대됨은 향약에서 확인된다. 본 연구에서는 이를 확인하기 위하여 경상도 진주 원당동의 『원당동약문』 등을 들었다. 이들의 공통점은 네 가지이다. 첫째는 초상, 장례, 소상, 대상 등 유교 상례의 주요 절차에서 향약과 동계의 구성원들이 조문한다는 점, 둘째는 부조 대상이 확대되었다는 점, 셋째는 구성원들이 초상과 장례에 물품과 노동력을 제공한다는 점, 넷째는 향약과 동계에 상례를 치르는 데 필요한 구체적인 물품이 기재되지 않았다는 점이다.

차이점은 다섯 가지이다. 첫째는 부조의 양상에 지역적인 차이가 있다는 점, 둘째는 동원되는 일의 종류에 따라 제공되는 인원의 수가 다르다는 점, 셋째는 물품 및 노동력 지급 방식에 있어서 부조 유형이 다르다는 점, 넷째는 개인 및 공동 지급 방식에 있어서 부조 유형이 상이하다는 점, 다섯째는 물품과 노동력 부조에 상하의 구분이 각기 달리 적용된다는 점이다.

17세기 조선의 사족은 부조 대상을 사족에서 상민으로 확대하여 그들의 상례를 부조하였다. 구체적으로 이들은 자신들과 상민들의 상례를 구분하고 조문을 통해 차등적으로 물품 및 노동력을 제공하였다. 상민들의 상례에 물품이나 노동력 등을 어느 정도 지원해줄 지는 사례마다 달랐지만, 대체로 사족은 상민들의 상례까지 관리하고 그들이 상례에 참여하도록 장려하여 상민들의 습속을 교화하고 통제하고자 하였다.

사족이 서자, 외손, 상민 등에 대한 결속과 통제를 유지하는 것은 그들의 신분적 우위를 바탕으로 한다. 특히 상민에 대한 통제력은 신분적 우위와 함께 상하 간 협동을 통해 유지되었다.

17세기 후반에 이르면 이러한 상하 부조는 사족의 신분적 우위의 동요로 인해 이완된다. 신분적 우위의 동요는 사족의 경제력 약화와 조정의 개입에서 기인한다. 전란을 겪은 17세기 조선은 사족과 상민 간 토지 소유 상황에 변화가 생긴다. 상민 소유의 토지가 영세화되어 사족과 상민 간의 경제력 격차가 줄어들게 되었다. 이에 기존에 노비와 대규모 토지를 바탕으로 형성되던 사족의 토지 소유는 위축되었고, 이는 곧 사족의 경제력 약화로 이어졌다. 이와 함께 17세기 조선에서 발생한 두 번의 대기근도 이들의 경제력에 큰 타격을 주었다.

이뿐 아니라 「오가통사목」을 통한 조정의 개입은 사족의 신분적 우위를 더욱 동요하게 하였다. 구체적으로 「오가통사목」 가운데 14번째 조항을 통해 조정은 기존에 사족을 통한 향촌의 간접지배방식에서 벗어나 면리임을 통한 직접지배방식으로 전환하였다. 직접지배방식으로의 전환은 신분적 우위를 앞세워 상민들을 교화하고 통제하던 사족의 권한이 조정으로 이양되었음을 의미하였다. 사족은 조정에서 임명하는 면리임 선출을 기피하였고, 조정은 서자와 중인 등으로 구성된 신향에게 그 자리를 일임하여 신향의 성장을 초래하였다. 이에 사족과 상민으로 형성된 상하 부조 방식은 이완 및 해체되고, 사족의 통제력은 상실되기에 이른다.

본론 4장에서는 통제력을 상실한 조선 사족이 유교 상례를 준용하는 양상을 확인하였다. 18세기에는 17세기 후반 사족의 신분적 우위 동요와 함께 사족의 예학 연구 심화 및 종법(상속제)의 정착에 따라 유교 상례를 준용하려는 경향이 두드러진다. 절차의 경우, 본 연구는 최흥원의 아내 상, 윤행임의 부모 상, 황윤석 어머니의 상, 안정복의 본인 상 등을 살펴보았다.

성복까지 과정을 살펴보면, 사족들이 관을 늦게 마련한 경우를 제외하고는 유교 상례의 규정에 따라 상례를 행하였다. 17세기에 규정과 달랐던 소렴, 대렴, 성복은 18세기에 규정에 맞게 진행되었다. 한편 장례와 관련된 일 때문에 절차가 지연된 점을 제외하고 나머지 발인부터 부까지의 절차는 순서대로 진행되었다. 소상에서 담까지의 절차는 기재하지 않는 경우가 대부분이지만, 상주가 이를 기록하였다면 『가례』와 정확히 일치하였다. 이처럼 사족은 초상, 발인, 우제, 소상만 일치하던 17세기와 달리 18세기에는 유교 상례의 규정을 준용하였다.

적통과 부조도 마찬가지였다. 적통의 경우, 자최삼년복과 자최부장기복 병행으로 귀결된 서손의 자최삼년복 착용 논의가 1713년(숙종 39) 민진후의 발언을 계기로 조정에 등장하였다. 숙종은 조정의 신하들에게 각자의 의견을 제시하라고 명하였고, 신하들은 대체로 자최부장기복 착용을 주장하였다.

이를 통해 자최삼년복 착용을 주장하는 사람들과 자최부장기복 착용을 주장하는 사람들의 논점을 볼 수 있다. 자최삼년복을 입어야 한다는 사람들의 논점은 네 가지이다. 이들은 이황을 비롯한 조선의 습속을 고수하거나, 『통전』 등의 중국 선례와 김장생, 김집 등의 조선 선례를 참작한다. 그리고 서자인 아버지의 상복을 서손이 대신 입을 수 있다는 대복의 관점에서 접근하거나, 양육 등의 인정에 따르자고 한다.

자최부장기복을 입어야 한다는 사람들의 논점은 세 가지이다. 이들은 자최삼년복을 적통과 관련된 상복(승중복)과 연관 짓거나, 『예기』「상복소기」의 '첩인 어머니를 대대로 제사 지내선 안 된다'라는 구절에 주목한다. 아울러 적처와 첩의 위계적 관계에 주목해 첩이 적처에게 눌리기 때문에 첩에게는 자최삼년복을 입어서는 안 된다고 한다. 자최삼년복의 경우엔 습속, 선례, 인정, 대복의 관점에서, 자최부장기복의 경우엔 승통, 적첩 간 관계의 관점에서 각 주장이 제기된다. 조정의 논의 끝에 숙종은 5월 1일을 기점으로 서손이 첩인 할머니를 위해 삼년복을 입는 것을 금지하였다.

이러한 조치에 서얼들은 1718년(숙종 44)에 논의된 김윤 등의 상소를 통해 반발하였다. 이들은 후처의 상에 전처의 적자손과 후처의 손자가 상주가 되면 상주가 둘이 된다는 점, 서손이 자최 삼년복을 입지 못하면 첩인 할머니의 상에 상주가 없다는 점, 김장생의 주장도 송시열처럼 타당하다는 점을 주장하면서 조선과 중국의 선례를 사례로 들었다.

특히 중국의 선례는 인정과 대복의 관점에서 첩인 할머니에게 자최삼년복을 입을 수 있다는 것이다. 서얼들은 이들에 근거해 자최삼년복 착용을 제기했으나, 예조는 이들의 주장을 받아들이지 않았다. 이는 결과적으로 적통이 정립된 것으로, 서손의 자최삼년복 착용 논의뿐 아니라 같은 시기 입후의 성행에서도 확인된다. 조선의 사족은 서자 계승보다 예사문서를 위조하여 무분별하게 후사를 세웠다. 서손의 자최삼년복 착용 논의와 입후의 성행이라는 양상은 조선 사회에 적통이 정립되었다는 의미이자, 사족이 혈통적인 순수성을 앞세워 집단의 영속성을 확보하고자 했다는 뜻이다.

이는 부조에서도 보인다. 17세기 후반의 신분적 우위의 동요는 종법(상속제)의 정착뿐 아니라 사족이 동족 간 결속을 다지려는 움직임으로 이어졌다. 이에 사족과 상민에서 사족으로 부조의 대상이 축소되었고 부조 물품도 다양해졌다. 이러한 경향은 18세기 향약, 동약 등에서도 나타난다. 본 연구는 이러한 변화를 살펴보기 위해 충청도 예산의 『반시각면동계약조』 등을 예로 제시하였다.

이들의 공통점은 세 가지이다. 첫째는 부조 대상의 축소, 둘째는 부조 물품의 다양화, 셋째는 사족이 초상, 장례, 소상, 대상 등 유교 상례의 주요 절차를 준용하고, 초상과 장례에 부조한다는 기존의 방식을 유지한다는 점이다. 반면 차이점은 네 가지이다. 첫째는 물품 및 노동력 지급에 있어서 부조 유형이 다르다는 점, 둘째는 개인 및 공동 지급에 있어서 부조 유형이 다르다는 점, 셋째는 지원해야 할 상례의 범위가 다르다는 점, 넷째는 지역별 특징이 존재한다는 점이다.

이를 통해 확인된 18세기 사족 간 상호부조의 특징은 부조 대상의 축소와 부조 물품의 다양화다. 조정의 개입으로 인해 사족은 종래의 습속 교화라는 권한을 조정에 이양할 수 밖에 없었고 그 대신 자신들의 결속을 모색했다.

이들은 상민에 대한 통제력과 신분적 우위를 점하지 못하는 상황에서 다음과 같은 네 가지를 행하여 사족층을 결속하고자 하였다. 사족이 사례(四禮)를 행하는 자신들이 다른 신분에 비해 우월하다고 주장하거나, 사족 간 부조로 부조 방식을 바꾸었다. 그리고 사족들은 풍속 교화와 권선징악에 관심을 두기보다 상례를 잘 치르는 데에 집중하여 상례를 사치스럽게 지내고, 이를 위해 초상·장례 등에 구성원들의 참여와 부조를 강제하는 처벌 조항을 부기하였다.

사족들의 이러한 움직임은 신분적 우위가 약화된 사족의 지위를 집단의 결집을 통해 유지하게 하였지만, 오히려 사족이 상례를 통해 그 집단의 영속성과 결속을 강조하여 그 집단을 공고화하는 결과를 초래하였다.

전근대에서 종법의 기능이 내재된 유교 상례는 대체로 한 사회의 기본 구조를 살펴볼 수 있는 매개였다. 그러나 조선에서는 이것이 오히려 사족의 신분 유지와 사족 사회의 결속력 강화 수단으로 활용되어 집단의 공고화를 위한 방안으로 이용되었다.

참고문헌

1. 자료

<연대기>

『朝鮮王朝實錄』(국사편찬위원회 DB).

『承政院日記』(국사편찬위원회 DB).

<예서류>

賈公彦, 『儀禮注疏』(北京 : 北京大學出版社, 2000).

賈公彦, 『周禮注疏』(北京 : 北京大學出版社, 2000).

孔穎達, 『禮記正義』(北京 : 北京大學出版社, 2000).

『國朝五禮儀』(서울 : 학자원, 2017).

司馬光, 『司馬氏書儀』(朝鮮本, 1920).

朱熹, 『家禮』(대전 : 學民文化社, 2001).

<문집 및 개인 저작물>

姜錫圭, 『聱齖齋集』.

權尙夏, 『寒水齋集』.

權以時, 『五禮輯略』.

金榦, 『厚齋集』.

金圻, 『北厓集』.

金坽, 『溪巖日錄』.

金世濂, 『東溟集』.

金壽增, 『谷雲集』.

金楺, 『儉齋集』.

金長生, 『家禮輯覽』.

金長生, 『沙溪全書』.

金長生, 『喪禮備要』.

金長生, 『疑禮問解』.
金宗直, 『佔畢齋集』.
金集, 『愼獨齋全書』.
金忠善, 『慕夏堂集』.
金澤龍, 『先祖操省堂日錄』.
盧景任, 『敬菴集』.
朴世堂, 『西溪集』.
朴泰茂, 『西溪集』.
朴世采, 『南溪集』.
朴絪, 『无悶堂集』.
成海應, 『研經齋全集』.
成渾, 『牛溪集』.
宋奎濂, 『霽月堂集』.
宋明欽, 『櫟泉集』.
宋時烈, 『宋子大全』.
宋浚吉, 『同春堂集』.
辛應純, 『內喪記』.
申義慶, 『喪禮通載』.
安鼎福, 『順菴集』.
柳範休, 『湖溪答問』.
柳壽垣, 『迂書』.
兪彦述, 『松湖集』.
柳長源, 『常變通攷』.
柳馨遠, 『磻溪隨錄』.
尹爾厚, 『支菴日記』.
尹拯, 『明齋先生疑禮問答』.
尹行恁, 『泣血錄』.
尹鑴, 『白湖集』.
李圭景, 『五洲衍文長箋散稿』.
李德懋, 『青莊館全書』.
李聃命, 『靜齋集』.

李文楗,『默齋日記』.
李象靖,『大山日記』.
李睟光,『芝峯類說』.
李嵩逸,『恒齋集』.
李時發,『己酉日錄』.
李植,『澤堂集』.
李珥,『栗谷全書』.
李珥,『石潭日記』.
李瀷,『星湖僿說』.
李瀷,『星湖全集』.
李宜朝,『家禮增解』.
李縡,『陶菴集』.
李縡,『四禮便覽』.
李種徽,『修山集』.
李重煥,『擇里志』.
李滉,『退溪集』.
任聖周,『鹿門集』.
張顯光,『旅軒集』.
張興孝,『敬堂日記』.
鄭逑,『寒岡先生言行錄』.
鄭經世,『愚伏集』.
鄭克後,『雙峯集』.
鄭道傳,『三峯集』.
丁若鏞,『喪禮四箋』.
鄭忠信,『北遷日錄』.
趙有善,『蘿山集』.
崔興遠,『百弗菴集』.
崔興遠,『曆中日記』.
河弘度,『謙齋集』.
黃胤錫,『頤齋亂藁』.
黃翼再,『華齋集』.

黃宗海, 『朽淺集』.

<국외 자료>

顧炎武, 『日知錄』(文淵閣四庫全書).
『藍田呂氏鄕約』(『朝鮮時代社會史硏究史料叢書』).
『論語注疏』(北京 : 北京大學出版社, 2000).
『大明律』(文淵閣四庫全書).
『大明律集解名例』(文淵閣四庫全書).
『大明會典』(文淵閣四庫全書).
『太祖高皇帝實錄』(국사편찬위원회 DB).
『大淸律例』(文淵閣四庫全書).
『大學章句』(文淵閣四庫全書).
杜佑, 『通典』(文淵閣四庫全書).
萬斯同, 『群書疑辨』(文淵閣四庫全書).
『明實錄』(국사편찬위원회 DB).
『明集禮』(文淵閣四庫全書).
武先愼, 『家禮集議』(聚順堂, 1793).
方孝孺, 『遜志齋集』(文淵閣四庫全書).
范甯, 『春秋穀梁傳』(文淵閣四庫全書).
謝肇淛, 『五雜粗』(文淵閣四庫全書).
徐乾學, 『讀禮通考』(文淵閣四庫全書).
蘇軾, 『蘇軾集』(文淵閣四庫全書).
孫希旦, 『禮記集解』(北京 : 中華書局, 1989).
『宋史』(文淵閣四庫全書).
『宋刑統』(文淵閣四庫全書).
梁章鉅, 『退庵隨筆』(文淵閣四庫全書).
呂維祺, 『四禮約言』(北京 : 中國科學院圖書館, 1624).
呂祖謙, 『東萊集』(文淵閣四庫全書).
王國維, 『觀堂集林』(深圳 : 河北敎育出版社, 2003).
王棠, 『燕在閣知新錄』(文淵閣四庫全書).
王復禮, 『家禮辨定』(南京 : 南京圖書館, 1707).

王先謙,『荀子集解』(北京 : 中華書局, 1988).
王叔杲,『家禮要節』(上海 : 上海圖書館, 1571).
魏堂,『家禮會成』(국립중앙도서관, 1557).
劉寶楠,『論語正義』(北京 : 中華書局, 1990).
程頤,『二程遺書』(文淵閣四庫全書).
朱熹,『儀禮經傳通解』(文淵閣四庫全書).
朱熹,『朱子大全』(文淵閣四庫全書).
朱熹,『朱子語類』(文淵閣四庫全書).
朱熹,『朱子增損呂氏鄕約』(한국학중앙연구원 장서각).
朱熹,『晦庵集』(文淵閣四庫全書).
秦蕙田,『五禮通考』(文淵閣四庫全書).
陳澔,『禮記集說』(文淵閣四庫全書).
車垓,『內外服制通釋』(文淵閣四庫全書).
『淸史稿』(文淵閣四庫全書).
『春秋穀梁傳注疏』(北京 : 北京大學出版社, 2000).
『春秋左傳注疏』(北京 : 北京大學出版社, 2000).
『漢書』(文淵閣四庫全書).
胡廣,『性理大全書』(文淵閣四庫全書).
胡廣,『禮記大全』(文淵閣四庫全書).
胡培翬,『儀禮正義』(南京 : 江蘇古籍出版社, 1993).
胡安國,『胡氏春秋傳』(文淵閣四庫全書).

<기타>

『庚辰初終錄』(『고문서집성』 64, 한국정신문화연구원, 2003).
『經國大典』(국립중앙도서관).
『癸巳初終錄』(『고문서집성』 64, 한국정신문화연구원, 2003).
『古縣洞稧』(동학농민혁명기념관).
『葵史』(達西精舍, 1858).
『魯谷鄕約』(『嶺南鄕約資料集成』).
『大同契座目』(『고문서집성』 83, 한국학중앙연구원, 2006).
『洞契案』(『고문서집성』 21, 한국정신문화연구원, 1995).

『洞憲』.
『東陽申氏門會錄』(『朝鮮時代社會史硏究史料叢書』).
『洞中喪葬給物記』(『고문서집성』 65, 한국정신문화연구원, 2003).
『夫仁洞誌』(『嶺南鄕約資料集成』).
『北芚洞稧座目』(연세대학교 학술정보원).
『溪上洞契』(『嶺南鄕約資料集成』).
『社約節目』(영남대학교 중앙도서관).
『三磎稧案』(三溪講舍).
『尙州朴氏族契』(『朝鮮時代社會史硏究史料叢書』).
『西湖鄕約案』(『고문서집성』 29, 한국정신문화연구원, 1996).
『小宗契案』(『고문서집성』 22, 한국정신문화연구원, 1995).
『壽春鄕約』(春川鄕校).
『靈巖鳩林大同契』(『朝鮮時代社會史硏究史料叢書』).
『玉溪亭契案』(『嶺南鄕約資料集成』).
『溫溪洞規』(『嶺南鄕約資料集成』).
『元塘洞約文』(『嶺南鄕約資料集成』).
『壬戌年終天錄』(『고문서집성』 77, 한국학중앙연구원, 2005).
『宗稧完議座目』(『朝鮮時代社會史硏究史料叢書』).
『座目』(邀僊契).
『初終錄』(『고문서집성』 124, 한국학중앙연구원, 2021).
『崔氏宗中宗契案』(『고문서집성』 75, 한국정신문화연구원, 2004).
『通塞撮要』(서울대학교 규장각 한국학연구원).
『板契』(『朝鮮時代社會史硏究史料叢書』).
『香約案』(『고문서집성』 32, 한국정신문화연구원, 1997).
『鄕約條目』(『朝鮮時代社會史硏究史料叢書』).
『鄕約通變』(『朝鮮時代社會史硏究史料叢書』).
『懷德鄕約』.

2. 단행본

강만길 외 저, 『조선후기사 연구의 현황과 과제』, 창작과비평사, 2000.

강문식 외 저, 『종묘와 사직』, 책과 함께, 2011.
경성대학교 한국학연구소, 『韓國禮學叢書』, 민족문화사, 2008.
고영진, 『조선중기 예학사상사』, 한길사, 1995.
고영진, 『조선시대 사상사를 어떻게 볼 것인가』, 풀빛, 1999.
국사편찬위원회 편, 『상장례, 삶과 죽음의 방정식』, 두산동아, 2005.
국사편찬위원회 편, 『신편 한국사』 31, 국사편찬위원회, 2002.
금장태, 『유교의 사상과 의례』, 예문서원, 2000.
금장태, 『귀신과 제사 - 유교의 종교적 세계 -』, 제이앤씨, 2009.
김건태, 『조선시대 양반가의 농업경영』, 역사비평사, 2004.
김덕진, 『대기근, 조선을 뒤덮다』, 푸른역사, 2008.
김문용 외 저, 『조선 후기 사족과 예교질서』, 소명출판, 2015.
김두헌, 『韓國家族制度研究』, 서울대학교출판부, 1969.
김상준 외 저, 『유교의 예치 이념과 조선』, 청계, 2007.
김성우, 『조선중기 국가와 사족』, 역사비평사, 2001.
김시덕, 『한국의 상례문화』, 민속원, 2012.
김용천·장동우, 『중국고대 상복의 제도와 이념』, 동과서, 2007.
김용천 역, 『의례 역주』 6, 세창출판사, 2013.
김용천 외 역, 『예기역주』 1~5, 동과서, 2024.
김인걸 외 편, 『朝鮮時代 社會史研究史料叢書』 1~3, 보경문화사, 1986.
김인걸, 『조선후기 향촌사회 지배구조의 변동』, 경인문화사, 2017.
김필동, 『차별과 연대 - 조선 사회의 신분과 조직 -』, 문학과지성사, 1999.
김한규, 『한중관계사』 Ⅱ, 아르케, 1999.
동양학논총편찬위원회, 『東洋學論叢 : 藍史鄭在覺博士古稀記念』, 高麗苑, 1984.
문옥표, 『朝鮮時代 冠昏喪祭 Ⅳ - 喪禮篇(3) -』, 한국정신문화연구원, 2000.
송정수, 『中國近世鄉村社會史研究 - 明淸時代 鄉約·保甲制의 形成과 展開-』, 혜안, 1997.
오세창 등 편, 『嶺南鄉約資料集成』, 영남대학교출판사, 1986.
오수창, 『朝鮮後期 平安道 社會發展 研究』, 일조각, 2002.
오영교, 『朝鮮後期 鄉村支配政策 研究』, 혜안, 2001.
윤용남 외 역, 『완역 성리대전』 4, 학고방, 2018.
이광규, 『韓國의 家族과 宗族』, 民音社, 1990.

이범직, 『韓國中世禮思想研究 - 五禮를 中心으로 -』, 일조각, 1991.
이범직, 『朝鮮時代 禮學研究』, 국학자료원, 2004.
이성무, 『朝鮮後期 黨爭의 綜合的 檢討』, 한국정신문화연구원, 1992.
이시발 저, 최원경 역, 『譯註 己酉日錄』, 진천군청·청주대학교 산학협력단, 2012.
이영춘, 『朝鮮後期 王位繼承 研究』, 집문당, 1998.
이욱, 『조선시대 국왕의 죽음과 상장례喪葬禮』, 민속원, 2017.
이이 외 저, 임재완 역, 『세 분 선생님의 편지글』, 三星文化財團, 2001.
이종서, 『고려·조선의 친족용어와 혈연의식 - 친족관계의 정형과 변동 -』, 신구문화사, 2009.
이태진, 『韓國社會史研究 - 農業技術 발달과 社會變動 -』, 지식산업사, 1986.
이해준·김인걸 외 저, 『조선시기 사회사 연구법』, 한국정신문화연구원, 1993.
장동우 역, 『의례 역주』 7, 세창출판사, 2014.
정승모, 『장서각 수집 민속관련 고문서 해제』, 민속원, 2008.
정승모, 『조선후기 지역사회구조 연구』, 민속원, 2010.
정진영, 『조선시대 향촌사회사』, 한길사, 1998.
정충신 저, 신해진 역, 『북천일록』, 보고사, 2020.
지두환, 『朝鮮前期 儀禮研究 - 性理學 正統論을 中心으로 -』, 서울대학교출판부, 1996.
최재석, 『韓國家族制度史研究』, 일지사, 1983.
한국국학진흥원 교육연수실 편, 『계契, 친목과 협력의 모둠살이』, 한국국학진흥원, 2007.
한국국학진흥원 국학연구실 편, 『韓國儒學思想大系 Ⅸ - 社會思想編 -』, 한국국학진흥원, 2008.
한국국학진흥원 국학연구실 편, 『韓國儒學思想大系 Ⅹ - 宗教思想編 -』, 한국국학진흥원, 2010.
한국고문서학회 편, 『조선시대 생활사』, 역사비평사, 1996.
한국고문서학회 편, 『조선시대 생활사』 2, 역사비평사, 2000.
한국학중앙연구원 장서각, 『동아시아인의 죽음과 상례 (2017년도 장서각 자료 국제공동연구 국제학술회의)』, 한국학중앙연구원 장서각, 2017.
한우근, 『儒教政治와 佛教 - 麗末鮮初 對佛教施策 -』, 일조각, 1993.
향촌사회사연구회, 『조선후기 향약연구』, 민음사, 1990.

高明士 편, 『東亞傳統家禮·教育與國法』 2, 國立臺灣大學出版中心, 2005.
麻國慶, 『家與中國社會結構』, 文物出版社, 1999.
費孝通 저, 이경규 역, 『중국 사회의 기본 구조』, 일조각, 1995.
常建華, 『明代宗族研究』, 上海人民出版社, 2005.
徐吉軍, 『中國喪葬史』, 武漢大學, 2012.
徐揚杰 저, 윤재석 역, 『중국가족제도사』, 아카넷, 2000.
楊志剛, 『中國禮儀制度研究』, 華東師範大學校, 2001.
呂思勉, 『中國制度史』, 上海教育出版社, 1985.
慈怡, 『佛光大辭典』, 佛光出版社, 1988.
張壽安, 『十八世紀禮學考証的思想活力：禮教論爭與禮秩重省』, 北京大學出版社, 2005.
錢玄·錢興奇 편저, 『三禮辭典』, 鳳凰出版社, 2016.
丁凌華, 『中國喪服制度史』, 上海人民出版社, 2000.
井上徹, 『中國の宗族と國家の禮制 - 宗法主義の視點からの分析 -』, 研文出版, 2000.
丁世良 외 편, 『中國地方志民俗資料匯編』 東北卷, 書目文獻出版社, 1989.
丁世良 외 편, 『中國地方志民俗資料匯編』 華北卷, 書目文獻出版社, 1989.
丁世良 외 편, 『中國地方志民俗資料匯編』 西北卷, 書目文獻出版社, 1989.
丁世良 외 편, 『中國地方志民俗資料匯編』 西南卷, 書目文獻出版社, 1991.
丁世良 외 편, 『中國地方志民俗資料匯編』 中南卷, 書目文獻出版社, 1991.
丁世良 외 편, 『中國地方志民俗資料匯編』 華東卷, 書目文獻出版社, 1995.
趙克生, 『明代地方社會禮教史叢論 - 以私修禮教書爲中心 -』, 中國社會科學出版社, 2011.
周啓榮 저, 양휘웅 역, 『예교주의 - 17-18세기 중국 지식인의 윤리, 학문, 종족의 담론 -』, 모노그래프, 2013.
陳其南, 『家族與社會』, 聯經出版公司, 1990.
陳贇, 『周禮與"家天下"的王制：以殷周制度論爲中心』, 人民大學, 2019.
陳鵬, 『中國婚姻史稿』, 中華書局, 1990.
彭林, 『中國禮學在古代朝鮮的播遷』, 北京大學出版社, 2005.
馮爾康 외 저, 『中國宗族史』, 上海人民出版社, 2009.
馮爾康, 『清代宗族史論』, 天津人民出版社, 2019.

何淑宜,『明代士紳與通俗文化 - 以喪葬禮俗爲例的考察 -』, 國立臺灣師範大學歷史研究所印行, 2000.

溝口雄三 외 저, 조영렬 역,『중국 제국을 움직인 네 가지 힘』, 글항아리, 2012.
小島毅 저, 신현승 역,『송학의 형성과 전개』, 논형, 2004a.
小島毅 저, 신현승 역,『사대부의 시대』, 동아시아, 2004b.
小島毅 저, 김용천 역,『유교와 예』, 동과서, 2007.
守本順一郎 저, 김수길 역,『동양 정치사상사 연구 - 주자사상의 사회경제적 분석 -』, 동녘, 1985.
影山誠一,『喪服總說』, 研文社, 1969.
吾妻重二,『朱子家禮と東アジアの文化交涉』, 汲古書院, 2012.
吾妻重二,『朱熹《家禮》實證研究』, 華東師範大學出版社, 2012.
井上徹,『中國の宗族と國家の禮制 - 宗法主義の視點からの分析 -』, 研文出版, 2000.
井上徹 외 편,『宋-明宗族の研究』, 汲古書院, 2005.

Dieter Kuhn, *The age of confucian rule*, The belknap press of harvard university press, 2011.
Erik Zürcher 저, Jonathan Silk 편, *Buddhism in China*, Brill, 2013.
Mark Ian Paterson 저, 김혜정 역,『유교사회의 창출』, 일조각, 2000.
Martina Deuchler 저, 이훈상 역,『한국의 유교화 과정』, 너머북스, 2013.
Martina Deuchler 저, 김우영 외 역,『조상의 눈 아래에서』, 너머북스, 2018.
Michael Loewe 저, 이성규 역,『古代中國人의 生死觀』, 지식산업사, 1987.
Mihwa Choi, *Death Rituals and Politics in Northern Song China*, Oxford university press, 2017.
Nicolas Standaert, *The interweaving of rituals*, University of washington press, 2008.
Nicolas Standaert 저, 張佳 역,『禮儀的交織 -明末清初中歐文化交流中的喪葬禮-』, 上海古籍出版社, 2009.
Norbert Elias 저, 김수정 역,『죽어가는 자의 고독』, 문학동네, 2012.
Yonghua Liu, *Confucian rituals and chinese villagers*, Brill, 2013.
Patricia Buckley Ebrey, *Confucianism and Family Rituals in Imperial China : A social*

history of writing about rites, Princeton University Press, 1991.
Peter Kees Bol 저, 심의용 역, 『중국 지식인들과 정체성』, 북스토리, 2008.
Peter Kees Bol 저, 김영민 역, 『역사 속의 성리학』, 예문서원, 2010.

3. 학위논문

고민정, 『朝鮮後期 家系繼承 研究 - 立後制를 중심으로 -』, 강원대학교 사학과 박사학위논문, 2014.

권기석, 「朝鮮前期 儒教的 祖上祭祀 觀念과 親族關係의 展開」, 서울대학교 국사학과 석사학위논문, 2003.

김남호, 「조선 전기 무덤의 조성방법과 변천과정 : 석곽묘에서 회곽묘로의 전환」, 서울시립대학교 국사학과 석사학위논문, 2013.

김인걸, 『조선후기 鄕村社會 변동에 관한 연구 - 18, 19세기 '鄕權' 담당층의 변화를 중심으로 -』, 서울대학교 국사학과 박사학위논문, 1991.

김정현, 「17세기 서얼 직역 변동에 대한 일고찰」, 이화여자대학교 사학과 석사학위논문, 1996.

김준형, 「朝鮮後期 面里制의 性格」, 서울대학교 국사학과 석사학위논문, 1982.

김진우, 「立後를 통해 본 朝鮮 後期 庶孼의 宗法的 地位」, 동국대학교 사학과 석사학위논문, 2018.

김진우, 『朝鮮後期 士族의 喪禮 研究』, 동국대학교 사학과 박사학위논문, 2022.

류용환, 「尤庵 宋時烈의 喪葬禮에 관한 研究 - 「楚山日記」를 중심으로 -」, 한남대학교 사학과 석사학위논문, 2005.

민소리, 「서울·경기지역 朝鮮時代 中·後期 灰槨墓 研究」, 고려대학교 문화재학협동과정 석사학위논문, 2008.

박경하, 『朝鮮後期 鄕約研究 - 鄕約의 性格變化를 中心으로 -』, 중앙대학교 사학과 박사학위논문, 1992.

박명덕, 「17세기 전반 『朱子家禮』 실행 논의와 그 특성」, 이화여자대학교 사학과 석사학위논문, 2013.

박정미, 『조선시대 佛教式 喪·祭禮의 설행양상 - 왕실의 국행불교상례와 사족의 봉제사사암을 중심으로 -』, 숙명여자대학교 사학과 박사학위논문, 2015.

배재홍, 「조선 후기 서얼허통」, 경북대학교 사학과 석사학위논문, 1984.
안호룡, 『朝鮮前期 喪制의 變遷과 그 社會的 意味』, 고려대학교 사회학과 박사학위논문, 1989.
어원선, 「조선시대 사대부 회격묘 연구」, 한신대학교 한국사학과 석사학위논문, 2013.
이광우, 『조선후기 향약 운영과 성격 - 정부·지방관·재지사족 등 운영 주체를 중심으로 -』, 영남대학교 국사학과 박사학위논문, 2018.
이순구, 『朝鮮初期 宗法의 수용과 女性地位의 변화』, 한국정신문화연구원 박사학위논문, 1994.
이종일, 『조선시대 서얼신분변동사 연구』, 동국대학교 사학과 박사학위논문, 1987.
정억기, 『李恒福의 政治 外交 活動 硏究』, 홍익대학교 사학과 박사학위논문, 2007.
정윤주, 「『규사』의 편찬과 간행동기」, 한림대학교 사학과 석사학위논문, 1992.
정현정, 『朱子 禮學의 구조와 전개』, 연세대학교 철학과 박사학위논문, 2013.
한상우, 『朝鮮後期 兩班層의 親族 네트워크』, 성균관대학교 동아시아학과 박사학위논문, 2014.
한종수, 『17世紀 洪重三의 『鄕約通變』 硏究』, 중앙대학교 사학과 박사학위논문, 2013.

文智成, 「儀禮喪服親等服制硏究」, 國立臺灣師範大學國文硏究所 碩士論文, 1985.
李聖愛, 『儀禮禮記喪服與韓國喪服之比較』, 國立臺灣大學中國文學硏究所 博士論文, 1988.
陳功文, 『胡培翬《儀禮正義》硏究』, 揚州大學博士學位論文, 2011.

4. 연구논문

고민정, 「17~18세기 嫡孫承重에 관한 일고찰」, 『朝鮮時代史學報』 67, 2013.
고민정, 「17세기 입후의 요건과 첩자계승」, 『정신문화연구』 39(3), 2016.
고민정, 「조선 후기 사족 家系의 계승방식에 관한 연구 - 부안 청호고씨 사례를 중심으로 -」, 『古文書硏究』 55, 2019.

고석규·한상권, 「18, 19세기 봉건모순의 심화와 '민'의 성장」, 『역사와 현실』 3, 1990.

고영진, 「15·16世紀 朱子家禮의 施行과 그 意義」, 『韓國史論』 21, 1989.

고영진, 「16~17세기 예학의 지역적 분화과정과 그 특징」, 『국학연구』 13, 2008.

권기석, 「15~17세기 族譜의 編制 방식과 성격 - 序跋文의 내용 분석을 중심으로 -」, 『奎章閣』 30, 2007.

권내현, 「숙종대 지방통치론의 전개와 정책운영」, 『역사와 현실』 25, 1997.

권내현, 「조선후기 입양의 시점과 범위에 대한 분석」, 『大東文化研究』, 62, 2008.

권내현, 「조선후기 입양의 확산 추이와 수용 양상」, 『역사와 현실』 73, 2009.

권내현, 「17~19세기 조선의 재산 상속 관행 - 종법과 경제력 변동을 중심으로 -」, 『韓國史學報』 70, 2018.

권종천 외, 「碧梧 李時發 小考」, 『湖西文化研究』 5, 1985.

김건태, 「17~18세기 田畓소유규모의 영세화와 양반층의 대응」, 『韓國史學報』 9, 2000.

김건태, 「조선후기 契의 재정운영 양상과 그 성격 - 전라도 장흥군 용산면 上金里 書契를 중심으로 -」, 『韓國史學報』 38, 2010.

김경란, 「조선후기 同姓마을의 형성과 洞約의 성격 변화 - 慶尙道 丹城縣 法勿也面 洞案의 분석 -」, 『역사문화연구』 74, 2020.

김경숙, 「16세기 사대부가의 喪祭禮와 廬墓生活 - 이문건의 『默齋日記』를 중심으로 -」, 『國史館論叢』 97, 2001.

김경숙, 「17세기말 향촌 사대부의 생활과 여행 - 海南尹氏 尹爾厚의 『支菴日記』를 중심으로 -」, 『한국문화』 71, 2015.

김경숙, 「17세기말 사대부가의 喪葬禮와 居喪生活 - 尹爾厚의 『支菴日記』를 중심으로 -」, 『韓國史研究』 172, 2016.

김경숙, 「18세기말 順菴 安鼎福家의 喪葬禮와 居喪生活」, 『古文書研究』 50, 2017.

김경옥, 「조선후기 동성마을의 형성배경과 사족들의 향촌활동 - 전라도 영암 영보리 사례를 중심으로 -」, 『지방사와 지방문화』 6(2), 2003.

김남이, 「17세기 사대부의 『주자가례』에 대한 인식과 일상에서의 예 실천 - 우암 송시열의 경우를 중심으로 -」, 『정신문화연구』 29(2), 2006.

김남이, 「18세기 喪·祭禮 실천과 宗統의 이상」, 『東洋古典研究』 35, 2009.

김명자, 「16~17세기 河回 豊山柳氏家의 宗法 수용 과정」, 『大丘史學』 96, 2009.

김명자, 「大山 李象靖(1711~1781)의 학문공동체 형성과 그 확대 -『大山日記』를 중심으로 -」, 『朝鮮時代史學報』 69, 2014.

김무진, 「조선중기 士族層의 동향과 鄕約의 성격」, 『韓國史研究』 55, 1986.

김문식, 「조선시대 國家典禮書의 편찬 양상」, 『藏書閣』 21, 2009.

김미영, 「신주(神主)를 통해본 유교의 영혼관」, 『비교민속학』 32, 2006.

김미영, 「동성마을 정착과정에 나타난 친족이념의 변천양상 - 안동지역 사례를 중심으로 -」, 『실천민속학연구』 11, 2008a.

김미영, 「조선후기 상례의 미시적 연구 - 정재 류치명의 『考終錄』을 중심으로 -」, 『실천민속학연구』 12, 2008b.

김성근, 「연행록과 조선사행원의 대청인식 소고 - 연행록선집을 중심으로 -」, 『江原史學』 21, 2006.

김성순, 「한국인의 '공동체 지향성'과 결사結社 - 향도·동계·협동조합 -」, 『한국학논집』 64, 2016.

김성우, 「조선후기의 신분제 - 해체국면 혹은 변화과정? -」, 『역사와 현실』 48, 2003.

김성우, 「18~19세기 '지배양반' 되기의 다양한 조건들」, 『大東文化研究』 49, 2005.

김성우, 「임진왜란 시기 구미지역의 참상과 전쟁의 극복 양상」, 『歷史學報』 230, 2016.

김성우, 「18~19세기 儒教的 喪葬禮의 정치경제적 함의」, 『민족문화논총』 73, 2019.

김순미, 「佛家의 喪禮와 僧喪服圖」, 『동양한문학연구』21, 2005.

김순미, 「『釋門家禮抄』의 五服圖 연구」, 『嶺南學』 18, 2010.

김승대, 「이재 황윤석의 가계분석」, 『韓國思想史學』 66, 2020.

김언순, 「18세기 종법사회 형성과 사대부의 가정교화 - 가훈서를 중심으로 -」, 『사회와 역사』 83, 2009.

김영관·민소리, 「조선시대 회곽묘의 도입 배경과 양상」, 『한국사연구』 176, 2017.

김영미, 「18세기 전반 향촌 양반의 삶과 신앙 - 李濬의 『導哉日記』를 중심으로」, 『史學研究』 82, 2006.

김용천, 「兩晉시대 '爲人後者'의 服制 담론」, 『泰東古典研究』 33, 2014.

김용천, 「既葬 '受服'의 규정과 예학적 논쟁 -『儀禮』「喪服」편의 해석을 중심으로-」 『泰東古典研究』 42, 2019.

김용태, 「유교사회의 불교의례」, 『한국문화』 76, 2016.

김유리, 「조선시대 여묘(廬墓)의 지속과 그 근거」, 『종교학연구』 35, 2017.

김윤정, 「조선중기 가묘제와 여성제례의 변화」, 『국학연구』 14, 2009.

김윤정, 「18세기 京華士族의 禮學 - 近齋 朴胤源의 『近齋禮說』을 중심으로 -」, 『鄕土서울』 82, 2011.

김윤정, 「16~17세기 예천권씨가(醴泉權氏家)의 친족관계와 의례생활 - 초간일기와 죽소부군일기를 중심으로 -」, 『민속학연구』 36, 2015.

김인걸, 「조선후기 鄕村社會統制策의 위기 - 洞契의 성격변화를 중심으로 -」, 『震檀學報』 58, 1984.

김정신, 「16세기 朝鮮의 朱子學 鄕政論 수용과 鄕約 - 鄕約의 시행 방식과 성격의 分岐를 중심으로 -」, 『東方學志』 185, 2018.

김정운, 「17세기 예안 사족 金坽의 교유 양상」, 『朝鮮時代史學報』 70, 2014.

김정운, 「19세기 초반 경상도 사대부 家에서 庶族의 역할과 실제」, 『朝鮮時代史學報』 95, 2020.

김준형, 「18세기 里定法의 展開 - 村落의 기능 강화와 관련하여 -」, 『震檀學報』 58, 1984.

김준형, 「조선후기 晉州에서 실시된 洞約의 분석」, 『남도문화연구』 27, 2014.

김준형, 「18·19세기 武官 盧尙樞의 禁養活動」, 『영남학』 63, 2017.

김진우, 「朝鮮 後期 庶孼의 宗法的 지위 약화와 그 원인」, 『朝鮮時代史學報』 89, 2019a.

김진우, 「조선 후기 사회 기본 구조의 특징과 그 의의 - 家, 宗, 族을 중심으로 -」, 『한국학논총』 52, 2019b.

김진우, 「17세기 조선의 庶祖母服 논의의 전개와 그 함의」, 『한국학연구』 67, 2022.

김진우, 「朝鮮時代 非士族 喪禮의 정착 양상과 그 성격」, 『동국사학』 76, 2023a.

김진우, 「18세기 庶祖母服 논의에 대한 庶孼의 服制觀」, 『지역과 역사』 53, 2023b.

김진우, 「17세기 충청 사족 宋浚吉, 宋時烈의 居喪 시행 양상과 특성」, 『역사와 담론』 111, 2024a.

김진우, 「17세기 충청지역 유교식 상장(喪葬) 부조의 양상과 특성」, 『석당논총』 90, 2024b.

김진우, 「17세기 전라지역 유교식 喪葬 부조와 다양성」, 『호남학』 76, 2024c.

김진우, 「16~17세기 경상지역 유교식 상장(喪葬) 부조의 분기와 변용」, 『한국학논집』 98, 2025.

김태영, 「順庵 安鼎福의 鄕政論」, 『韓國實學研究』 1, 1999.

김필동, 「朝鮮時代 契의 組織構造的 性格과 그 變化」, 『인문학연구』 15, 1988.

김필동, 「契의 역사적 분화 발전 과정에 관한 試論 - 朝鮮時代를 중심으로 -」, 『사회와 역사』 17, 1990.

김필동, 「17세기 사족 문중의 형성 - 파평윤씨 魯宗派의 사례 -」, 『사회과학연구』 20, 2000.

김학수, 「'서계유계(西溪遺戒)'를 통해 본 박세당의 상례(喪禮) 인식과 그 파문」, 『韓國系譜研究』 1, 2010.

김현수, 「明齋尹拯의 禮論과 宗法思想 - 『明齋疑禮問答』을 중심으로 -」, 『儒學研究』 23, 2010.

김현영, 「조선후기 士族의 촌락지배 - 남원 둔덕방을 중심으로 -」, 『韓國文化』 12, 1991.

김형수, 「임란 직후 선산지역 旅軒學團의 활동」, 『남도문화연구』 38, 2019.

남재주, 「心遠堂 李堉의 생애와 禮學思想」, 『嶺南學』 28, 2015.

노인숙, 「沙溪禮學과 朱子家禮」, 『儒教思想研究』 19, 2003.

도민재, 「기호학파의 『주자가례』 수용양상」, 『국학연구』 16, 2010.

류영하, 「공자와 재아의 삼년상 논쟁에 담긴 대립관계 분석 : 상례에 대한 두 가지 관점의 대립과 절충」, 『인문과 예술』 7, 2019.

류홍렬, 「朝鮮鄕約의 成立」, 『震檀學報』 9, 1938.

박경, 「16세기 유교적 친족질서 정착 과정에서의 冢婦權 논의」, 『朝鮮時代史學報』 59, 2011.

박경하, 「倭亂 直後의 鄕約에 대한 研究 - 高坪洞 洞契를 중심으로 -」, 『中央史論』 5, 1987.

박례경, 「『주자가례』 속의 인간과 사회」, 『국학연구』 16, 2010.

박미해, 「조선 중기 이문건가의 천장례(遷葬禮) 준비 -『묵재일기』를 중심으로 -」, 『사회와 역사』 68, 2005.

박미해, 「조선중기 천장례에서의 유교적 공순(恭順) - 이문건의 묵재일기를 중심으로 -」, 『사회와 역사』, 2006.

박순, 「한국의 족계」, 『안동학』 15, 2016.

박용진, 「朝鮮時代 刊經都監版 『五杉練若新學備用』 編纂과 그 意義」, 『한국학논총』 31, 2009.

박정미, 「조선 명종대 星州 安峯寺의 儒佛儀禮 - 『묵재일기』를 중심으로 -」, 『泰東古典研究』 32, 2014.

박종천, 「상·제례의 한국적 전개와 유교의례의 문화적 영향」, 『국학연구』 17, 2010.

박종천, 「조선 후기 유교적 가족질서의 확산과 의례적 양상 - 立後와 入養을 중심으로 -」, 『퇴계학보』 132, 2012.

박종천, 「『계암일록』에 나타난 17세기 예안현 사족들의 의례생활」, 『국학연구』 24, 2014.

박주, 「18세기 후반 경상도 거창군 효자 3형제의 여묘생활 - 金謹樞의 『廬墓日記』를 중심으로 -」, 『韓國思想과 文化』 73, 2014.

박진철, 「朝鮮時代 戰亂期 兩班層의 對應과 奴婢 經營 - 壬辰倭亂과 丙子胡亂 時期日記 資料를 中心으로 -」, 『한국학연구』 74, 2020.

박현순, 「16세기 士大夫家의 親族 秩序」, 『韓國史研究』 107, 1999.

박현순, 「17~18세기 향약의 班常間 부조에 대한 고찰 - 사족층과 하인층의 결합 양상을 중심으로 -」, 『朝鮮時代史學報』 82, 2017.

배재홍, 「조선 후기 서얼허통」, 『경북사학』 10, 1987.

백민정, 「정약용 經世書의 鄕禮 규정과 공동체 운영의 특징 - 『경세유표』 및 『목민심서』의 鄕禮 문제를 중심으로 -」, 『東洋哲學』 41, 2014.

성봉현, 「조선후기 친족결합 양상 - 충청도 지역 족계를 중심으로 -」, 『古文書研究』 21, 2002.

성주탁, 「「懷德鄕約」 考」, 『百濟研究』 9, 1978.

손병규, 「조선후기 상속과 가족형태의 변화 - 丹城縣에 거주하는 安東權氏 가계의 호적 및 족보 기록으로부터 -」, 『大東文化研究』 61, 2008.

손지봉, 「정몽주 효행의 의의와 여묘(廬墓)설화 고찰」, 『圃隱學研究』, 2020.

손진, 「송대 불교식 사자의례(死者儀禮)에 대한 고찰」, 『儒學研究』 37, 2016.

송재용, 「『眉巖日記』에 나타난 민속 일고찰」, 『동아시아고대학』 15, 2007.

송재용, 「『默齋日記』와 『眉巖日記』를 통해 본 16세기의 冠·婚·喪·祭禮」, 『漢文學論集』 30, 2010.

송재용, 「『慵齋叢話』에 나타난 民俗 研究」, 『東洋古典研究』 38, 2010.

송정수, 「明淸時代 鄕村社會와 鄕村支配 - 鄕約·保甲制의 形成과 施行過程을 중심으로 -」, 『全北史學』 21·22, 1999.

송준호, 「身分制를 통해서 본 朝鮮後期社會의 性格의 一面」, 『역사학보』 133,

1992.
송찬섭, 「17·18세기 新田開墾의 확대와 經營形態」, 『韓國史論』 12, 1985.
신명호, 「조선시대 灰隔墓와 미라」, 『동북아 문화연구』 13, 2007.
신정희, 「朝鮮時代 契의 組織과 그 性格變化에 대한 小考 - 16, 7세기 親睦契, 族契, 洞契를 중심으로 -」, 『歷史教育論集』 13·14, 1990.
신진혜, 「己亥·甲寅 禮訟에 대한 저술의 성격 변화 양상」, 『한국사학보』 71, 2018.
신진혜, 「임진왜란기 張顯光(1554~1637)의 피난 중 喪·祭禮 시행양상」, 『韓國實學研究』 40, 2020.
심재우, 「조선시대 향촌 사회조직 연구의 현황과 과제 - 향약·계에 관한 성과를 중심으로 -」, 『朝鮮時代史學報』 90, 2019.
안호룡, 「朝鮮初期 喪祭의 佛教的 要素」, 『사회와 역사』 11, 1988.
어원선, 「조선시대 사대부 회격묘(灰隔墓) 연구」, 『역사문화논총』 8, 2014.
오금성, 「(資料紹介) 國內所藏 中國 明清地方志 目錄補」, 『서울대 동양사학과 논집』 17, 1993.
오영교, 「17世紀 鄉村對策과 面里制의 運營」, 『東方學志』 85, 1994.
오영교, 「조선후기 향촌질서의 변화와 鄉所」, 『朝鮮時代史學報』 18, 2001.
오영교, 「조선후기 洞契의 구조와 운영 - 寧越 邀僊契를 중심으로 -」, 『朝鮮時代史學報』 24, 2003.
우인수, 「17세기초 경당 장흥효 가문의 제사 관행」, 『국학연구』 21, 2012.
원재린, 「조선후기 星湖學派의 鄉政論 계승 양상 - 李瀷(1681～1762)과 安鼎福(1712～1791) 중심으로 -」, 『韓國思想史學』 37, 2011.
원정식, 「前近代 中國의 地方志 編纂 - 明清時代 福建의 縣志 編纂을 中心으로 -」, 『지방사와 지방문화』 4, 2001.
유영옥, 「鶴峯 金誠一의 父親喪 行禮 儀節」, 『東洋漢文學研究』, 2005.
윤여헌, 「公州地方의 洞契에 관한 研究 - 浮田洞契를 중심으로 -」, 『百濟文化』 18·19, 1989.
이광우, 「조선후기 慶尙道 三嘉縣 玉溪亭契의 재구성」, 『南冥學研究』 52, 2016.
이규대, 「17世紀 江陵地方의 士族과 鄉約 組織」, 『嶺東文化』 3, 1988.
이근석, 「조선사대부의 눈에 비친 중국의 유교문화 - 연행록(燕行錄)을 중심으로 -」, 『인문과학연구논총』 36(2), 2015.
이근호, 「『溪巖日錄』을 통해본 金坽의 정치 활동과 정세 인식」, 『역사와 실학』

54, 2014.

이문주, 「『주자가례』의 조선 시행과정과 가례주석서에 대한 연구」, 『儒教文化研究』 16, 2010.

이범수, 「유교 상례와 불교 우란분재·사십구재에서의 유족심리」, 『종교교육학연구』 26, 2008.

이범직, 「조선 초기 朱子家禮와 가족윤리」, 『인문과학논총』 43, 2005.

이봉규, 「조선후기 禮訟의 철학적 함의」, 『한국학연구』 9, 1998.

이봉규, 「실학의 예론 - 성호학파의 예론을 중심으로 -」, 『韓國思想史學』 24, 2005.

이봉규, 「명청조와의 비교를 통해 본 조선시대 『家禮』 연구의 특색과 연구방향」, 『韓國思想史學』 44, 2013.

이봉규, 「조선후기 경세서의 예제와 그 성격 – 『목민심서』를 중심으로 –」, 『泰東古典研究』 41, 2018.

이상균, 「여말선초 상·제례 변동과 사회적 관계의 재편성」, 『한국민족문화』 44, 2012.

이상민, 「고려시대 여묘의 시행과 효 윤리 변천과정」, 『역사와실학』 66, 2018.

이상백, 「庶孼 差待의 淵源에 對한 一問題」, 『震檀學報』 1, 1934.

이석규, 「조선 전기 三年喪制의 확립과 民의 성장」, 『한국사연구』 161, 2013.

이선이, 「『釋門家禮抄』 茶毘作法節次에 나타난 無常戒에 대한 小考」, 『韓國禪學』 30, 2011.

이선이, 「『五杉練若新學備用』이 다비법 『釋門喪儀抄』 성립에 미친 영향」, 『東洋古典研究』 59, 2015.

이성무, 「呂氏鄉約과 朱子增損呂氏鄉約」, 『震檀學報』 71, 72, 1991.

이성임, 「『溪巖日錄:1603~1641』에 대한 자료적 검토」, 『韓國史學報』 57, 2014.

이성형, 「燕行使들의 間文化的 體驗에 대한 認識 樣相 考察 - 壬亂 收拾期 喪葬禮와 文物 認識을 중심으로 -」, 『漢文教育研究』 35, 2010.

이승연, 「종법宗法과 공사론公私論 - 주자의 종법 사상을 중심으로 -」, 『동양사회사상』 7, 2003.

이승해·안보연, 「조선시대 회격·회곽묘 출토 삽(翣)에 대한 고찰」, 『문화재』 41, 2008.

이욱, 「최홍원의 『역중일기曆中日記』에 나타난 상·제례 운영의 특징」, 『국학연구』 38, 2019.

이원택, 「17세기 복제예송이 18세기 복제 예론에 미친 영향 - 예론의 지역적 분립과 학파 내의 분화를 중심으로 -」, 『국학연구』 13, 2008.

이윤갑, 「조선후기의 사회변동과 지배층의 동향」, 『한국학논집』 18, 1991.

이용기, 「19세기 후반 班村 洞契의 기능과 성격 변화 - 전남 장흥군 어서리 동계를 중심으로」, 『史學硏究』 91, 2008.

이용기, 「19세기 동계의 마을자치조직으로 전환에 관한 시론」, 『사학연구』 128, 2017.

이준구, 「18.19세기 身分制 변동 추세와 身分 지속성의 경향」, 『韓國文化』 19, 1997.

이태진, 「朝鮮 前期 性理學과 鄕村社會」, 『韓國學論集』 2, 1974.

이태진, 「朝鮮前期의 鄕村秩序 - 性理學的 秩序의 확립을 중심으로 -」, 『동아문화』 13, 1976.

이해준, 「朝鮮時代 香徒와 村契類 村落組織」, 『역사민속학』 1, 1991.

이해준, 「朝鮮後期 門中活動의 社會史的 背景」, 『東洋學』 23, 1993a.

이해준, 「朝鮮後期 村落構造變化의 背景」, 『韓國文化』 14, 1993b.

이해준, 「조선후기 문중화 경향과 친족조직의 변질」, 『역사와 현실』 48, 2003.

이현진, 「성호학파의 예학과 상례 인식 : 貞山 李秉休의 『喪祭禮』를 중심으로」, 『성호학보』 5, 2008.

이현진, 「16세기 후반 서인 상례서 『상례비요』」, 『역사문화논총』 5, 2009.

이현진, 「碩齋 尹行恁의 禮學과 喪禮 인식 -『泣血錄』을 중심으로 -」, 『한국사상사학』 34, 2010.

장동우, 「『의례』(儀禮) 「상복」(喪服) 편에 대한 다산 해석 - 『상례사전』(喪禮四箋) 「상기별」(喪期別)에 나타난 종법(宗法)과 입후(立後)에 대한 해석을 중심으로 -」, 『다산학』 1, 2000.

장동우, 「『經國大典』 「禮典」과 『國朝五禮儀』 「凶禮」에 반영된 宗法 이해의 특징에 관한 고찰」, 『韓國思想史學』 20, 2003.

장동우, 「조선후기 가례 담론의 등장 배경과 지역적 특색 - 『朱子家禮』에 대한 주석서를 중심으로 -」, 『국학연구』 13, 2008.

장동우, 「『家禮』 註釋書를 통해 본 朝鮮 禮學의 進展過程」, 『東洋哲學』 34, 2010.

장동우, 「朝鮮時代 家禮 硏究를 위한 새로운 視覺과 方法」, 『한국사상사학』 39, 2011.

장동우, 「朝鮮時代 『家禮』 硏究의 進展」, 『泰東古典硏究』 31, 2013.

장동우, 「『國朝五禮儀』에 규정된 大夫·士·庶人의 四禮에 관한 고찰」, 『한국학연구』 31, 2013.

장동우, 「寒岡 『五服沿革圖』의 禮學史的 位相」, 『퇴계학과 유교문화』 58, 2016.

장동표, 「조선시기와 명청대의 鄕約 시행과 그 성격 비교 연구」, 『한국민족문화』 58, 2016.

전성건, 「청대 권상일의 일상과 기억 - 『청대일기』의 관혼상제를 중심으로 -」, 『민족문화논총』 62, 2016.

정구복, 「韓國 族契의 淵源과 性格」, 『古文書硏究』 16·17, 2000.

정긍식, 「16세기 첩자의 제사 승계권」, 『사회와 역사』 53, 1998.

정긍식, 「조선전기 朱子家禮의 수용과 祭祀承繼 관념」, 『역사민속학』 12, 2001.

정승모, 「葬禮와 관련한 洞契의 변화와 '유학'계 - 19세기후반 이후의 경기지역 사례를 중심으로 -」, 『역사민속학』 15, 2002.

정승모, 「省齋 辛應純의 『內喪記』를 통해 본 17세기초 喪葬禮 풍속」, 『藏書閣』 10, 2003.

정승모, 「18·19世紀 農民層 分化와 '鄕村中人'」, 『大東文化硏究』 52, 2005.

정승모, 「조선후기 문중형성과 문중계 운영 방식」, 『역사민속학』 23, 2006.

정승모, 「조선후기의 지역사회구조 - 지역체계적 접근 -」, 『嶺南學』 17, 2010.

정영신, 「『윤하정삼문취록』에 나타난 사대부가의 상례 양상과 의미」, 『東方學』 33, 2015.

정윤주, 「『규사』(1859)의 편찬과 간행동기」, 『역사학보』 137, 1993.

정옥자, 「17세기 思想界의 再編과 禮論」, 『韓國文化』 10, 1989.

정지영, 「조선후기 호주승계방식의 변화와 종법질서의 확산: 17·18세기 『단성호적』에 나타난 과부와 그 아들의 지위를 중심으로」, 『한국여성학』 18(2), 2002.

정진영, 「조선후기 동성촌락의 형성과 발달」, 『역사비평』 28, 1995.

정진영, 「향촌사회에서 본 조선후기 신분과 신분변화」, 『역사와 현실』 48, 2003.

정진영, 「조선시대 향촌 제 組織과 規約의 '契約'적 성격」, 『古文書硏究』 42, 2013.

정진영, 「사족과 농민 - 대립과 갈등, 그리고 상호 의존적 호혜관계 -」, 『朝鮮時代史學報』 73, 2015.

정진영, 「한국의 향약 - 외래문화의 수용과 변용의 한 모습 -」, 『안동학』 15, 2016.

정진영, 「18세기 대구지역 한 양반가의 일상의례, 喪禮와 祭禮 - 百弗庵 崔興遠

의 『曆中日記』(1735~1786)를 중심으로 -」, 『민족문화논총』 73, 2019.
정현정, 「朱熹 四代奉祀論의 정립과 그 의미」, 『東洋哲學』 41, 2014.
정현정, 「조선본 가례(家禮)의 특징과 의의」, 『민족문화연구』 86, 2020.
조은숙, 「이문건 시묘살이를 통해 본 조선중기 유자(儒者)의 상례(喪禮) 고찰」, 『고전문학과 교육』 33, 2016.
지두환, 「朝鮮前期의 宗法制度 理解過程」, 『泰東古典硏究』 1, 1984.
지두환, 「朝鮮後期 禮訟 硏究」, 『釜大史學』 11, 1987.
지두환, 「朝鮮後期 禮訟論爭의 性格과 意味」, 『東洋學』 24, 1994.
지승종, 「조선 전기의 서얼신분」, 『사회와 역사』 27, 1991.
최광훈·황윤희, 「영성위 신광수·화협옹주묘를 중심으로 살펴본 18세기 사대부 묘제」, 『고궁문화』 12, 2019.
최배영, 「「무오읍혈록」에 나타난 상례(喪禮) 연구」, 『차문화·산업학』 29, 2015.
최재복, 「朝鮮初期 國喪에서의 49齋 설행과 변화」, 『朝鮮時代史學報』 19, 2001.
최재석, 「朝鮮初期의 喪祭」, 『규장각』 7, 1983.
최재석, 「朝鮮中期 家族·親族制의 「再構造化」」, 『韓國의 社會와 文化』 21, 1993.
한기범, 「17세기 서얼의 종법적 지위 - 「예문답서」의 분석을 중심으로 -」, 『국사관논총』 81, 1998.
한상우, 「조선 후기 양반층의 立後 양상과 전략적 繼子선택 - 安東金氏文正公派, 延安李氏館洞派, 眞城李氏退溪 후손들을 중심으로 -」, 『朝鮮時代史學報』 73, 2015.
한재훈, 「퇴계 이황과 고봉 기대승의 예학 논의 : 왕실과 사가의 '종법질서'를 중심으로」, 『한국동양정치사상사연구』 17(2), 2018.
한재훈, 「조선 중기 『家禮』에 대한 고증과 보정 - 『家禮輯覽』을 중심으로 -」, 『민족문화연구』 86, 2020.
한재훈, 「조선시대 예학의 난제들과 학파간 교섭을 통한 예학의 생태계 형성」, 『東方學志』 190, 2020.
한종수, 「寡尤 洪重三의 家系와 著述活動」, 『역사민속학』 38, 2012.
한종수, 「『鄕約通變』에 보이는 홍중삼의 수령관과 그 계승 - 「州縣鄕約」 '守令七事' 분석을 중심으로 -」, 『史學硏究』 112, 2013.
한종수, 「17세기 홍중삼의 붕당인식과 '破朋黨論' - 『鄕約通變』을 중심으로 -」, 『중앙사론』 38, 2013.

한희숙, 「조선전기 장례문화와 歸厚署」, 『조선시대사학회』 31, 2004.
허모영, 「19세기 김해지역 향반가문의 적서(嫡庶) 변증과 탈종(奪宗)을 둘러싼 갈등」, 『震檀學報』 132, 2019.
황기준, 「18·19세기 懷德 宋村大同契 下契의 구성과 운영」, 『역사민속학』 52, 2017.
황원구, 「李朝 禮學의 形成過程」, 『東方學志』 6, 1963.
황원구, 「朱子家禮의 形成過程 - 王法과 家禮의 連繫性을 中心으로 -」, 『人文科學』 45, 1981.
황종태·김응철·이준영, 「조선시대 상장(喪葬)의 회격(灰隔) 담론과 현대적 차용」, 『한국사상과 문화』 101, 2020.

杜斗城, 「七七齋之源流及敦煌文獻中有關資料的分析」, 『敦煌研究』 4, 2004.
劉道超, 「七七喪俗發生發展之根源探析」, 『中南民族大學學報』 28(3), 2008.
常建華 저, 원정식 역, 「송·명 이래 종족제의 형성 이론에 대한 변석(辨析)」, 『江原史學』 22·23, 2008.
常建華, 「족계(族契)를 통해 본 조선시대의 宗族조직화 - 中·韓 族譜와 宗族制度의 비교를 중심으로 -」, 『韓國系譜研究』 1, 2010.
徐進, 「論清代民事習慣中的兼祧規則 - 以《民事習慣調查報告錄》爲基础的考察 -」, 『甘肅政法學院學報』 130, 2013.
楊志剛, 「중국 명·청대 『주자가례』의 보급과 정착 과정」, 『국학연구』 16, 2010.
王禕茗, 「歷史上的"平妻"現象及其法律問題初探」, 『暨南學報』 3, 2016.
李利安, 「論明代佛教的宗法化」, 『江海學刊』 6, 2019.
周元俠, 「朱子《家禮》的特質 - 基于社會教化的視角 -」, 『中國哲學史』, 2019.
彭林, 「朝鮮時代的禮訟與君統、宗法諸問題」, 『中國文化研究』, 2003.
何丹, 「"三年之喪"起源諸說考辨」, 『中國史研究』 92, 2014.
何淑宜, 「十七、十八世紀朝鮮使節的中國禮俗觀察」, 『國學研究』 16, 2010.
何淑宜, 「17·18세기 조선사절의 중국 예속 관찰」, 『국학연구』 16, 2010.

Timothy Brook, "Funerary Ritual and The Building of Lineages in Late Imperial China", *Harvard Journal of Asiatic Studies,* Vol. 49, No. 2, 1989.
Patricia Buckley Ebrey, "Cremation in sung china", *The American Historical Review*, Vol. 95, No. 2, 1990.

부록

〈표 12〉 『의례』와 『가례』의 상례 절차 비교

『의례』			『가례』		
1일	시사(始死)	사상례	1일	초종	상례
	설치(楔齒), 철족(綴足), 유당(帷堂)			목욕, 습, 위위, 반함	
	위위(爲位)			영좌, 혼백, 명정, 조(弔)	
	수(襚)		2일	소렴, 단, 괄발, 문, 좌	
	명(銘)		3일	대렴	
	목욕, 반함, 습, 중(重)		4일	성복	
2일	소렴, 단(袒), 괄발(括髮), 문(免), 좌(髽)			조석곡전, 상식, 천신	
	수			조, 전, 부	
3일	대렴, 빈			문상, 분상, 치장	
4일	성복			천구, 조조, 부, 진기(陳器), 조전(祖奠)	
	조석곡전			견전	
	삭전, 천신		3개월	발인	
	서택(筮宅)			급묘(及墓), 하관, 사후토, 제목주(題木主), 성분(成墳)	
	복일(卜日)			반곡	
3개월	계빈	기석례		삼우제	
	천구			졸곡	
	천혼거			부	
	구거		13개월	소상	
	봉		25개월	대상	
	빈봉(賓賵), 부증		27개월	담	
	장일(葬日), 견전				
	장사(葬事), 독봉(讀賵)				
	증				
	하관				
	반곡, 여막				
	삼우제				
	졸곡	사우례			
	부				
13개월	소상				
25개월	대상				
27개월	담제				

〈표 13〉 17~18세기 중국 각 지방의 상례 설행 양상

	지리지명	권수	국가	시기	설행 양상	비고
1	石泉縣志	권4		건륭33년(1768)	불사 설행	B 130쪽
2	珙縣志	권15		건륭38년(1773)	불사 설행	B 167쪽
3	屏山縣志	권8		건륭43년(1778)	불사 설행	B 169쪽
4	雲南通志	권30		건륭원년(1736)	불사 설행	B 725쪽
5	雲南府志	권26		강희35년(1696)	불사 설행	B 727쪽
6	新興州志	권10		건륭15년(1750)	가례 설행	B 796쪽
7	廣西府志	권26		건륭4년(1739)	가례 설행	B 826쪽
8	陝西通志	권100		옹정13년(1735)	가례 설행	C 4쪽
9	臨潼縣志	권9		건륭41년(1776)	불사 설행	C 48쪽
10	雒南縣志	권12		건륭52년(1787)	불사 설행	C 72쪽
11	隴州續志	권8		건륭31년(1766)	불사 설행	C 77쪽
12	府谷縣志	권4		건륭48년(1783)	불사 설행	C 91쪽
13	西和縣志	권4		건륭39년(1774)	불사 설행	C 203쪽
14	武威縣志	권1		건륭14년(1749)	가례 설행	C 218쪽
15	滎陽縣志	권12		건륭12년(1747)	불사 설행	D 8쪽
16	汜水縣志	권22		건륭9년(1744)	불사 설행	D 12쪽
17	開封府志	권40		강희34년(1695)	가례 설행	D 15쪽
18	陳留縣志	권42		강희30년(1691)	가례 설행 / 기간 단축	D 20쪽
19	杞縣志	권24	청	건륭53년(1788)	가례 설행	D 21쪽
20	新鄭縣志	권31		건륭41년(1776)	가례 설행 / 기간 단축	D 26쪽
21	登封縣志	권10		강희35년(1696)	가례 설행	D 28쪽
22	通許縣志	권10		건륭35년(1770)	불사 설행	D 31쪽
23	中牟縣志	권11		건륭19년(1754)	가례 설행	D 36쪽
24	新鄉縣志	권34		건륭12년(1747)	불사 설행	D 47쪽
25	汲縣志	권14		건륭20년(1755)	가례 설행 / 민간 불사 설행	D 53쪽
26	獲嘉縣志	권16		건륭21년(1756)	불사 설행	D 61쪽
27	溫縣志	권12		건륭24년(1759)	가례 설행	D 76쪽
28	輝縣志	권12		건륭22년(1757)	불사 설행	D 77쪽
29	原武縣志	권10		건륭12년(1747)	불사 설행	D 82쪽
30	彰德府志	권32		건륭52년(1787)	불사 설행	D 99쪽
31	湯陰縣志	권10		건륭3년(1738)	가례 설행	D 122쪽
32	林縣志	권10		건륭17년(1752)	불사 설행	D 123쪽
33	郾城縣志	권18		건륭19년(1754)	불사 설행	D 191쪽
34	葉縣志	권8		건륭11년(1746)	가례 설행	D 199쪽
35	确山縣志	권4		건륭11년(1746)	불사 설행	D 205쪽
36	遂平縣志	권16		건륭24년(1759)	불사 설행	D 222쪽
37	上蔡縣志	권15		강희29년(1690)	가례 설행	D 223쪽

	지리지명	권수	국가	시기	설행 양상	비고
38	固始縣志	권26		건륭51년(1786)	불사 설행	D 236쪽
39	光州志	권68		건륭35년(1770)	齋醮 설행	D 240-241쪽
40	武昌縣志	권10		건륭28년(1763)	가례 설행 / 민간 불사 설행	D 381쪽
41	石首縣志	권8		건륭60년(1795)	불사 설행	D 397쪽
42	東湖縣志	권30		건륭28년(1763)	불사 설행	D 408쪽
43	岳州府志	권30		건륭11년(1746)	가례 설행	D 480-481쪽
44	淸泉縣志	권36		건륭28년(1763)	불사 설행	D 546쪽
45	永順府志	권12		건륭28년(1763)	불사 설행	D 623쪽
46	歸善縣志	권18		건륭48년(1783)	가례 설행 / 민간 불사 설행	D 730쪽
47	博夢縣志	권14		건륭28년(1763)	불사 설행	D 733쪽
48	南澳志	권12		건륭48년(1783)	불사 설행	D 780쪽
49	普寧縣志	권10		건륭10년(1745)	불사 설행	D 787쪽
50	西寧縣志	권12		강희57년(1718)	불사 설행	D 876쪽
51	全州志	권12		가경4년(1799)	불사 설행	D 996쪽
52	奉賢縣志	권10		건륭23년(1758)	불사 설행	E 34쪽
53	青浦縣志	권40		건륭53년(1788)	불사 설행	E 44쪽
54	嘉定縣志	권12		건륭7년(1742)	불사 설행	E 54쪽
55	淄川縣志	권8		건륭41년(1776)	불사 설행	E 99쪽
56	博山縣志	권10	청	건륭18년(1753)	불사 설행	E 101쪽
57	齊河縣志	권8		강희12년(1673)	불사 설행	E 118쪽
58	平原縣志	권10		건륭14년(1749)	가례 설행	E 128쪽
59	樂陵縣志	권8		건륭27년(1762)	불사 설행	E 130쪽
60	夏津縣志	권10		건륭6년(1741)	가례 설행	E 139쪽
61	濱州志	권8		강희44년(1705)	불사 설행	E 167쪽
62	齊東縣志	권8		강희24년(1685)	불사 설행	E 187쪽
63	昌邑縣志	권8		건륭7년(1742)	가례 설행 / 민간 불사 설행	E 205쪽
64	登州府志	권22		강희33년(1694)	불사 설행	E 216쪽
65	福山縣志	권12		건륭28년(1763)	불사 설행	E 225쪽
66	海陽縣志	권8		건륭7년(1742)	불사 설행	E 251쪽
67	即墨縣志	권12		건륭29년(1764)	가례 설행 / 민간 불사 설행	E 262쪽
68	新泰縣志	권20		건륭49년(1784)	가례 설행	E 279쪽
69	寧陽縣志	권8		건륭8년(1743)	불사 설행	E 280쪽
70	魚台縣志	권13		건륭29년(1764)	가례 설행	E 298쪽
71	單縣志	권12		강희56년(1717)	불사 설행	E 300쪽
72	茌平縣志	권5		강희49년(1710)	가례 설행	E 312쪽
73	具區志	권16		강희28년(1689)	불사 설행	E 396쪽
74	常州府志	권38		강희34년(1695)	가례 설행	E 462쪽
75	江都縣志	권32		건륭8년(1743)	불사 설행	E 492쪽

	지리지명	권수	국가	시기	설행 양상	비고
76	甘泉縣志	권20	청	건륭8년(1743)	불사 설행	E 500쪽
77	直隸通州志	권22		건륭20년(1755)	불사 설행	E 516쪽
78	如皐縣志	권32		건륭15년(1750)	불사 설행	E 521쪽
79	淸河縣志	권14		건륭15년(1750)	불사 설행	E 528쪽
80	昌化縣志	권20		건륭13년(1748)	불사 설행	E 618쪽
81	嚴州府志	권35		건륭21년(1756)	가례 설행	E 621쪽
82	桐廬縣志	권16		건륭21년(1756)	불사 설행	E 635쪽
83	桐鄉縣志	권12		가경4년(1799)	불사 설행	E 670쪽
84	烏程縣志	권16		건륭11년(1746)	불사 설행	E 676-677쪽
85	武康縣志	권8		건륭12년(1747)	불사 설행	E 722쪽
86	湖州府志	권50		건륭4년(1739)	불사 설행	E 727쪽
87	奉化縣志	권14		건륭38년(1773)	불사 설행	E 768쪽
88	象山縣志	권12		건륭24년(1759)	불사 설행	E 773쪽
89	鎭海縣志	권8		건륭45년(1780)	불사 설행	E 783쪽
90	諸暨縣志	권44		건륭38년(1773)	가례 설행	E 826쪽
91	上虞縣志	권20		강희10년(1671)	불사 설행	E 834쪽
92	臨海縣志	권15		강희22년(1683)	가례 설행	E 846쪽
93	玉環志	권4		옹정10년(1732)	불사 설행	E 863쪽
94	永康縣志	권16		강희37년(1698)	불사 설행	E 877쪽
95	平陽縣志	권20		건륭25년(1760)	불사 설행	E 911쪽
96	縉雲縣志	권8		건륭32년(1767)	불사 설행	E 929쪽
97	松陽縣志	권12		건륭34년(1769)	불사 설행	E 930쪽
98	延慶州志	권10		건륭7년(1742)	불사 설행	F 17쪽
99	良鄕縣志	권8		강희39년(1700)	가례 설행	F 37쪽
100	天津縣志	권24		건륭4년(1739)	가례 설행	F 47쪽
101	武淸縣志	권12		건륭7년(1742)	가례 설행 / 민간 불사 설행	F 65쪽
102	寧河縣志	권16		건륭44년(1779)	불사 설행	F 77쪽
103	行唐縣新志	권16		건륭28년(1763)	가례 설행	F 83쪽
104	靈壽縣志	권10		강희25년(1686)	가례 설행	F 84쪽
105	束鹿縣志	권10		가경4년(1799)	불사 설행	F 85~86쪽
106	龍門縣志	권16		강희51년(1712)	불사 설행	F 138쪽
107	蔚縣志	권31		건륭4년(1739)	가례 설행 / 민간 불사 설행	F 143쪽
108	直隸遵化州志	권20		건륭59년(1794)	불사 설행	F 245쪽
109	新安縣志	권8		건륭8년(1743)	가례 설행	F 320쪽
110	祁州志	권8		건륭21년(1756)	가례 설행	F 346쪽
111	河間縣志	권6		건륭25년(1760)	가례 설행	F 360-361쪽
112	滄州志	권16		건륭8년(1743)	가례 설행	F 363쪽
113	任邱縣志	권12		건륭27년(1762)	가례 설행	F 407쪽

	지리지명	권수	국가	시기	설행 양상	비고
114	獻縣志	권20	청	건륭26년(1761)	가례 설행	F 409쪽
115	衡水縣志	권14		건륭32년(1767)	가례 설행	F 410쪽
116	廣平府志	권24		건륭10년(1745)	불사 설행	F 420쪽
117	大名縣志	권40		건륭54년(1789)	불사 설행	F 428쪽
118	邯鄲縣志	권12		건륭21년(1756)	가례 설행	F 436쪽
119	曲周縣志	권18		건륭12년(1747)	불사 설행	F 445쪽
120	涉縣志	권8		가경4년(1799)	불사 설행	F 453쪽
121	鷄澤縣志	권20		건륭31년(1766)	불사 설행	F 454쪽
122	順德府志	권16		건륭15년(1750)	불사 설행	F 474쪽
123	柏鄉縣志	권10		건륭31년(1766)	가례 설행 / 민간 불사 설행	F 477쪽
124	隆平縣志	권10		건륭29년(1764)	불사 설행	F 480쪽
125	沙河縣志	권10		건륭22년(1757)	불사 설행	F 490쪽
126	南和縣志	권12		건륭14년(1749)	가례 설행	F 537쪽
127	徐溝縣志	권4		강희51년(1712)	가례 설행 / 민간 불사 설행	F 543쪽
128	大同府志	권33		건륭47년(1782)	가례 설행	F 545쪽
129	廣靈縣志	권10		건륭19년(1754)	불사 설행	F 552쪽
130	渾源州志	권10		건륭28년(1763)	가례 설행 / 민간 불사 설행	F 554쪽
131	應州續志	권10		건륭34년(1769)	불사 설행	F 555쪽
132	朔州志	권12		옹정13년(1735)	불사 설행	F 556쪽
133	永寧州志	권8		강희40년(1701)	불사 설행	F 594쪽
134	汾陽縣志	권8		강희58년(1719)	불사 설행	F 600쪽
135	沁州志	권10		건륭6년(1741)	불사 설행	F 625쪽
136	平陽府志	권36		건륭元년(1736)	불사 설행	F 640쪽
137	臨汾縣志	권8		강희57년(1718)	불사 설행	F 641쪽
138	臨汾縣志	권10		건륭44년(1779)	가례 설행 / 민간 불사 설행	F 643쪽
139	曲沃縣志	권40		건륭23년(1758)	가례 설행	F 661쪽
140	鄉寧縣志	권15		건륭49년(1784)	불사 설행	F 682쪽
141	臨晉縣志	권10		강희25년(1686)	불사 설행	F 714쪽

〈표 14〉 17세기 사족과 상민의 부조

<table>
<tr><th colspan="3"></th><th>초상</th><th>장례</th></tr>
<tr><td rowspan="4">❶</td><td rowspan="4">1601년
경상도
진주 원당동</td><td rowspan="2">사족</td><td>짚 자리 5장, 쌀가마니 30장
송진 3승, 생마 10근
종이 5권, 들깨 5두, 콩 5두</td><td rowspan="2">약원 2명</td></tr>
<tr><td>약원 1명</td></tr>
<tr><td rowspan="2">상민</td><td>짚 자리 5장, 쌀가마니 30장
송진 3승, 생마 10근
종이 5권, 들깨 5두, 콩 5두</td><td rowspan="2">약원 10명</td></tr>
<tr><td>약원 10명</td></tr>
<tr><td rowspan="2">❷</td><td rowspan="2">1606년
경상도 선산</td><td>사족</td><td colspan="2" rowspan="2">부의 물품</td></tr>
<tr><td>상민</td></tr>
<tr><td rowspan="3">❸</td><td rowspan="3">1611년
경상도 합천</td><td>사족</td><td rowspan="3">풀로 엮은 덮개, 나무</td><td>연정</td></tr>
<tr><td>상민</td><td>장정 50명</td></tr>
<tr><td>서얼</td><td>장정 25명(서얼)
장정 20명(하천)</td></tr>
<tr><td rowspan="2">❹</td><td rowspan="2">1617년
전라도
태인</td><td>사족</td><td>짚 자리 4장</td><td>연호군 70명</td></tr>
<tr><td>서얼</td><td>-</td><td>연호군 30명</td></tr>
<tr><td rowspan="2">❺</td><td rowspan="2">1632년
경상도
대구 현풍</td><td>사족</td><td rowspan="2">-</td><td>노비 2명씩</td></tr>
<tr><td>상민</td><td>노비 1명씩
역군 1명씩</td></tr>
<tr><td rowspan="2">❻</td><td rowspan="2">1643년
함경도 함흥</td><td>사족</td><td rowspan="2">쌀 1~3승</td><td rowspan="2">역군 1명씩</td></tr>
<tr><td>상민</td></tr>
<tr><td rowspan="2">❼</td><td rowspan="2">1655년
전라도 남원</td><td rowspan="2">사족</td><td>벼 15두, 삼베 1필, 짚 자리 3장,
흰 종이 5권, 생마 3근, 새끼줄 2근,
송진 1두,
쌀가마니 3장씩, 긴 나무 3개씩</td><td rowspan="2">장작 1짐, 조묘군 1명씩
상여군 1명씩, 횃불 1개씩</td></tr>
<tr><td>역군 1명씩</td></tr>
<tr><td rowspan="2">❽</td><td rowspan="2">1664년
전라도 남원</td><td>사족</td><td>벼 3두</td><td rowspan="2">-</td></tr>
<tr><td>상민</td><td>-</td></tr>
<tr><td rowspan="3">❾</td><td rowspan="3">1672년
충청도 회덕</td><td>사족</td><td>쌀가마니 2장씩, 거적</td><td>60명</td></tr>
<tr><td>중인</td><td rowspan="2">-</td><td>30명</td></tr>
<tr><td>하인</td><td>15명</td></tr>
<tr><td rowspan="2">❿</td><td rowspan="2">1677년
경상도 예안</td><td>사족</td><td rowspan="2">흰쌀 2승씩, 탁주 6사발씩,
술통 1그릇씩, 유사 1명, 하유사
2명, 역군 1명씩</td><td>노비 1명씩</td></tr>
<tr><td>상민</td><td>역군 1명씩</td></tr>
<tr><td>⓫</td><td>1677년
경상도 합천</td><td>사족</td><td>유사 1명, 하유사 2명,
풀 덮개 1개씩
나무 1개씩, 쌀 5두, 콩 5두,</td><td>노비 2명씩</td></tr>
</table>

			초상	장례
			쌀가마니 20장	
		상민	쌀 5두, 콩 5두, 쌀가마니 20장	역군 1명씩, 유사 2명
⓬	1686년 관서	사족	목재, 구슬, 명정, 삽, 대여	
		상민		
⓭	황해도	사족	쌀(6, 4, 2두), 쌀 2~5승	장정 1명씩, 횃불 1개씩, 촛불 1개씩
		상민	쌀(3, 2, 1두)	장정 1명씩, 횃불 1개씩
⓮	1692년 경상도 의령	사족	유사 1명, 하유사 2명, 쌀 8두, 콩 4두, 참깨 2두, 빈 쌀가마니 15장	-
		상민	하유사 2명, 노비, 쌀 8두, 콩 4두, 참깨 2두, 빈 쌀가마니 15장	-
⓯	1697년 경상도 경주	사족	베 40척	상여, 향정자, 삽, 병풍
		상민	베 30척	

〈표 15〉 18세기 사족의 부조

			초상	장례	비고
❶	1701년 충청도 예산	사족	나무, 볏짚	쌀, 술, 과일, 횃불	
		상민	노비 조문		
❷	1706년 전라도 남원		역군 1명씩, 연호군 5명 벼 15두, 삼베 1필 명정 1개, 생마 3근	조묘군 1명씩, 연호군 10명 상여군 10명	
❸	1708년 경상도 상주	사족	빈 쌀가마니 4장씩 참깨 2두씩, 송진 1두씩	절차 보조	
		상민	흰 쌀 8두 누런 콩 4두, 참깨 1두	-	
❹	1708년 충청도 아산		삼베, 쌀, 쌀가마니, 무명	-	
❺	1703·1713년 전라도 영암		벼 10석, 청록색 명주, 흰쌀 1두	술, 떡, 흰 장막	
❻	1735년 전라도 영암		흰색 명주, 흑색 명주 큰 띠, 복건, 곤건 흑색 명모, 흑색 악수 남색 도련지, 염포, 벼, 돈	벼 3석	
❼	1716년 경상도 내성		-	-	
❽	1719년 경상도 합천		흰 쌀 2승, 들깨 1승	-	
	1724년 한양		이불, 도색주 흰 명주로 만든 고, 쌀 심의, 엄, 신발, 복건 원삼, 혼상, 명모, 금대 악수, 망건, 큰 띠, 생마 명정, 흰 종이, 목화, 베	-	족계
❾	1743년 전라도 영암		쌀, 긴 나무, 이엉 쌀가마니, 무명, 쌀 복건, 망건, 심의, 큰 띠 엄, 원삼, 멱목, 모, 악수 명주, 명정, 이불, 베 목화, 기름종이, 큰 줄 작은 줄, 생마, 참기름 꿀, 밀가루, 촛불, 벼	대여, 요여	
❿	1744년 강원도 원주		쌀가마니 1장씩, 제청 축조 상여 2개, 요여 2개 우비 3개, 요령 1개 풍경 4쌍, 명정, 공포	역군	
⓫	1747년 충청도 보은		쌀 1승씩, 쌀가마니 1장씩	장정 1명씩	
⓬	1744년 강원도 춘천		쌀 1승씩	-	
⓭	1756년 경기도 광주		-		

			초상	장례	비고
⓮	1739년 경상도 대구	사족	쌀, 콩 5두 쌀가마니 15장	노비 2명씩(사족)	
		상민	-	역군 1명씩(상민)	
	1777년 경상도 상주		부의 물품	쌀 3승씩	족계
	1781년 전라도 남원		돈 3량	돈 1량	족계
⓯	1783년 경상도 대구		흰 쌀 11승, 콩 7두	-	

〈표 16〉 18세기 신도삼, 김유행 등의 상례 물품

1742년 신도삼 『임술년종천록』	1760년 김유행 『경진초종록』	1773년 완산 이씨 『계사초종록』	1771년 정택조 『초종록』
습구(襲具)	습의복(襲衣服)	습렴의복(襲斂衣服)	목욕지구(沐浴之具)
금도포(金道布)	복건(幅巾)	여모(女帽)	분(盆)
남중치막(藍中致幕)	망건(網巾)	영(纓)	향탕(香湯)
옥색동의(玉色冬衣)	멱목	멱목	건(巾)
백주고(白紬袴)	악수	영	석(席)
백주진(白紬袗)	충이(充耳)	악수	습구(襲具)
백주단고(白紬單袴)	심의(深衣)	영	멱목
족건(足巾)	대대(大帶)	충이	악수
멱목(幎目)	조대(絛帶)	원삼(圓衫)	충이
악수(幄手)	창의(敞衣)	한삼	망건
흑대대(黑大帶)	중적막(中赤莫)	대대	사모(紗帽)
충이(充耳)	장의(長衣)	견막지(肩莫只)	이모(裡帽)
견사망건(絹紗網巾)	단삼(單衫)	상의	단삼
흑주유건(黑紬儒巾)	한삼(汗衫)	이의(裏衣)	단고(單袴)
옥색주구(玉色紬屨)	고(袴)	단삼	이의(裡衣)
행등(行縢)	단고(單袴)	상상(上裳)	창의(氅衣)
소렴구(小斂具)	요대(腰帶)	이상(裏裳)	이대(裡帶)
염포(斂布)	행전(行纏)	요대	단령(團領)
자지주금(紫芝紬衾)	말(襪)	고	품대(品帶)
청도포(靑道布)	구(屨)	단고	고
백주중치막(白紬中致幕)	소렴의금(小斂衣衾)	말	말
백주고(白紬袴)	금	구	요대
면고(綿袴)	상의	소렴의금	다임(多任)
분홍주단동의(粉紅紬短冬衣)	상도의(上倒衣)	금	화자(靴子)
족건(足巾)	하도의(下倒衣)	령(領)	강낭(絳囊)
분홍주동의(粉紅紬冬衣)	산의(散衣)	상의	편의
분홍주단동의(粉紅紬短冬衣)	편의(片衣)	상도의	반함지구(飯含之具)
면누비고(綿縷飛袴)	거핵(去核)	하도의	무공주(無孔珠)
면단동의(綿短冬衣)	연포(練布)	산의	점미(粘米)
면적진(綿赤袗)	대렴의금	편의	유시(柳匙)
면연고(綿緣袴)	금	거핵	혼백지구(魂帛之具)
대렴구(大斂具)	상의	연포	백저(白苧)
염포	상도의	대렴의금	상지(箱紙)
다홍주욕(多紅紬褥)	하도의	금	복(袱)
다홍주침(多紅紬枕)	산의	령(領)	명정지구(銘旌之具)
면야청금(綿野靑衾)	연포	상도의	판재(板材)

1742년 신도삼 『임술년종천록』	1760년 김유행 『경진초종록』	1773년 완산 이씨 『계사초종록』	1771년 정택조 『초종록』
면누비동의(綿縷飛冬衣)	입관제구(入棺諸具)	하도의	칠성판(七星板)
면동의(綿冬衣)	천금(天衾)	연포	송지(松脂)
면고(綿袴)	지욕(地褥)	입관제구(入棺諸具)	황납(黃蠟)
주단동의(紬短冬衣)	침(枕)	판재(板材) 【친구가 보냄】	출회(秫灰)
겹의(袷衣)	소낭(小囊)	천금	엄회지(掩灰紙)
겹고(袷袴)	보공편의(補空片衣)	지욕	대소삭(大小索)
면창의(綿敞衣)	장구(葬具)	침	발인지구(發靷之具)
포소창의(布小敞衣)	명정	소낭(小囊)	상장(上裝) 【뒷마을 계 물건에서 대여】
포도포(布道布)	현훈(玄纁)	보공(補空)	좌판(坐板)
족건	삽선(翣扇)	장구	요여(要轝)
장시부조(葬時賻助)	도광장지(塗壙壯紙)	명정	유둔(油芚)
판항평안댁(板項平安宅) 닭(鷄) 1 감(柿) 20	하관포(下棺布)	현훈	대소삭(大小索)
곡령경주댁(鵠嶺慶州宅) 곶감(乾柿) 1 홍합(紅蛤) 4	횡대판(橫臺板)	삽선	명정 【뒷마을에서 대여】
판항남가음댁(板項南佳音宅) 흰쌀(白米) 1두 활계(活鷄) 1	지회(地灰)	횡대판(橫臺板)	공포(功布) 【뒷마을에서 대여】
경주정생원댁(慶州鄭生員宅) 전복(全卜) 1 말린 광어(乾廣魚) 1 도미(生道味) 2 숭어(水魚) 3 문어(魰魚) 1	천회(天灰)	천회	용봉두(龍鳳頭) 【뒷마을에서 대여】
정생원산운댁(鄭生員山雲宅) 말린 대구(乾大口) 1 전복 1		지회	유소(流蘇) 【뒷마을에서 대여】
양동사소동댁(良洞沙所洞宅) 석류(石榴) 5 백지(白紙) 1묶음		방회(旁灰)	죽(竹) 【뒷마을에서 대여】
풍산댁(豊山宅) 활계 1			삽선 【뒷마을에서 대여】
풍기댁(豊基宅) 명태(明太) 30			하엽(荷葉) 【뒷마을에서 대여】
천전사가(川前查家) 흰쌀 2두 대문어 4 꿩(生雉) 1			나올(羅兀)
하상송천댁(河上松川宅) 흰쌀 2두			조주지구(造主之具)
교전지례댁(校前智禮宅) 생밤(生栗) 50			주재(主材)
사촌댁(沙村宅) 건신삼어(乾辛三魚) 1			주독(主櫝)

1742년 신도삼 『임술년종천록』	1760년 김유행 『경진초종록』	1773년 완산 이씨 『계사초종록』	1771년 정택조 『초종록』
청송댁(青松宅) 대구 1			필묵(筆墨) 【묵동으로부터 얻음】
상주댁(商州宅) 대구 1 청어(青魚) 1묶음			도자(韜藉)
외동댁(外東宅) 명태 1묶음			복(袱)
낙동댁(洛東宅) 활계 1			폄장지구(窆葬之具)
단서댁(丹西宅) 명태 1묶음			금정기(金井機) 【뒷마을에서 대여】
세대(世代) 명태 1묶음			대륜도(大輪圖) 【참판댁에서 대여】
경여정생원댁(慶如鄭生員宅) 대구 1 전복 1			일영(日影) 【참판댁에서 대여】
동파영천댁(東坡永川宅) 대구 1			횡대(横帶)
중산(中山) 대구 2 민어(石首魚) 2			석회(石灰)
신걸(信乞) 쌍어(雙魚) 1 홍어(洪魚) 1			현훈
상봉(上葑) 명태 1묶음 4			구의(柩衣)
사상(巳上) 말린 대구(乾大口) 7 명태 3묶음 5 신삼어(申三魚) 1묶음 쌍어 1 홍어 1 광어(廣魚) 1			명정
			하관포(下棺布)
			포상(布裳)
			포말(布襪)
			가내(加乃) 【마을에서 대여】
			광이(廣耳) 【마을에서 대여】
			곶광이(串廣耳) 【마을에서 대여】
			삽(鍤)

1742년 신도삼 『임술년종천록』	1760년 김유행 『경진초종록』	1773년 완산 이씨 『계사초종록』	1771년 정택조 『초종록』
			【마을에서 대여】
			도광지(塗壙紙)
			묘상각(墓上閣)
			삼물막(三物幕)
			차장(遮帳) 【마을에서 대여】
			병풍(屛風) 【마을에서 대여】
			역군, 노비, 마을 사람 30여명

찾아보기

김진우

한국 사상사 및 사회사 전공, 한국유교문화진흥원 전임연구원.
대진대학교 역사문화콘텐츠학과를 졸업하고 동국대학교 대학원에서 문학석사 및 문학박사 학위를 받았다.
동국대학교 사학과 강사, 한국교회사연구소 연구원, 조선시대사학회 회원 등으로 있었다.
조선후기(17~19세기) 예학, 유교 상례, 종법 등을 주로 연구하고 있다.
주요 논저로 『희조일사 : 조선의 역사를 빛낸 범상한 사람들의 비범한 이야기』(2021), 『視域交匯中的經學与家礼學』(2022), 「조선 후기 서얼의 종법적 지위 약화와 그 원인」(2019), 「17세기 조선의 승려 오복도 등장과 그 특징 - 『가례』「본종오복지도」와의 비교를 중심으로 -」(2022), 「유교 상례와의 비교를 통해 본 조선 후기 천주교 상례의 특징」(2022), 「조선시대 비사족 상례의 정착 양상과 그 성격」(2023), 「17세기 충청 사족 송준길, 송시열의 거상 시행 양상과 특성」(2024), 「16~17세기 경상지역 유교식 상장 부조의 분기와 변용」(2025) 등이 있다.

조선후기 사족과 유교 상례

초판 1쇄 인쇄 2025년 9월 15일
초판 1쇄 발행 2025년 9월 22일

지 은 이 김진우

발 행 인 한정희
발 행 처 경인문화사
편 집 한주연 김지선 양은경 김한별 정효민
마 케 팅 하재일 유인순
출판번호 제406-1973-000003호
주 소 경기도 파주시 회동길 445-1 경인빌딩 B동 4층
전 화 031-955-9300 팩 스 031-955-9310
홈페이지 www.kyunginp.co.kr
이 메 일 kyungin@kyunginp.co.kr

ISBN 978-89-499-6883-4 93910
값 19,000원